Theory and Practice of Corporate management

企業経営の理論と実践

加納 良一
【編著】

加瀬元日
信太 哲
大場正彦
矢島浩明
【著】

学文社

はじめに

　筆者5人は，現役の経営コンサルタントとして企業をはじめとする各種事業体の経営コンサルティングを生業としている。コンサルタントの常として，企業，事業，商品，あるいは工場や管理システム，人といった対象をみる時に，「これは本当に必要性のあるものなのか？」「他にはない強みはどこにあるのか？」という観点が頭から離れない。それでは，本書を出版する必要性はどこにあるのか？　他の本にはない強みはどこにあるのだろうか？

　ますます環境変化が急速になり，競争も熾烈さを増している現代の経営環境において，ビジネスパーソンはもちろんのこと，これから社会に出る学生にとっても企業経営の基本を習得することは重要である。すなわち，現代の企業では，企業全体の状況を把握し理解したうえで，担当する分野において自らが能動的に考え実行することが求められており，その実現のためには企業経営に関する全般的な基礎を身につけることが必要だといえる。

　しかしながら，ビジネス書や経営学の書籍は毎年数多く出版されているものの，企業経営のある特定の機能や業種に焦点をあてていたり，高度に専門的であったり，逆にハウツーに特化していたりしており，企業経営全般の基本を学ぶのに適した書籍は皆無といえる。

　本書の必要性と強みのひとつめは，経営戦略，マーケティング，財務マネジメント，人材マネジメント，生産マネジメントといった企業経営全般に関する一連の基本的な内容が，1冊に纏められている点にある。

　企業経営に関する理論と現場での実践のギャップに戸惑いを覚えた経験のある読者もおられると思う。筆者5人は，おのおのが執筆した章を専門として日々コンサルティング活動をしている。本書の必要性と強みの2つめは，企業現場での経験に基づき，より実践を意識した内容としていることにある。

　また，専門書を敬遠しがちな読者でも，容易に読み進められるように平易な

記述に努めた。企業経営全体を理解するための基本を身に付けることは，並大抵のことではないが，少しでも多くの方に企業経営への理解を深めていただければ幸いである。

筆者5人は，おのおのの専門をもちながら，「Expert 5」というチームで企業経営全般に関わるチーム・コンサルティングを実施している。本書に関するご質問・ご意見，あるいはコンサルティングでの実践に関わるご質問・ご意見などがあれば，下記のメールアドレスまでお気軽にご連絡いただきたい。

最後に，本書の出版にあたり，全面的にご尽力いただいた学文社の田中千津子社長はじめ，関係者の方々に感謝の意を表したい。

2015年3月

編著者　加納　良一
r.kanou@jpc-consulting.jp

目　次

はじめに

第Ⅰ章　経営戦略　―企業の勝ち残りと長期生存― …………………………… 1
1 経営戦略の目的……………………………………………………………… 1
2 経営戦略論の概観　―展開と分類―……………………………………… 3
3 経営戦略策定プロセス　―SWOT・ドメイン・PPM― ……………… 8
4 ポジショニング・ビューと競争市場　―市場を重視した戦略策定― …23
5 リソース・ベースト・ビューと長期生存戦略―持続的競争優位とダイナミック・ケイパビリティ―……………………………………29
6 ファミリービジネス（ファミリー企業）の長期生存戦略―経営者ケイパビリティとソーシャル・キャピタル― ………………35
7 ファミリー企業の長期生存戦略と統計的実証………………………………43

第Ⅱ章　マーケティング　―競争市場を勝ち残るためのマーケティング戦略―………………………………………………53
1 マーケティング（Marketing）のねらい …………………………………53
2 マーケティング戦略策定プロセス　――貫性があるマーケティング戦略の策定と展開―………………………………………………………55
3 外部環境・内部環境分析　―マーケティング戦略策定の基礎となる客観的な外部環境・内部環境分析―……………………………………58
4 競争優位戦略の方向性　―厳しい競争市場において勝ち残るための方向性および基本戦略の策定―……………………………………………64
5 マーケティングミックスの策定　―顧客価値および企業のマーケティング成果を実現するために行う主要マーケティング施策の組み合わせ―………………………………………………………………………75

6　ブランドマネジメント（Brand Management）―非価格競争
　　　　力の源泉となるブランド世界観の構築― ……………………………… 93
　　7　顧客関係性マネジメント ―顧客とのより良い関係性の構築および
　　　　顧客生涯価値の増大― ………………………………………………… 101

第Ⅲ章　財務マネジメント ……………………………………………… 109
　　1　財務マネジメントのねらい ………………………………………… 109
　　2　財務諸表の概要と財務分析　―戦略策定のために― ……………… 111
　　3　管理会計の設計と活用　―戦略実現・進捗管理実現のために― …… 125

第Ⅳ章　人材マネジメント ……………………………………………… 161
　　1　人材マネジメントのねらいと留意点 ……………………………… 161
　　2　人材マネジメントフロー　―ヒトというリソースを確保し，その
　　　　価値を最大限に高め・発揮させ，適度な組織の新陳代謝を図るため
　　　　の取り組み― …………………………………………………………… 164
　　3　人材マネジメントシステム　―人材マネジメントを目的合理性・
　　　　一貫性をもたせて行うための仕組み・基準― ……………………… 183
　　4　日本型人材マネジメントの再評価 ………………………………… 209

第Ⅴ章　生産マネジメント ……………………………………………… 213
　　1　生産マネジメントの全体体系 ……………………………………… 213
　　2　5Sと安全管理 ……………………………………………………… 216
　　3　3大管理手法（IE/QC/VE） ………………………………………… 217
　　4　アウトプットの管理 ………………………………………………… 235
　　5　トヨタ生産方式 ……………………………………………………… 255

索　引 ……………………………………………………………………… 261

第Ⅰ章　経営戦略

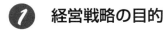
―企業の勝ち残りと長期生存―

1　経営戦略の目的

(1) 長期生存のカギとなる経営戦略

　企業が成長期から成熟期，そして衰退期を迎えるライフサイクルは，30年であるとの説，いわゆる「会社の寿命30年説」は，広く一般に知られている。「会社の寿命30年説」は，1984年に公表されて以来，多くの層に広まり，理解や納得を得てきた。日経ビジネス (1984) によれば，過去100年の日本のトップ企業100社を調査したところ，ランクインしてから30年の間トップ100を維持している会社は2割に過ぎず，脱落した会社が8割を占めるとの結果が得られている。また，トップ100以外も対象とした近年の中小企業庁の調査[1]においても，10年前に開業した企業の約3割，20年前開業の約5割の企業が撤退するという結果が得られている。

　「会社の寿命30年説」は，1984年のものであるが，当時と比較してグローバル化や技術革新の急速な進展，消費者ニーズのめまぐるしい変転，労働市場環境の変化・変質の増大など，現在の企業を取り巻く環境はさらにその変化の度合いを増している。現代の企業にとって，ますます厳しい生存競争に晒されている状況といえる。

　このような環境下において勝ち残り，さらには長期にわたる存続，すなわち企業の長期生存を実現するカギになるのが経営戦略である。経営戦略をもたない企業は，海図や進むべき進路なしに荒海を漂う船に等しく，大きなうねりに

翻弄され，やがては難破することとなろう。現代の企業にとっては，大きく変化する環境を前提としたうえで，厳しい生存環境を勝ち残り長期生存を実現するための道筋を描き，ダイナミックかつスピーディーにその実行を進めていくことが求められている。

本章は，現在の環境下を勝ち残るだけでなく，企業の究極の目的である永続的な存続・成長を実現するための経営戦略について解説することを目的としている。よって，伝統的な経営戦略の理論的枠組みに加え，企業の長期生存により焦点を当てた経営戦略の理論的枠組みについても取り上げている。

(2) ファミリービジネスにみる長期生存性

また，既述の30年説に代表される企業寿命の実態がある一方で，何代にもわたって経営をバトンタッチし，場合によっては何百年もの長期間存続している老舗といわれるファミリービジネス（同族企業あるいはオーナー企業の意）があるのも事実である。後藤（2009）によれば，創業から200年超の日本の企業数は3,113社にのぼる。国際的にみてもこの日本の200年以上企業数は，2位ドイツ1,563社，3位フランス331社を大きく引き離し1位となっている。まさしく，「長寿企業大国日本」ともいえる実態が垣間見える。さらには，この200年超の日本企業3,113社は，わずかな例外を除きすべて創業者一族の影響下にあるファミリービジネスである。

厳しい競争環境を勝ち抜くとともに，何百年という歴史のなかで大きく変動する環境下を生き延び，結果として長期生存を実現しているファミリービジネスには，長期生存を可能とする経営戦略が内在する。成功しているファミリービジネスの経営戦略には，企業の長期生存のための秘訣が隠されているともいえる。本章では，最後にファミリービジネスを取り上げ，長期生存を可能とするファミリービジネスの長期生存戦略の解明を試みている。

② 経営戦略論の概観—展開と分類—

(1) 経営戦略論の歴史的展開

　経営戦略の概念は，1960年代のアメリカで生まれ精緻化が進み，以降さまざまな展開がなされてきた[2]。Chandler（1962）は，「企業の長期的基本目標と目的の決定，とるべきコースの採択，およびこれらの目標遂行に必要な資源の配分」と経営戦略を定義している。さらに，Ansoff（1965）とAndrews（1971）により，経営戦略の体系的な理論が展開されるとともに，経営戦略の策定プロセスが提示された。Ansoff（1965）は，経営戦略の構成要素として「製品／市場領域」「成長ベクトル」「競争優位性」「シナジー」の4つを示している。

　1970年代に入ると，企業の多角化の進展とともに複数の事業を全社としていかに管理し，経営資源をいかに配分するかが，企業にとっての重要な経営課題となってきた。この課題を解決する手法として登場したのがPPM（Product Portfolio Management）である。この手法は，ボストン・コンサルティング・グループやマッキンゼーといった戦略系コンサルティング・ファームにより体系化され，経営戦略論へ新たな分析的手法として付加されることとなった。このような分析的手法を戦略策定に織り込んだ，精緻な経営戦略の策定プロセスとしては，たとえばHofer and Schendel（1978）があげられる。

　このような全社戦略に関わる経営戦略論の展開がなされた一方で，経営戦略論のもうひとつの側面である事業戦略あるいは競争戦略に関わる分析と戦略策定の理論が，1980年代に大きく進展することとなる。すなわち，Porter（1980, 1985）により競争優位性や戦略ポジションなどの競争戦略の枠組みが示され，日本においても嶋口（1984）で市場地位別の競争戦略が提示された。

　また，経営戦略の策定から実行までを視野に入れ，組織論的な立場からの議論もこの時期に活発となった[3]。すなわち，優れた経営戦略の「策定」，さらには成果を高める「実行」に向けた，人と組織の問題の理論構築である。経営戦略と組織の適合や，組織の認知，組織文化，組織学習，コンフリクト，ある

いは創発的な経営戦略の実現プロセスなどのテーマにおいて盛んな議論がなされた時期でもあった。

1990 年代にかけて，Porter（1980, 1985）に代表される市場における競争対抗，すなわち市場競争原理が働く環境において分析的に導かれる戦略ポジションへの偏重の批判として，リソース・ベースト・ビュー（resource-based view）[4]が経営戦略論の主要な要素として登場する。Hamel and Prahalad（1994）のコア・コンピタンスなども，このリソース・ベースト・ビューの流れに位置づけられよう。

一方，Hannan and Freeman（1977）を嚆矢とする組織エコロジー（Population Ecology）の分野において，生存環境下における企業の生存と淘汰に関する研究が進んだ。組織エコロジーは，生態学的アプローチに基づく理論的枠組みであり，Porter（1980, 1985）の市場競争原理に基づく競争ポジションとは異なる，生存ポジションという概念が導き出されることとなる。

2000 年代に入ると，リソース・ベースト・ビュー，組織エコロジーや進化経済学[5]を土台としながら，企業の変革に関わるダイナミック・ケイパビリティ[6]が議論される。ここでは，環境変化によって現在のリソースが通用しなくなることを想定し，いかにしてリソースの調達と組み替えを実施して，新たな環境へ対応するかがテーマとなっている。すなわち，リソース・ベースト・ビューに動態的志向を取り入れた理論的枠組みであり，将来の安定的な経営構造の構築を目的とする経営戦略から，構築された経営構造を変革するダイナミクスを重視する立場へと軸足を変えているともいえよう。

（2）経営戦略論の分類

歴史的展開のなかで，経営戦略に関わる領域においてさまざまな理論や概念が生まれ，結果として経営戦略論は多くの構成要素で成り立っている。これら多くの構成要素を分類する枠組みとして，Mintzberg et al.（1998）は，図表 I-1 の 10 のスクール（学派）を提示している。

図表 I-1　経営戦略の 10 スクール

①デザイン・スクール	コンセプト構想プロセスとしての戦略形成
②プランニング・スクール	形式的策定プロセスとしての戦略形成
③ポジショニング・スクール	分析プロセスとしての戦略形成
④アントレプレナー・スクール	ビジョン創造プロセスとしての戦略形成
⑤コグニティブ・スクール	認知プロセスとしての戦略形成
⑥ラーニング・スクール	創発的学習プロセスとしての戦略形成
⑦パワー・スクール	交渉プロセスとしての戦略形成
⑧カルチャー・スクール	集合的プロセスとしての戦略形成
⑨エンバイロンメント・スクール	環境変化への反応プロセスとしての戦略形成
⑩コンフィギュレーション・スクール	変革プロセスとしての戦略形成

出所）Mintzberg et al.（1998），pp.5-6 に基づき筆者作成

　整理のため，大雑把であるがこの 10 スクールと経営戦略論の構成要素との関連づけを試みる。

　①デザイン・スクールと②プランニング・スクールは，1960 年代から 1970 年代までの経営戦略策定プロセス，すなわち経営ビジョンや経営目標の設定，SWOT[7)] 分析，PPM（Product Portfolio Management）分析の実施，戦略代替案の策定，戦略の評価・選択，計画の立案といったプロセスに関することがその概要である。

　③ポジショニング・スクールは，1980 年代に大きく発達した競争優位性や戦略ポジションなどの競争戦略に関するスクールである。

　④アントレプレナー・スクールから⑧カルチャー・スクールまでの 5 スクールは，1970 年代後半から盛んに議論されてきている，経営戦略の策定と実行に関わる，人と組織のスクールとして大きく括ることができよう。

　⑨エンバイロンメント・スクールは，環境への企業の適合に関わるスクールであり，組織エコロジーをここに含めることもできよう。

　⑩コンフィギュレーション・スクールは，2000 年代のダイナミックな企業変革に関するダイナミック・ケイパビリティとテーマを同じにしている（しかしながら，Mintzberg et al.（1998）と Teece（2007）では方法論が異なっている）。

　以上の大雑把な整理では，経営戦略論は「経営戦略策定プロセス」「ポジショ

ニング」「人と組織」「エンバイロンメント」「企業変革」の4つの部分に分類される。しかしながら，この分類にはリソース・ベースト・ビューからの展開が明確には含まれないこととなる。

　沼上（2009）は，図表Ⅰ-2に示す経営戦略観の3つの次元により6つの経営戦略観を示している。

　次元のひとつ目は，トップマネジメントや戦略スタッフが体系的かつ分析的に経営戦略を策定し，その後に戦略を実行に移す「a．事前の合理的計画（トップダウン）」と，戦略実行後の現場での行動や意思決定を重視する「a．事後の創発重視（ボトムアップ）」であり，この次元により「ⅰ．戦略計画学派」と「ⅱ．創発戦略学派」の2つの経営戦略観が導出される。すなわち，トップダウンによる事前の合理的計画を策定することに軸足を置くのが「ⅰ．戦略計画学派」であり，これは先の10スクールの①②④と符合する。また，ミドルあるいは現場の行動や意思決定の一つひとつが集積され，学習を通じて戦略形成がなされることを重視する「ⅱ．創発戦略学派」は，ボトムアップによる事後の創発重視に軸足を置いている。「ⅱ．創発戦略学派」は，先の10スクールの⑥と直接関わり⑤⑦⑧とも関連する。

図表Ⅰ-2　経営戦略観

■経営戦略観の3つの次元

a．事前の合理的計画（トップダウン）	事後の創発重視（ボトムアップ）
b．環境の機会と脅威	経営資源
c．安定的構造志向	時間展開・相互作用・ダイナミクス志向

■6つの経営戦略観

ⅰ．戦略計画学派
ⅱ．創発戦略学派
ⅲ．ポジショニング・ビュー
ⅳ．リソース・ベースト・ビュー
ⅴ．ゲーム論的アプローチ
ⅵ．ダイナミックな経営資源観

出所）沼上（2009），pp.123-124に基づき筆者作成

続いての次元は，経営戦略策定の際に重視する軸足あるいは発想の起点が，「b．環境の機会と脅威」と「b．経営資源」のどちらであるのかを示している。市場競争原理の働く環境下において，競争優位を確立するポジションをいかに構築するかをテーマとする「iii．ポジショニング・ビュー」は「b．環境の機会と脅威」に重きを置いており，先の10スクールの③とイコールである。また，自社の強みやコア・コンピタンスを見極めたうえで経営戦略を策定するあるいは経営資源の蓄積や獲得を重視する「iv．リソース・ベースト・ビュー」は，「b．経営資源」に軸足を置いている。

最後は，上記2つの次元に「時間展開・相互作用・ダイナミクス志向」という概念を加えたものといえる。「iii．ポジショニング・ビュー」を基本として，市場競争に関連する企業間の相互作用に関するメカニズムを導入したのが「v．ゲーム論的アプローチ」である。ここでは，自社の企業行動に対して，競争相手・取引先・顧客・株主・金融機関などがどう反応し，それが結果として業界をどのように形成させていくかが議論される。さらに，「iv．リソース・ベースト・ビュー」にダイナミクス志向を加えたものが「vi．ダイナミックな経営資源観」である。沼上（2009）では，伊丹（1984）や野中（1990）などの日本におけるダイナミックな経営戦略観が示されているが，この経営戦略観には，生態学的アプローチをベースとしながらリソースのオーケストレーション

図表 I-3　本章の項の位置づけ

本章	10のスクール	6つの経営戦略観
3．経営戦略策定プロセス	①デザイン・スクール ②プランニング・スクール	i．戦略計画学派
4．ポジショニング・ビューと競争市場	③ポジショニング・スクール	iii．ポジショニング・ビュー
5．リソース・ベースト・ビューと長期生存戦略	⑨エンバイロンメント・スクール	iv．リソース・ベースト・ビュー
6．ファミリービジネス（ファミリー企業）の長期生存戦略	⑩コンフィギュレーション・スクール	vi．ダイナミックな経営資源観

による環境変動への対応をテーマとするダイナミック・ケイパビリティも含まれると筆者は考える。よって，この戦略観には，先の10スクールの⑨⑩も関連する。

ここまで，経営戦略論の全体を俯瞰しその分類を検討してきたが，この項の最後に本章で取り上げる範囲と分類との関係を図表Ⅰ-3に明示する。

「3. 経営戦略策定プロセス」「4. ポジショニング・ビューと競争市場」については，伝統的な経営戦略の理論的枠組みであるとともに日本でもさまざまな書物で紹介されている[8]。本章においても，初めて経営学を学ぶ読者も意識してその概要を解説している。なお，SWOT分析などの分析手法の詳細については，「第Ⅱ章　マーケティング」で詳述している。

「5. リソース・ベースト・ビューと長期生存戦略」と「6. ファミリービジネス（ファミリー企業）の長期生存戦略」では，経営学における比較的新しい理論および最新の理論的枠組みを取り入れており，経営学の一定の知識を前提としたアドバンスな内容となっている。参考文献を示しているので，より深い理解を得たいと考える読者は参照していただきたい。

また，本章では10スクールの④～⑧および6つの経営戦略観のⅱ．については，直接的には取り上げていない。この領域では，組織論の膨大な研究がなされており，本章の紙面では限界がある。興味のある読者は，組織論あるいは経営組織論の分野についての学習をお勧めする[9]。6つの経営戦略観のⅴ．についても，本章の「5. リソース・ベースト・ビューと長期生存戦略」との多少の関連はあるものの，直接的には取り上げていない。同様に，経営分野でのゲーム理論に関する研究を参照していただきたい[10]。

❸ 経営戦略策定プロセス—SWOT・ドメイン・PPM—

（1）経営戦略策定の機能

経営戦略策定の機能には，最終的な作成物である経営戦略そのもの，および

その策定プロセスを通じて期待される効果の両面での機能がある。主な機能としては，次のものがあげられる。

① **長期的な経営の指針**

1番目の機能としては，長期的な経営の指針が得られるということである。経営戦略によって最終ゴールに至るまでの経営行動の道筋が与えられることになり，これによってゴールを見据えたうえでの経営資源の配分や，事業領域選択などの戦略的意思決定を適切に行うことが可能となる。

② **マネジメント・サイクルの基盤**

第2の機能としては，PDCAのマネジメント・サイクルを遂行する基盤としての機能である。マネジメント・サイクルの始点はPlanであり，これがしっかりとしたものでなければ以降のサイクルはうまく回らない。また，経営戦略をもとに経営諸活動の遂行状況を検討し，そこにギャップがあれば対応策を立案・実施することになる。さらに，経営戦略は経営諸活動の遂行結果を評価する際の評価基準ともなる。

③ **幹部人材の育成**

第3は，経営戦略の策定に参加したメンバーの育成という機能である。経営目標の設定，それを達成するための経営環境分析・自社能力分析の実施，目標達成のための最適方策の検討・決定，実行計画の策定といった経営戦略策定のプロセスを経験することは，経営幹部を育成するための優れたプログラムでもある。

④ **組織間コミュニケーション**

第4は，企業内の組織間におけるコミュニケーションや調整を促進する機能である。戦略策定活動を通じて，組織間での情報の共有，組織間での目標のすりあわせと目標達成の必要性の共通理解，各組織としての取るべき行動の認識が得られることになる。

⑤ **合理的な経営活動の推進**

第5は，目標実現に向けた合理的な経営活動の推進がなされるということで

ある。経営戦略なしで経営活動を行った場合に比べて，複数の合理的なステップを経て策定された経営戦略に基づいた経営活動は，経営目標を実現する可能性が高い。また，経営戦略があることで，部門間や上位者と下位者の活動あるいは意思決定に論理的な整合性を確保することが可能となり，合理的な経営活動を推進することができる。

⑥ **業務遂行および意思決定の指針**

第6は，組織メンバーに対して，業務遂行の指針を与え，意思決定の基準を与えるということである。組織メンバー各自が，経営戦略を通して全社の経営目標および部門の経営目標を正しく理解できることにより，日常業務を遂行するうえでの指針が与えられ，意思決定をするうえでの情報が得られることになる。

⑦ **戦略課題の明確化**

最後は，企業の戦略課題を明確化する機能である。経営戦略の策定は，経営環境分析・自社能力分析を通じて，企業として今後取り組むべき重要戦略課題を明らかにする活動でもある。

(2) 経営戦略策定の基本プロセス

図表Ⅰ-4は，伝統的な経営戦略策定の基本構造を図式化したものである。今日，さまざまな経営戦略策定のフレームワークが開発されてきているが，基本的にはこのプロセスをベースとしている[11]。

1) 企業ビジョン・経営目標

経営戦略策定はまず企業ビジョンの策定からスタートし，続いて経営目標が設定されることになる。企業ビジョンが理念的な企業の基本目標であるのに対して，経営目標はある時点において到達したい目指す姿を，経営理念に沿って定性面，定量面の両方から明確にしたものといえる。

企業ビジョンとは，企業の存在意義，使命など対外的に実現したい姿と，経営姿勢，行動指針など組織の基本方向・共通の価値について定めたものであ

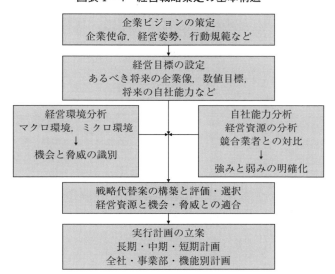

図表 I-4　経営戦略策定の基本構造

出所）Hofer and Schendel（1978），p.55 に基づき筆者作成

り，経営目標や経営活動の基本方向を定める基盤になるものといえる。

経営目標では，将来の売上高，利益率，マーケットシェアまどの具体的な数値目標や，将来の事業活動領域・自社能力・組織カルチャーなどの定性的な目標が設定される。

2）経営環境の分析と自社能力の分析（SWOT 分析）

① 環境分析

経営環境分析では，マクロ環境とミクロ環境の両方が対象となる。マクロ環境とは，人口，経済，政府，技術，文化といった企業を取り巻く広い意味での環境である。ミクロ環境とは，企業が対象としている，あるいは今後対象とする顧客や，属している業界あるいは今後参入を企図している業界などの，企業が直面している環境である。

図表 I-5　自社能力分析と経営環境分析の視点

	自社能力	経営環境
分析の視点	◆経営資源（人的資源，物的資源，資金的資源，情報的資源）の側面からの抽出 ◆経営機能（開発・購買・生産・営業，人事・財務・情報，経営管理など）の側面からの抽出 ◆プロセス（業務プロセス，意思決定プロセス，管理プロセスなど）の側面からの抽出	◆マクロ環境（人口動態，経済，自然環境，科学技術，政治・法規制，文化など） ◆業界環境（規模・成長，KFSの変化，コスト構造など） ◆競争環境（5-Forces，ライバル企業動向など） ◆市場環境（需要動向，ニーズ変化，流通チャネルなど）
	⇩	⇩
プラス要因	強み（Strength）	機会（Opportunity）
マイナス要因	弱み（Weakness）	脅威（Threat）

出所）筆者作成

　経営環境分析の目的は，これらの環境が現状どのような状況にあり，今後どう変化していくかを予測し，その環境変化が企業経営にどのような影響を与えるかを把握したうえで，自社にとっての成長機会と，自社の存続・成長を脅かす脅威とを抽出することにある。

② **自社能力分析**

　自社能力分析では，自社の保有する経営資源に関するデータを収集し分析を行うとともに，自社の競合業者を設定し，競合業者の保有する経営資源に関するデータ収集・分析を行うことも必要となる。自社能力分析の目的は，自社と競合業者を対比することにより，競合業者の強みと弱み，および自社の強みと弱みを明らかにすることである。

　図表 I-5 は，自社の強み・弱みおよび経営環境の機会・脅威を識別するための分析の視点を示したものである。経営環境の分析および自社能力の分析の詳細については，「第Ⅱ章マーケティング」を参照されたい。

図表Ⅰ-6　クロス SWOT による戦略構築

		外部環境	
		機会	脅威
内部能力	強み	強みを活用し機会をとらえる戦略展開	強みを活用し脅威に対抗する戦略展開
内部能力	弱み	弱みを克服し機会をとらえる戦略展開	弱みを克服し脅威に対抗する戦略展開

3) 戦略代替案の構築と評価・選択―経営資源と機会・脅威との適合―

　経営環境分析と自社能力分析がなされると，次に戦略代替案の構築と評価・選択が行われる。ここでは，経営環境分析から導き出された機会と脅威，および自社能力分析からの自社の強みと弱みをベースに，経営目標を達成するために求められる複数の戦略代替案が構築される。この戦略代替案の構築は，経営目標を達成するために，変化する環境に対して，自社の保有する能力をいかに活用していくか，換言すれば変化する環境に対していかにして自社能力を適合させていくかを決定することであるといえる。具体的には，たとえば図表Ⅰ-6に示すように，4つのセルの方向性で検討する方法がある。

　そして，これら複数の代替案の効果を評価することにより，最終的にはひとつの案が選択されることになる。

4) 実行計画の立案

　ひとつの戦略代替案が選択された後に必要となることは，その案を実現するための具体的な数値計画や行動計画の立案である。この実行計画には，期間別の長期，中期，および短期の計画があり，また組織階層別に全社計画，事業部計画，販売・生産・R＆Dなどの機能別計画がある。

(3) 経営戦略の階層構造と全社戦略の具体化手法

1) 3つの階層

経営戦略には，図表Ⅰ-7に示す，3つの階層があると考えるのが一般的である。多角化した企業は複数の事業を抱え，事業の集合体としての全社戦略を策定する必要があり，さらに個別事業においていかにして競争すべきかの事業（競争）戦略の策定も必要となる。また，機能別戦略は生産，マーケティング，財務，人事などの戦略を指し，全社戦略や事業（競争）戦略の方向性に基づき，その実施段階において実効を高めるために策定される。

事業（競争）戦略および機能別戦略については，本書の第Ⅱ章以降において，その詳細が示されている。

複数の事業を包含する全社戦略では，「わが社はどのような領域で事業を展開すべきか」と「各事業間での経営資源の配分・展開を如何にすべきか」が基本的な課題である。前者は「企業ドメイン」，後者は「経営資源展開」の問題であり，以下この2点について解説していく。

2) 企業ドメイン

① 企業ドメインとは

企業ドメインとは，現在から将来にわたって自社の事業が展開する領域を決めることであり，事業領域とも呼ばれる。この決定により，企業は市場で競争

図表Ⅰ-7　戦略の階層

する土俵を決めることになり，また自社の経営資源を展開する範囲を決定することにもなる。企業ドメインの決定と明示・浸透は，企業の構成員の意思決定や行動の仕方に一定の方向づけを与えることになり，さらには組織としての一体感の醸成[12]につながることが期待される。

② 企業ドメインの事例

日本企業の例としては，富士フイルムホールディングスがあげられる。写真フィルム業界では，従来型カメラからデジタル・カメラ，スマートフォンへの代替により，銀塩フィルム市場が事実上消滅するという，劇的な環境変動が起こった。このような状況下，米イーストマン・コダックや独AGFAが経営破

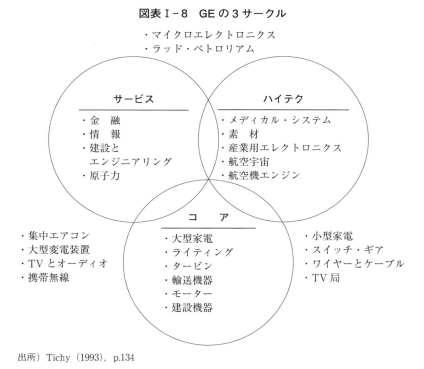

図表Ⅰ-8　GEの3サークル

出所）Tichy（1993），p.134

綻した一方で，富士フイルムは医薬品や化粧品といった異業種に積極的に進出し今日の地位を築いている。現在は，「イメージングソリューション」「インフォメーションソリューション」「ドキュメントソリューション」の3つの事業フィールドを企業ドメインとして多彩な事業を展開し，従来の写真フィルムを本業とした企業ドメインから，大きな転換を実現している。

米国企業の例としては，米GEが有名である。事業が過度に多角化した結果，GEは収益率の低下に苦慮していた。CEOに就任したジャック・ウェルチは，3サークルとNo.1，No.2セオリーに基づき，事業の整理を断行した。3サークルとは，図表Ⅰ-8に示す「サービス」「ハイテク」「コア（伝統的中心産業）」の領域である。No.1，No.2セオリーとは，世界市場で1位か2位が見込めるか否かの基準である。この2つの基準により，サークルのなかに入らない事業については，建て直しが図れない場合には，撤退あるいは売却が選択された。逆にサークルのなかに入る事業については，積極的な買収などによる競争力強化が図られた。今日，サークル外で残っている事業はほとんどない。

③ 物理的定義と機能的定義

企業ドメインの重要さは，現在の事業展開領域を定義するのではなく，将来に向けて事業展開すべき領域を示し，企業の長期的な事業展開方向を指し示すことにある。

Levitt（1960）は，アメリカの鉄道事業が衰退したのは，「わが社の事業は"鉄道"である」と物理的に定義したことが原因であると主張している。すなわち，鉄道以外の多様な輸送手段が次々と現出する環境下において，鉄道事業そのものに拘り続けたことが，その原因であるとしている。

仮に「わが社の事業は"輸送"に奉仕することである」といったように機能的に定義していれば，航空機，バス，モーターサイクルなど他の輸送手段も考えるべき範疇に入ってくることになり，このような手段への対応策や他事業への多角化も可能であったといえよう。

将来を考慮し，環境変化に対応した企業の事業構造の変革が必要とされるな

らば，企業ドメインは機能的定義をすべきであるといえよう。

④ 3つの次元による定義

企業ドメイン，すなわち事業の定義の方法としてAbell（1980）は，「対象市場」「提供機能」「技術・ノウハウ」の3つの次元を提唱している。

「対象市場」を次元とした場合，企業はターゲットとする顧客層を設定したうえで，そのターゲットに対しさまざまな製品・サービスを提供していくことで事業を展開することが考えられる。「技術・ノウハウ」を次元とした場合には，企業の保有する中核となる技術やノウハウを軸に事業を展開することとなろう。「提供機能」は，顧客のニーズに合わせて提供する機能のことであり，機能的定義とも関連する軸でもある。

この事業の定義3次元は，具体的にドメインを設定するうえで優れた手法である。ヤマト運輸の宅急便事業の事例を通して，この3次元による定義を見ていくことにしよう。

ヤマト運輸は，かつては主要顧客として関東では三越，関西では松下電器（現在はパナソニック）をもつ運送業者であった。2代目社長である小倉昌男は，米国UPS社を範として日本での宅配便事業展開をビジョンとして，クロネコヤマトの宅急便事業を他社に先駆けて開始した。この新たな事業の定義は，「対

図表Ⅰ-9　事業の定義3次元

出所）Abell（1980）に基づき筆者作成

象市場」は一般消費者である日本中の個人をターゲットとし,「提供機能」では小口荷物の配送を通した個人から個人への「思い」の伝達を提供し,「技術・ノウハウ」についても全国津々浦々の集荷・配送網や荷物追跡システムなどを構築しており,3つの次元ともにそれまでとはまったく異なったものであった。このような挑戦により,今日の宅急便事業は築かれてきているのである。

3) 経営資源展開
① 全社の各事業の分類

複数事業を展開する企業にとって,各事業にどのように資源を配分すべきかは,全社戦略の基本課題である。この資源配分を決定する手法はさまざまに開発されてきたが,そのオリジナルはボストン・コンサルティング・グループ（BCG）の開発した図表Ⅰ-10に示す4つのセルのマトリクスである。ここでは,縦軸に市場成長率,横軸に相対的マーケットシェア[13]を設定し,全社のひとつひとつの事業についてその属する市場の成長率と属する市場での相対的マーケットシェアによって,ポジションがプロットされる。

左下のセルにプロットされた事業は「金のなる木（cash cows）」と呼ばれ,低成長と高シェアであることから,通常は低コストの優位なポジションを獲得しており,低成長のため投資資金の需要も低い。よって,「金のなる木」は

図表Ⅰ-10　BCGマトリクス

	相対的マーケットシェア	
	高	低
市場成長率　高	花形 (stars)	問題児 (wildcats)
市場成長率　低	金のなる木 (cash cows)	負け犬 (dogs)

出所）Hofer and Schendel（1978）に基づき筆者作成

キャッシュ・フローを生み出す事業であり、全社のキャッシュ・フローを支えると同時に、他のポジションの事業の投資を賄うことが求められる。

左上のセルの事業は「花形 (stars)」であり、高成長と高シェアであることから、利益率は高いが成長のための先行投資も必要であり、短期的にはキャッシュ・フローの源泉とはなりにくい。しかしながら、全社の成長を引っ張る存在である。

右上のセルの事業は、高成長・低シェアの「問題児あるいは山師 (wildcats)」事業と呼ばれる。通常は低シェアのため利益率が低いにもかかわらず、高成長のため多額の投資も必要となる、いわば金食い虫の事業である。

右下の事業は「負け犬 (dogs)」である。通常低シェアで利益率が低いが、低成長のためキャッシュ・フローの流出は少ない。しかしながら、事業の将来性についての明るい材料は乏しい。

② 成功の循環

全社における資源配分および各事業のポジションの典型的な成功の循環は、図表Ⅰ-11の通りである。

① 「金のなる木」事業から有望な「問題児」事業および「花形」事業に対し、資源を配分する。

② 「問題児」については、事業のひとつひとつについて、資源配分によるシェ

図表Ⅰ-11 典型的な成功の循環

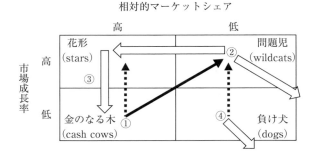

ア上昇と競争力向上の検討を行い，有望であるか否かを判断する。有望でない事業については，放置するか撤退をする。有望な事業については，資源配分により「花形」への移行を図る。

③「花形事業」は，時間の経過とともに「金のなる木」事業へと移行し，次期の資源の創出源となる。

④「負け犬」事業は，基本的に撤退すべきである。撤退により資源が得られれば，有望な「問題児」あるいは「花形」に資源投入する。

このような全社の各事業の分類と資源配分のパターンにより，全社としての持続的成長を図っていく手法は，PPM（Product Portfolio Management）とよばれる。

PPMによる戦略的指針は，限られた資金の集中と事業の選択である。すなわち，「金のなる木」を資金源とし，「花形」あるいは有望な「問題児」に資金を集中する一方で，「負け犬」や有望でない「問題児」を切り捨てる選択をすることが成功につながるとの指針である。

③　相対的マーケットシェアの意味

相対的マーケットシェアが高ければ，なぜ利益率が高まるのであろうか。その理論的根拠は，規模の経済性と経験効果にある。

生産量が増加するにつれて，単位当たり平均生産コストが低減することは，経験則となっている。このような「事業活動の規模を大きくすることによって経済性が得られる」ことを規模の経済性とよぶ。この規模の経済性の根拠のひとつは固定費の配分にある。すなわち生産コスト全体を，常に一定の固定費部分と生産量に比例して増加する変動費部分に分解した場合，生産量を増やすにつれて製品1単位当たりに配分される固定費は減少する。結果として，単位当たり平均生産コストは下がることになる。その他，取引規模が大きくなると原材料などの購入における交渉によって，大量購入による値引きが受けられるということや，大規模であることから信用が得られ資金調達のコスト面でも有利になる，などの根拠がある。

経験効果とは，累積生産量が増加するに従って，単位当たり生産コストが低減するという経験則である。経験効果は，「米国の自動車，半導体，スチームタービン発電機，石油化学，長距離電話，合繊，航空旅客機，チキン・ブロイラー，エアコン，マグネシウム，電気カミソリなど，新製品から成熟製品」[14]までを含む多様な業界において，累積生産量が2倍になると，単位コストが約15％減少したという事実から導かれた。経験曲線効果から導き出されることは，見込みのある製品に対してはできるだけ早く大量の生産を開始し，さらに競争相手より多くの生産を続ければ，単位当たりコストは競争相手より常に低くなり，結果としてコスト上の優位性が達成できるということである。

結果的に，マーケットシェア1位の企業は，規模の経済性と経験効果により業界NO.1のコスト競争力を保有することとなる。このことは，同一価格で販売した場合には業界最高の利益を確保することが可能となり，結果的に競争力強化のためのあらゆる分野に向けた再投資が可能となる。また，競合他社が損失を指す水準まで価格を引き下げ，参入企業の退出を促すことも可能である。

④ 成長率の意味

次に，PPMの縦軸になぜ市場成長率を設定しているかについて解説する。

生物が発生してから死ぬまでの一生の過程があるように，製品にも市場で売れ始めてからその寿命がつきるまでの一生がある。この製品の一生が製品ライフサイクルである。製品ライフサイクルは，時間とともに変化する市場規模の推移で示すことができ，またその過程はいくつかの段階に区分することができる。

図Ⅰ-12に示したように，一般的に製品ライフサイクルは，S字型の曲線で描かれ，4つの段階に区分される。導入期は，製品が市場に導入されたばかりで，売上の伸びが緩慢な時期である。成長期に入ると，製品は急速に市場に受容され売上も急上昇するとともに，成長への先行投資が必要となる。成熟期は，製品が市場の大部分に行き渡り，売上が伸び悩む時期であるが，成長のための投資は必要なくなる。衰退期では，製品の売上は減少の一途をたどる。成熟期

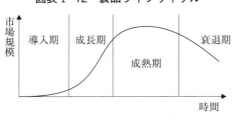

図表Ⅰ-12　製品ライフサイクル

から衰退期への以降は、通常、新たに登場した代替製品への需要の移動、流行や嗜好の変化、低価格の輸入品などによって引き起こされる。売上は低下し続け、製品はやがてその一生を終えることになる。

「花形」「問題児」事業は、このライフサイクル上の導入期から成長期に位置し、「金のなる木」「負け犬」事業は、成熟期から衰退期に位置する。経時的に事業の位置が移行するのは、ライフサイクルの進行によるのである。全社戦略として、長期的な存続・成長を可能とするためには、事業のライフサイクルを見極めたPPM、すなわち事業ポートフォリオ・マネジメントが必要となる所以である。

⑤　PPMの問題点

このようなPPMにも活用上の問題点がある。

ひとつめは、経営資源の蓄積などの質的な評価が困難なことである。PPMにより撤退すべき事業であっても、全社の他の事業の競争力の源泉となる技術やノウハウなどの経営資源を蓄積することに貢献している場合もある。かつて、カシオやシャープといった強力な競争相手がいるなかで、キヤノンが電卓事業を保有していたことは、後のカメラの電子化やデジカメ、さらにはコピー機事業を含むドキュメント事業を展開するために必要な技術・ノウハウを蓄積することにつながった。このことと関連して、単独の事業としては負け犬でも、他の事業とのシナジー効果を期待できる場合もある。

2つめは、会社全体としてのビジョンが不明確だという点である。PPMで

は，個々の事業についての今後の方向性を示すことができても，会社全体として将来どのような方向に向かい，どのような事業を展開する可能性があるのかを示すことはできない。その意味では，新分野進出の手がかりをPPMから導き出すことは困難であり，新事業の位置づけをどのようにしたら良いのかも見えない。

このような問題点を抱えてはいるが，ドメインや他の手法も活用しつつ，企業固有の状況に合わせて分析・策定を進めていくことが肝要である。いずれにしても，PPMは現在においても全社戦略を策定する上での有力な具体化手法であることに変わりはない。

 ポジショニング・ビューと競争市場
　―市場を重視した戦略策定―

Porter（1980, 1985）により，競争優位性や戦略的ポジションなどの競争戦略の枠組みが登場した。戦略策定のためのそれまでにない具体化手法であり，戦略策定のプロセスよりも実際の戦略の内容を重視した，規範的で包括的な枠組みである。ここでは，その理論的枠組みのエッセンスを概観することにする。

(1) 5-Forces Model

戦略策定のための競争分析の手法として提示されているのが，5-Forces Modelである。この分析手法において，業界の競争の強さは，図表Ⅰ-13に示す業界の競争を決める5つの要因によって決まるとしている。①新規参入の脅威は，新規参入業者が参入しやすいかどうかをあらわす参入障壁によって決まる。参入障壁が低く新規参入が容易であれば，競争は激しくなる。参入障壁には，「巨額の新規参入投資」（鉱業，自動車などの業界は大きな投資を必要とし，大きな投資はリスクを高める），「規模の経済性」（規模が拡大するにつれて平均コストがかなりの水準で低下する業界では，新規参入者は最初から大量生産に踏み切

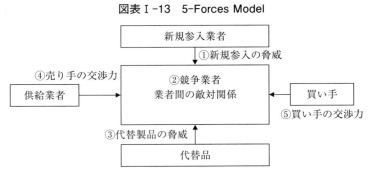

図表Ⅰ-13　5-Forces Model

出所）Porter（1980），p.18

らざるをえず，リスクが高い），「流通チャネル・供給チャネルの確保」（流通チャネルが既存企業によって独占化されていれば，新規参入業者は新たに流通チャネルを作ったり独占化したチャネルを奪い取ったりするために多くの投資が必要となる。同じことが，原材料の供給チャネルにもいえる）などがある。

　業界の競争の強さは，他に，②競争業者の数とそれぞれの規模，③代替製品の脅威の強さ，④供給業者の相対的な強さ，⑤買い手・流通業者の相対的な強さ，によって決まる。

　この5つの競争要因を分析することで，業界の中心的な構造特性を把握することができる。また，各要因を深く分析することで，競争圧力の源泉が明らかとなる。このことは，自社の強み・弱みを明確化することにつながり，業界内での自社のポジションもはっきりとしてくる。このような分析は，自社の取るべき戦略を策定するうえで，重要な情報となるのである。

（2）3つの戦略的ポジション

　PPMにおける競争対抗の戦略は，シェアを獲得することによる低コストのみであったが，それ以外の戦略ポジションとしてPorter（1980）は図表Ⅰ-14に示す「差別化」「集中」を提示している。競争市場で勝ち残るためには，低コストによる「コスト・リーダーシップ」を含む3つの戦略ポジションのいず

第Ⅰ章 経営戦略　25

図表Ⅰ-14　3つの戦略ポジション

出所）Porter（1980），p.61

れかを選択し，競争優位を確保することが必要である，というのがここでの主張である。

　コスト・リーダーシップとは，「競合他社より低い単位コストによって生産・販売が可能な能力を追求し，同一の品質の製品やサービスをより低い価格で販売して大きな販売量を獲得する，あるいは同じ価格で販売する場合には，より高い利益の獲得を目指す戦略」である。

　差別化とは，「製品・サービスの差別化，価格での差別化，流通チャネルの差別化，販売やプロモーションの差別化などにより自社事業が競合他社とは違ったもの，特に何らかの面で優れていると買い手に認識させ，しかも容易に真似されたり対抗されたりしない仕組みを作り上げて，競争優位性を確立しようとする戦略」である。製品・サービス，価格，流通チャネル，販売やプロモーションなど差別化の実施方法にはさまざまの方向が考えられるが，多くの場合，複数の差別化方法が組み合わされて実行される。

　集中とは，「特定の共通したニーズをもつ消費者グループ，あるいは特定の種類の製品やサービス，または特定の地域市場など，限られた市場に企業の資源を集中する戦略である」。前述の2つの戦略が，広い市場全体での競争をするため大量の資源を前提としているのに対し，限られた資源を効果的かつ効率

的に使用するために，競争の場を限定しようというのがこの戦略である。集中に成功すれば，絞り込まれた市場内で低コストや差別化，あるいはその両方が実現されることになる。集中の戦略が成功するには，何より適切な市場に集中できるかどうかにかかっている。集中すべき市場を評価するための視点としては，市場の顕在需要と潜在需要，競争業者の状況，市場へのアクセスの容易さなどがあげられる。

(3) 戦略グループ

前述の3つの戦略ポジションは，競争対抗するうえでの基本的な方向を示すものであり，実際にはその方向を志向しつつ，多様な競争の軸を用いて具体的な戦略を策定し実行することになる。

具体的な戦略としては，

① 川上統合（原材料・素材の方向の機能を獲得することによってメリットを追求する戦略）
② 川下統合（素材メーカーが加工を，メーカーが卸や小売の流通機能を自社で持とうとするように，最終消費者により近い位置の機能を獲得することによってメリットを追求する戦略）
③ 新製品開発（常に新しい製品を開発し，市場に提供し続けることによって，競争上の強みを獲得しようとする戦略）
④ 製品多角化（今まで取り扱っていなかった製品を，今まで取引がなかった市場を対象に販売することで企業成長を図る戦略）
⑤ プッシュ戦略（メーカー側の方向から製品を消費者に押し込んでいく販売促進戦略）
⑥ プル戦略（消費者サイドから製品を引き込むようにする戦略）

などがあげられる。

企業は，このような多様な競争の軸を用いて競争対抗を試みるが，これらのうち業界で重視される競争の軸は，次第に特定化されることが考えられる。こ

の業界で重視される競争軸によって，参入企業はいくつかのグループに区分される。このグループを戦略グループとよぶ。

　図表Ⅰ-15は，その事例である。ここで専業度は，製品の種類の多い少ないを表し，垂直統合度は，特定の機能しか保有していないか（たとえば，組立だけ），原材料から最終的な販売・アフターサービスまでの機能を保有し高い垂直統合度であるかを示している。Aグループは，多種類の製品を高い垂直統合度で生産・販売する結果，生産コストは低く，品質は中級の企業の戦略グループである。Dグループは，特定製品しか扱わず，高度に自動化されたラインによって低価格での提供をしている戦略グループである。

　このような戦略グループが形成された場合，ある戦略グループからある戦略グループへの移動，すなわち戦略の転換が可能であるか否かは戦略上の重要な要素となる。仮に，図表Ⅰ-15のBグループへの移動が他の戦略グループの企業にとって困難な場合，すなわち他の戦略グループ企業がBグループの戦略を模倣することが困難な場合，Bグループ企業には高収益が期待され，有利な戦略ポジションに位置しているといえる。このような場合，Bグループの移動障壁は高いといえる。

図表Ⅰ-15　ある業界の戦略グループ

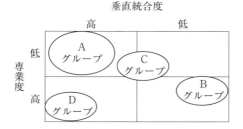

出所）Porter（1980），p.185に基づき筆者作成

(4) 価値連鎖

競争優位性を構築し有利な戦略ポジションを確保するための手法としてPorter（1985）は，図表Ⅰ-16の価値連鎖（value-chain）を提案している。企業の競争優位性は，設計・購買，製造，出荷，販売・マーケティング，アフターサービスといった多くの別々の活動を通して生まれ，これらの活動のそれぞれがコスト優位あるいは差別化を創り出し，その成果がマージンとなって現出する，というのがここでの主張である。

企業の価値連鎖と企業の個々の活動の実態は，企業の沿革，戦略およびその実行過程と成果によって異なる。価値連鎖による分析手法は「企業が行うすべての活動とその相互関係を体系的に検討する方法」（Porter, 1985）であり，個々の活動の検討により，現在の自社の競争ポジションおよび競合他社の競争ポジションを把握することが可能となる。また，企業全体の価値連鎖の総合的な検討により，個々の活動間の連結も把握することが可能となる。たとえば，どんなに優れた製品を設計・製造しても，それを売上につなげるマーケティングや販売の活動がなければ，競争優位とはならないのである。

図表Ⅰ-16　価値連鎖の基本形

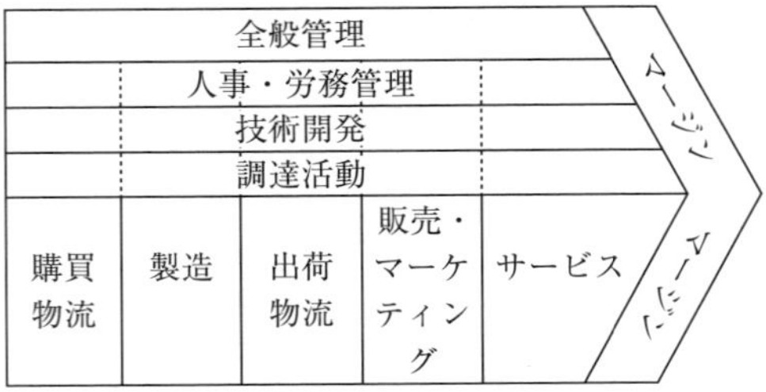

全般管理				
人事・労務管理				
技術開発				
調達活動				
購買物流	製造	出荷物流	販売・マーケティング	サービス

（マージン）

出所）Porter（1985），p.108

リソース・ベースト・ビューと長期生存戦略
―持続的競争優位とダイナミック・ケイパビリティ―

ポジショニング・ビューの戦略手法は，現状の競争環境を前提としており，市場競争原理が働くなかで，競合企業に勝つための競争ポジションをいかに構築するかが主テーマであった。極言すれば，短期的な視点で競合企業に勝つための市場における戦略ポジションの構築が，強調されてきたといえよう。

しかしながら，Porter（1985）においても「長期にわたって平均以上の業績を上げられる土台となるのが，持続力のある競争優位である」[15]としており，競争優位は一過性のものであってはならず長期的に持続することが必要であると謳われている。また，基本戦略（3つの戦略ポジション）のリスクとして，競合企業による模倣や競争環境の大きな変化をあげている[16]。

このような問題意識に対するアプローチとして，ポジショニング・ビューは相応しくない。長期にわたる競争優位性の持続，すなわち持続的競争優位性を検討するためには，別の理論的視角が必要となる。そこで経営戦略論に登場するのがリソース・ベースト・ビューである。

(1) 持続的競争優位の源泉であるリソース

独自技術やノウハウの体化された機械・装置，あるいは経営ノウハウや技術ノウハウは，企業間で取引されることがほとんどなく，これらのリソース取引のほとんど行われない状況をTeece（2007）は「薄い市場」[17]と呼んでいる。この「薄い市場」の存在によって，特異で交換困難なリソースを保有し競争優位性を発揮している企業は，持続的競争優位を確保できることになる。

Wernerfelt（1984）はリソースの重要性に注目しリソース・ベースト・ビューを提示するとともに，資源ポジション障壁の構築を提唱した。

Barney（2002）は，企業が超過利潤を得て存続するためには競争優位，少なくとも競争均衡を実現し続けることが必要であり，経済価値（value）・希少性

(rarity)・模倣困難性の高い（inimitability），代替不可能なリソースが持続的競争優位（あるいは競争均衡）を生み出すと主張している。さらに，リソースを，財務資本，物的資本，人的資本，組織資本（構造・文化）へと分類するとともに，オペレーション上のリソースを特定したうえでバリューチェーン上に配置し，より実践的なフレーム構築を行った。

　Hamel and Prahalad (1994) は，顧客に対して他社にはまねのできない自社ならではの価値を提供する企業の中核的能力である，コア・コンピタンスを提唱した。コア・コンピタンスは，幅広い製品やサービス全体の競争力に貢献するスキルや技術の束でもあり，その意味では，特定事業や特定製品に留まらない企業全体の競争優位の源泉であり，将来の競争優位も視野に入れたものといえる。

　日本においては，伊丹（1984）によって見えざる資産（情報的資源）が提唱されている。ここでは，リソースを人的資源，物的資源，資金的資源，情報的資源の４つに分類したうえで，情報的資源を環境情報（技術・生産のノウハウ，顧客情報），企業情報（信用・ブランド，流通・下請けへの影響力），内部情報処理特性（組織風土，現場のモラル，経営管理能力）の３つに整理している。また，情報的資源の特性として，同時多重利用，事業活動の結果による蓄積，長期蓄積，極めて高い固定性をあげるとともに，ヒト・モノ・カネという物理的に不可欠な資源を組み合わせるもとであると主張している。その意味では，みえざる資産（情報的経営資源）が持続的競争優位のカギであるといえよう。

　さらに，これらのリソースを生み出す源泉として，野中（1990）は組織的知識の創造を提示している。組織的知識とは，特定の組織の行動を決定する，その組織に固有の認知的・手法的な諸能力である。ここでは，知識創造をプロセスとして捉え，一回限りで完結することのない無限循環性を前提としており，ミドル・アップダウン・マネジメントによる組織的知識創造が提唱されている。また，欧米型と日本型知識創造の対比がなされ，欧米の形式化・システム化に対する，日本型の集団レベルでの暗黙知・形式知の相互作用が提示されて

いる。

　これと関連してBarton (1995) は，コア・ケイパビリティを提示している。ここでは，コア・ケイパビリティを組織における知識の蓄積とその知識の制御と方向づけといった知識構築活動の能力と定義している。

　リソース・ベースト・ビュー関連のさまざまな研究が，市場での取引がきわめて困難な，経済価値・希少性・模倣困難性の高い，代替不可能なリソースを保有し，さらにそのようなリソースを生み出す組織の能力を保有することが企業の持続的競争優位性，すなわち企業の長期生存性の鍵となることを支持している。

　ここで，リソース・ベースト・ビューは，競争優位性の構築のみに焦点をあてたものではないことに留意すべきである。リソースは持続的競争優位の源泉とも成りえるが，むしろ長期生存性という企業の究極的な目的をも対象とする，より広い概念であると考える方が相応しい。よって以降は，企業の長期生存性を可能とする経営戦略，すなわち長期生存戦略を焦点にあてて本章を進めていくこととする。

(2) ダイナミック・ケイパビリティによる長期生存

1) リソースのオーケストレーション

　それでは，企業の長期生存性[18]を高めるリソースはどのようにして保有することが可能となるのであろうか。前述の通りリソース市場は薄い市場であり市場からの調達が困難であることから，その獲得は企業自らが行わなくてはならない。この企業自らによるリソースの獲得・構築がTeece (2007) の主張するリソースのオーケストレーションである。「企業内部の価値あるリソースの多くは，関係的な，そしてそれゆえ交換不可能な知識であるため…中略…企業内部や企業間の，また，企業外部のサポート制度との間の，価値向上的な新結合」(Teece, 2007) を見出すことがリソースのオーケストレーションであり，これにより市場で複製されない，価値を生み出すリソースは構築されることに

よって，企業内部でのリソースの蓄積と配置に加え，外部リソースと内部リソースとのコーディネーションにより，価値を生み出す模倣困難で代替不可能なリソースが構築できれば，企業の長期生存性の可能性は高くなるといえる。

2）ダイナミック・ケイパビリティ

Teece（2007）と Helfat et al.（2007）は，リソースのオーケストレーションを行い，長期生存性を高める企業の能力を，ケイパビリティと呼んでいる。

Helfat et al.（2007）は，ケイパビリティのうち組織が現時点で収益を実現することを可能にしている能力をオペレーショナル・ケイパビリティとしている。このオペレーショナル・ケイパビリティにより「技術や市場の機会をうまく特定・測定し，技術・製品の属性を適切に選択し，ビジネス・モデルをデザインし，（財務的な）リソースを投資機会にコミットさせる」（Teece, 2007）ことができれば初期的な生存に成功することができる。

しかしながら，成功は企業の経路依存性（path dependency）を強め，かつての機能的なルーティン[19]が逆機能化し，Barton（1995）のいうコア・リジディティをもたらすことにもなる。よって，「企業が成長すればするほど，また，市場や技術が変化すればするほど，そしてそれらのことが続けば続くほど，持続的な収益性の成長への鍵は，リソースや組織構造を再結合・再構成する能力」（Helfat et al., 2007）となる。このような，再結合・再構成する能力がダイナミック・ケイパビリティである。企業の長期生存性のためには，長期にわたる企業寿命のなかで幾度か訪れるであろう環境変動に対応し，ダイナミック・ケイパビリティに基づくリソースのオーケストレーション（リソースの組み換え）が必要である。

3）ダイナミック・ケイパビリティのプロセス

ダイナミック・ケイパビリティは，「センシング（機会・脅威の感知）」「シー

ジング（機会の活用）」「リコンフィギュレーション（再構成）」（Teece, 2007）を通じて実行される。

　センシングは，研究活動や顧客ニーズと技術可能性の探究活動を通じて，顧客，技術，市場の構造の精査・探索を行い，機会・脅威の特定化を行う活動である。ここでは，どのような情報が獲得できるかということとともに，その情報をどう解釈し新たな創造へといかにしてつなげていくかが重要となる。同じ情報に接したとしても，企業によって，感知できるか，どう解釈するか，その結果として機会・脅威をどう認識するか，は異なるからである。

　この機会・脅威を感知し認識する能力は，「個人のケイパビリティや現在持っている知識」（Teece, 2007）に依存する。すなわち，経営者によって，情報アクセス，獲得した情報に対する感知と解釈，それに基づく新たな創造，といったセンシングに差異が生じる。

　センシングにより機会・脅威を感知したならば，シージングでその機会・脅威に取り組む必要がある。ここで重要なことは，内部のみならず外部リソースをも活用することである。

　リコンフィグレーションは，望ましくない経路依存性を避けるために，リソースや組織構造を再結合・再構成するものである。感知した環境に適合するためのリソースのオーケストレーションともいえよう。さらにここでは，内部・外部のリソースの組み換えやルーティンの再デザインに加え，ビジネスモデルや組織構造の再構築が必要となる場合もある。リコンフィグレーションには「ルーティンの再デザインを含む，リソースの準継続的なオーケストレーションと企業のリニューアルの実現」（Teece, 2007）が含まれるといえる。

　また，リコンフィグレーションは突然に実施されるものではなく，ルーティンやリソースへの継続的な努力に基づき，周期的なルーティンとリソースのオーケストレーションを実施し，その結果としてビジネスモデルや組織構造のリニューアルを実現していくものといえる。

　さらに，リコンフィグレーションは，どの企業にとっても経営者がその中心的

な役割を演じる必要があり,経営者次第でその結果には差異が生じるといえる。

4) 企業生態系

　長期的生存を検討するうえで,環境は Porter (1980) の 5-forces model のような「競争要因に対する防御の構築に関連する短期的な」(Teece, 2007) ものと捉えるのはふさわしくない。長期生存には,環境を動態的なものとして捉える必要がある。

　すなわち,顧客,サプライヤー,標準設定団体,政府の行動に加えて競合他社の行動といった「生態系の参加者とみなされる主体間の,共進化や複雑な相互作用の結果である」(Teece, 2007) 企業生態系として捉えなくてはならない。さらに,企業は自らの行動を通して環境形成に影響を与え,時には創造する存在でもあり,まさに「ダイナミックな競争力をもつ企業は,競争への防御を構築するだけではなく,…中略…企業家精神,イノベーション,及び準継続的なリソースのオーケストレーションやビジネス・リコンフィギレーションを通じて,競争や市場での結果を創り出す」(Teece, 2007) 存在である。生存可能な企業生態系の形成こそが,長期生存の鍵となるのである。

　企業生態系はまた,企業,顧客,サプライヤー,協業者,競合,行政,金融機関などにより形成されることから,経営者の構築する企業と関係先との紐帯 (ties)[20] でつながった生態系ネットワークとも捉えることができる。このネットワークの存在により,企業は外部リソースを入手することが可能となる。たとえば,「ネットワークのなかで潤沢な情報を入手できるポジションにおかれている企業は,魅力的なパートナーを識別」(Helfat et al., 2007) することが可能であり,補完性が高い戦略的パートナーとの提携による価値の増大が可能となる。

　また,Helfat et al. (2007) は,「経営機能の基盤となっているのは,経営者のダイナミック・ケイパビリティをなす主要要素—経営者の人的資本・認知・社会関係資本(ソーシャル・キャピタル)—にほかならない」と主張している。

これに従えば，経営者本人のケイパビリティと企業生態系ネットワークにおけるソーシャル・キャピタルが，企業の長期生存性を決定することになる。この経営者のケイパビリティとソーシャル・キャピタル，およびそれらと長期生存性がどう関連するかについては，ファミリー企業の特性を明確化しながら次項において解説することとしたい。

⑥ ファミリービジネス（ファミリー企業）[21]の長期生存戦略
—経営者ケイパビリティとソーシャル・キャピタル—

　企業の長期生存は，ダイナミック・ケイパビリティに基づく生存可能な企業生態系の形成により実現されるが，その主役となるのは経営者である。それでは，経営者による長期生存を可能とする企業生態系の形成はいかにしてなされ，また，どのようなものであろうか？

　この問いへの解を探求するために，ソーシャル・キャピタル論は有効な分析視角と成りえる。ソーシャル・キャピタル論で展開されている，組織間ネットワークおよび個人間ネットワークにおけるソーシャル・キャピタルの研究は，経営者が主役となって形成する企業生態系を検討するうえで，有効なフレームワークであるといえる。

　また，非ファミリー企業と比較してファミリー企業に長期生存企業が多いことを説明するうえで，ファミリー企業において役割がより大きく重い経営者に着目する必要があろう。非ファミリー企業にはないファミリー企業経営者の特性が，長期的環境変動の下での企業生態系の継続的形成に大きな影響を与えると考えられるからである。したがって，長期生存性からみたファミリー企業経営者の特性を鮮明化することは重要である。

（1）ファミリー企業経営者の特性

　長期生存性の観点からすると，ファミリー企業経営者の特性としては以下の

2点が重要である。

1) 資本と経営の集中により内在する強さとリスク

多くのファミリー企業においてトップは経営執行責任者であり支配的株主でもあるというオールマイティの存在である。謂わばファミリー企業は資本と経営の一致という共通の組織形態をもつ企業群ともいえる。

結果として，次のような強さを秘めている。

① 他の形態の企業では望んでも得られないようなレベルの献身や長期投資，即応性，愛社精神をビジネスにもたらす（Davis et al., 1997）。

また，Miller et al.（2005）によれば，次の特徴をもつ存在でもある。

② 独立した行動者としての決断，スピード，革新の自由が担保されている。（command）

③ 血族的な結束の文化を母胎とする社員の全員をミッションの実現に向け団結させることが可能である。（community）

④ 企業生態系ネットワークのメンバーと絆を結び永続的なウィン＝ウィンの関係を結ぶことを志向している。（connection）

⑤ 世代間で引き継がれてきた価値観を継承して本質的ミッションの達成に一貫して力を注ぎ続け，人を含むリソースの獲得に長期の辛抱強い投資を行う。（continuity）[22]

しかしながら一方で，支配的株主である経営者の公私混同は，近年日本企業で見られるような大きな不祥事を招くことにもなりかねない。また，経営者の誤った判断が企業存続そのものを危ぶませるというリスクも孕んでいる。まさに，ファミリー企業の負の側面がリスクとして存在するのである。

2) トップ・マネジメントの継承

ほとんどのファミリー企業において，社長である父親は，長男あるいは配偶者も含む子孫の内の何れかに次代の社長を譲っている。さらに，取締役として

子孫が参加するケースも間々ある。このような血族によるトップ・マネジメントの継承は，上述の強さを胚胎し続ける条件となる。反面，限られた人材のなかからの登用となることは否めない。

「売り家と唐様で書く三代目」という諺がある。初代の創業者が０から起こした事業で築き上げた財産を，二代目が毀損し，三代目には家を売りに出すほどまでに衰退し，その「売り家」の文字が教養を思わせる見事な漢字で書かれていたという諺である。他にも「長者三代」「三代続けば末代続く」といった諺もあり，昔から経営者（あるいは当主）次第で企業（あるいは家）の存続は大きく左右されるということは，経験的に知られていた。

一方で，欧米の名家と言われるような家系では，後継者が一族の栄枯盛衰をほぼ決定してしまう重要な要素であるとの経験知から，子弟の躾や教育をしっかり行い，当主となりえる人物には一族の象徴となることが求められ，社会的規範からの要求にも対応して厳しい生活を送ることが求められた。

ファミリー企業には，先述の本来的に胚胎する強さがあり，その強さを継続するためには創業者ファミリーによるトップマネジメントの継承が必要となる。反面，組織内競争を勝ち抜いてきた優秀な人材を選抜するというような，幅広い人材のなかからではなく，創業者ファミリーという限られた候補のなかからの選抜となる。よって，将来の経営者をいかにして育成し，企業の命運を決める者として誰を任命するかは，ファミリー企業の生存性を決定する重要な要素である。さらに，長期生存には，経営者として求められる一定以上のケイパビリティを，何代にもわたって維持していくことが必要となる。

長期生存には，経営者本人のケイパビリティは極めて重要な要素であり，歴代の社長をいかに育成・選抜し輩出し続けていくかは，ファミリー企業にとって大きな課題である。

(2) ソーシャル・キャピタルの機能

1) ソーシャル・キャピタル論の概要

ソーシャル・キャピタル論は，Putnam（1993）に代表される「社会全般を対象とした互酬性の規範や信頼に基づく協調的行動や社会の効率性」に関する領域で発達してきた一方で，組織コミュニティや組織自体さらには個人のソーシャル・キャピタルを対象とした組織間・個人間ネットワークに関する領域でも多くの研究がなされてきている。

前述の通り，経営者の構築する企業生態系は，ソーシャル・キャピタル論の組織間ネットワークあるいは経営者の個人間ネットワークに符合するものである。以下，このネットワークの領域での研究をもとに，ファミリー企業における長期生存性へのソーシャル・キャピタルの働きについて解説する。

2) 信頼性に基づく取引・相互支援—強い紐帯（strong ties）—

Coleman（1988）は，個人間のつながりにフォーカスし，閉鎖的で密度の高いネットワークである強い紐帯（strong ties）が，ソーシャル・キャピタルを促進することを示した。強い紐帯によるソーシャル・キャピタルは，将来報いてくれることへの期待と将来報いなければいけないとの恩義の両方がネットワークのメンバー間に存在し，さらに，メンバーのネットワークの構造に対する信頼性があり，メンバー間の情報チャネルが構築され，規範の存在と効果的な制裁の実行担保がなされる場合に醸成される。

この強い紐帯（strong ties）によるソーシャル・キャピタル醸成の視点を，企業とそれを取り巻く関係先といった組織間ネットワークへと発展させれば，次のような考え方が得られる。

すなわち，地域や業界など特定領域において，関係先との信頼で結ばれた強い紐帯（strong ties）による凝集性の高いネットワークが構築された場合，そこにソーシャル・キャピタルが形成される。結果，特定領域における長期的な互酬性と規範の構築や信頼される企業姿勢の継続により，関係先との信頼性に

基づく効率的な取引や提携，相互支援関係の実現，あるいは地域での信頼されるブランドの獲得がソーシャル・キャピタルとして期待できる。

　また，社内においてもソーシャル・キャピタルは同様の働きをすることが期待される。Cohen and Prusak（2001）ではUPS社が企業事例として取り上げられ，ソーシャル・キャピタルが単なる個人の集合を「組織」や「協力グループ」へと発展させ，「高い信頼」「強固なつながり」「活気ある集団」「共通の理解」「共同の取り組みに対する対等な参画意識」を醸成することが主張されている。このような状況から「信頼に基づく関係と共通の目標」「知識の共有の促進」「協力精神」「離職率の低下による組織的知識の維持」「企業文化の浸透による行動の一貫性」などが得られるとしている。

3）情報の獲得，外部リソースの活用―ブリッジ―

　Granovetter（1973）は，弱い紐帯（weak ties）の強さを主張している。特定メンバー間の強い紐帯は他のメンバー間の強い紐帯へと波及し，閉鎖的ネットワークを形成する。その結果，メンバーはネットワーク内に密封され，広い世界から遮断される。そのような場合には，閉鎖的ネットワーク間を結ぶ経路であるブリッジが有効となり，このブリッジは弱い紐帯により形成されると主張している。

　また，Burt（2001）は，閉鎖的ネットワーク（creek）間の壁を構造的空隙（structural holes）として提示している。ここでは，構造的空隙を橋渡しして仲介することの有利さ，価値創出の可能性が示されている。すなわち，ブリッジのない閉鎖的ネットワーク内では，冗長な情報しか還流しない。そのような状況において，閉鎖的ネットワーク（creek）間の構造的空隙（structural holes）を橋渡しするブリッジを構築することで，多様な冗長でない情報流入が可能となる。閉鎖的ネットワークのもつメリットにブリッジによる効果が加わることによって，価値が創出されるとの主張である。集団外の冗長でない相手との接触（＝ブリッジ：多様な視点やリソースをもたらす）と集団内の閉鎖性（＝強い紐

帯：緊密なコミュニケーションや信頼性に基づく取引，リスク低減をもたらす）の両者を併せもつことの重要性が示されているのである。

　企業経営においては，特定領域での閉鎖的ネットワークを形成したうえで，他のネットワークへのブリッジを確保することによる価値創造が期待できる。ブリッジからの多様性のある冗長でないリソースへのアクセスが可能となることで，多様な情報へのアクセス，感知，解釈でのプラスの効果が期待できる。また，外部リソースの活用，すなわち他社の補完的リソースの活用や新結合によるイノベーションの促進が期待される。

4) ガバナンス強化，経営者育成・選抜—経営者ネットワーク—

　ほとんどのファミリー企業は，株主や取締役，あるいは各種委員会（委員会等設置会社）といった公式の仕組みによる監視機能・アドバイス機能を保有していない。このような状況下，経営者の暴走や判断ミスによる不祥事の発生・経営危機の招来といったファミリー企業の負の側面を回避するとともに，ファミリー企業が本来的に胚胎する強さを発揮するという正の側面を促進していくためには，公式の仕組みに代替するファミリー企業に合った仕組みが必要である。

　経営者の構築する強い紐帯（strong ties）で結ばれた密度の高い個人的ネットワークには，その機能を果たす可能性がある。Coleman（1988）が主張するように，そのようなネットワークでは，社会的規範と効果的な制裁がソーシャル・キャピタルとして醸成される。まさに企業はネットワーク内に「社会的埋め込み（social embeddedness）」（Granovetter, 1973）をされた存在となり，ネットワークの道徳や倫理あるいは価値観からの影響を強くうけることになる。すなわち，社会的埋め込みをされた存在である企業が長期生存性を確保するためには，ネットワーク・メンバーとして承認され続ける必要があり，その意味で経営者の強い紐帯で結ばれた個人的ネットワークが，ガバナンス機能を果たす可能性がある。

このネットワークは，次世代経営者の育成・選抜にも効果を発揮する。長期生存を実現するためには，各世代の経営者ケイパビリティのレベルを担保する必要があるが，そのための育成プログラムおよび選別システムを組むうえで，経営者のネットワークは重要な役割を果たす。次世代候補者に対する小さな頃からの経営者に向けた動機づけ，さまざまな企業での幅広い経験の場の提供，長年にわたる経営者修行期間における適性チェックとアドバイス，客観的な情を挟まない厳しい視点からの次世代経営者選定（ガバナンス機能の一部でもある）といったことが，強い紐帯で結ばれた経営者ネットワークの親密なメンバーにより成されることも可能である。

　以上述べてきた通り，経営者による個人ネットワーク形成のしかたいかんで，ファミリー企業に本来的に不足するガバナンス機能および経営者育成・選別システムの補完レベルに違いが生じる。結果として，経営者ネットワークは企業の長期生存を決定する主要な要素である歴代経営者のケイパビリティに大きな影響を与える要素となる。

(3) 企業生態系の形成と歴代経営者ケイパビリティの確保

1) 企業生態系形成におけるソーシャル・キャピタル

　顧客，サプライヤー，協業者，競合，行政，金融機関などの関係先ネットワークにおいて，強い紐帯（strong ties）によるソーシャル・キャピタルが醸成されている場合，そのネットワークは，企業にとって生存可能な企業生態系ネットワークと見做すことができる。

　たとえば，顧客に対し信頼される企業姿勢を長期的に継続することができれば，そこにソーシャル・キャピタルが醸成され，信頼されるブランドを獲得する可能性が高くなる。あるいは，業界内で互酬性の関係を長期継続し，そこに規範が構築されれば，ソーシャル・キャピタルが生まれ，効率的な取引が可能となり，場合によっては相互に支援する関係も実現されよう。このようなソーシャル・キャピタル醸成による企業生態系の形成は，地域社会やサプライ

ヤー，金融機関などとのネットワークにおいても同様である。

　また，弱い紐帯（weak ties）や構造的空隙（structural holes）による他のネットワークへのブリッジは，ダイナミック・ケイパビリティにおける他社の補完的リソースなどの外部リソースの活用や新結合によるイノベーションにつながるものである。よって，他のネットワークへのブリッジを構築することは，生存を可能とするリソースの蓄積や環境変動下におけるリソースの組み換えを可能とし，その意味で長期生存の企業生態系を形成する一要素であるといえる。

2）歴代経営者ケイパビリティ確保におけるソーシャル・キャピタル

　ファミリー企業経営者の特性である，献身的努力や長期投資，即応性，愛社精神（Davis et al., 1997），Miller et al.（2005）の4C（command, community, connection, continuity）といった長期生存に対してプラスとなる要素は，経営者が主役となって実現する長期生存可能な企業生態系の形成を促進するものである。しかしながら反面，一族のなかから経営者を選抜しなければならず，限られた人材のなかからの選抜となることはマイナス要素である。

　生存には，企業生態系を形成する主役である経営者本人のケイパビリティは極めて重要な要素である。さらに，長期生存のためには代々の経営者のケイパビリティを確保し続けることが必要となる。よって，歴代経営者の継続的な育成・選抜は，ファミリー企業にとって長期生存の鍵となる。

　強い紐帯（strong ties）で結ばれた密度の高い経営者の個人的ネットワークは，そこにソーシャル・キャピタルが醸成されていれば，一族の候補者に対する経営者に向けた動機づけ，経験の場の提供，経営者適性チェックとアドバイス，さらには経営者選抜へ有効に機能するといえる。

　また，ソーシャル・キャピタルの醸成された企業生態系を形成した場合，企業はネットワーク内に「社会的埋め込み（social embeddedness）」をされた存在となる。この時，長期生存性のためには，ネットワーク・メンバーとして承認され続ける必要がある。その意味で，ソーシャル・キャピタルの醸成された

企業生態系がガバナンス機能を果たす可能性がある。公式の仕組みによる監視機能・アドバイス機能の無いファミリー企業にとって、ファミリー企業の負の側面を回避し、ファミリー企業の正の側面を促進していくうえで、企業生態系が重要な機能を発揮することになる。

ファミリー企業の長期生存戦略と統計的実証

「5. リソース・ベースト・ビューと長期生存戦略」および「6. ファミリービジネス（ファミリー企業）の長期生存戦略」で検討した企業の長期生存性についての内容から、ファミリー企業の長期生存に向けた3つの基本戦略を導き

図表 I -17　ファミリー企業の長期生存戦略

ファミリー企業の長期生存性		
	企業生態系ネットワークの構築	生存環境の構築 1-①地域・顧客との紐帯重視 1-②競争と協調の業界ネットワーク 1-③温情と貢献の社内ネットワーク
		ファミリー企業ガバナンスの保持 1-④経営者ネットワークの活用 1-⑤生態系ネットワーク維持・伝承
	伝統と革新の経営	長期生存のためのリソース蓄積 2-①一貫したリソース蓄積 2-②伝統の継承によるリソース蓄積
		生存環境の転換 2-③環境適応の事業ドメイン転換 2-④歴代経営者による新展開
	経営者ケイパビリティの継続	経営者育成 3-①内部での経験による育成 3-②取締役としての重要課題経験
		経営者選抜 3-③一族の中からの選抜 3-④娘婿の重視

出所）加納（2014），p.87

出すことが可能である[23]。すなわち，図表Ⅰ-17の

① 「企業生態系ネットワークの構築」(顧客・競合・仕入先・金融機関などの外部ネットワークと社内ネットワーク，および経営者の個人ネットワークにおけるソーシャル・キャピタルの醸成)

② 「伝統と革新の経営」(リソース蓄積と環境変動に対応したリソースのオーケストレーションによる生存環境の転換)

③ 「経営者ケイパビリティの継続」(ファミリー企業に胚胎する優位性を発揮する歴代経営者の確保とガバナンスの機能化)

の3つである。

加納（2013）では，日本を代表する長期生存ファミリー企業であるキッコーマンの350年以上の歴史から，3つの基本戦略の具体的内容について抽出している。図表Ⅰ-17の右に示したのが，その概要である。

なお，図表Ⅰ-17に示す戦略については，図表Ⅰ-18に示す手順による105

図表Ⅰ-18　統計的実証分析の手順

STEP1．目的変数・説明変数の設定
目的変数＝現在までの企業生存年数
説明変数＝操作化仮説に基づく18要因

STEP2．質問表の設計
目的変数・説明変数およびフェイスに関する70問を設定
5段階リッカート法を基本に質問内容を設計

STEP3．質問表の発送と返送
入手住所データをもとに法人格をもつ478社へ郵送
105社から有効回答

STEP4．統計解析による仮説検証
重回帰分析により目的変数：企業生存年数に対する各説明変数の説明力を実証（統計ソフトSPSS Ver.21.0）

出所）加納（2014），p.88

社からのアンケート返送結果に基づき，統計的実証分析を行っている[24]。統計解析の結果，図表Ⅰ-19に示す通り統計的に高い有意性が得られており，この調査からは次の結論が導き出されている。

① 企業は，生存可能な企業生態系ネットワークを自ら継続的に一貫性をもって構築し，さらに維持する必要がある。

地域・顧客・協業者・同業他社・金融機関・行政などで構成される「企業生態系ネットワーク」を構成し，そこにソーシャル・キャピタルを醸成することが，長期生存には必要である。また，その構築にあたっては，一貫した経営行動を長期にわたって継続することが求められる。さらに，企業生態系ネット

図表Ⅰ-19 企業の長期生存性要因に関する重回帰分析の結果

R2乗	調整済みR2乗	F値	有意確率
.483	.365	4.092	0.000

	標準化されていない係数		標準化係数	t値	有意確率
	B	標準誤差	ベータ		
定数	-371.602	93.119		-3.991	****
説明変数①地域社会との共生重視	35.162	14.453	.236	2.433	***
説明変数②顧客信頼関係・長期関係重視度	17.728	7.306	.246	2.426	***
説明変数③業界共存関係重視度	15.161	7.235	.183	2.096	**
説明変数④利益追求重視度	10.608	6.927	.147	1.531	△
説明変数⑤家族の経営志向度	11.687	6.663	.184	1.754	*
説明変数⑥社員への会社貢献要求度	13.003	7.086	.170	1.835	*
説明変数⑦経営者個人ネットワーク保有度	0.786	6.224	.011	0.126	
説明変数⑧リソース蓄積一貫性	22.782	16.201	.122	1.406	△
説明変数⑨企業理念継承重視	22.270	14.183	.150	1.570	△
説明変数⑩ドメイン転換実施度	31.617	12.435	.222	2.543	***
説明変数⑪継承後の新方針重視度	15.964	7.348	.212	2.173	**
説明変数⑫将来の経営重視度	24.112	9.211	.228	2.618	***
説明変数⑬外部経験重視度	-5.359	10.180	-.047	-0.526	
説明変数⑭同族役員占有度	14.226	7.355	.262	1.934	*
説明変数⑮失敗経験重視度	16.446	7.261	.203	2.265	**
説明変数⑯長男の社長就任度	-27.205	7.421	-.482	-3.666	****
説明変数⑰娘婿の社長就任度	8.928	3.901	.195	2.289	***
説明変数⑱長男への経営継承希望度	16.211	7.136	.246	2.272	**

****：両側1%，***：両側2.5%，**：両側5%，*：両側10%，△：片側10%

出所）加納（2014），p.127

ワークは，自然発生的に形成され企業を活かしてくれるという受動的なものではなく，企業自らの能動的な行動により構築していかなくてはならないものである。

　② 生存を脅かす環境変動に対しては，経営者自らが将来を志向して企業生態系ネットワークの転換を実行する必要がある。

　長期にわたる社歴のなかで，劇的な環境変動は起こりえる。生存を脅かすような環境変動に対しては，企業生態系ネットワークの転換・創造が必要となるが，それを実行する主体は経営者である。その意味で，歴代の経営者は将来を志向し先見性をもたなくてはならず，必要があれば経営者自らが転換・創造を主導する必要がある。

　③ ソーシャル・キャピタルの醸成された企業生態系ネットワークは，そこに埋め込まれた企業にとって有効なガバナンスとなり，ファミリー企業の強みを発揮する企業行動を促す。

　ファミリー企業の特性として，創業者一族の献身的な努力，長期的視点での経営，オーナー兼経営者としての決断・スピード・革新，価値観の継承と長期にわたる一貫した行動，といったことがあげられる。これらは，長期生存に対しプライオリティとなるものである。このファミリー企業の特性を良い方向に働かせることによって長期生存を実現するためには，有効なガバナンス機能が求められる。ファミリー企業にとってのガバナンス機能は，ソーシャル・キャピタルの醸成された企業生態系ネットワークである。すなわち，社会的埋め込みをされた存在である企業が長期生存性を確保するためには，企業生態系ネットワークのメンバーとして承認され続け，強い紐帯を維持する必要があり，その意味で企業生態系ネットワークが，ガバナンス機能を果たすことになる。

　④ 社長候補者には，責任と重圧のある場や経営課題に取り組む場を経験させ，また失敗も含む経験による育成を実施する必要がある。

　企業人としての経験あるいは管理者としての経験を積むことや，見聞を広めるうえでは外部での経験も有効と考えられるが，社長となるためには，自分の

身に直接影響がある真剣勝負の経験，責任ある重い経営課題の解決の経験が必要であり，そのような場を社外に求めるのは難しい。社内の責任ある立場での献身的な努力の経験が求められるのである。また，心を斧で割るような失敗経験を乗り越えることも一皮むけた成長には有効であるが，経営者となるためには社内でこのような経験を積むことも求められる。

⑤ 社長の選抜にあたっては，娘婿を含む一族に経験を積ませ，そのなかから経営能力のある適任者を選抜する必要がある。

創業者一族が経営者となることによって献身的な努力などのファミリー企業のプライオリティが確保できる半面，限られた範囲からの社長選抜となるマイナス面が存在する。このマイナス面を払拭するためには，娘婿を含む一族に経験を積ませるとともに切磋琢磨させ，そのなかからもっとも相応しい者を選抜することが必要であり，それが経営者ケイパビリティを代々確保することにつながる。

〈注〉

1) ㈱帝国データバンク「COSMOS Ⅱ 企業概要ファイル」再編加工（中小企業庁）
2) 経営戦略の概念の登場と，初期における精緻化については，Hofer and Schendel (1978) を参照
3) たとえば，野中他 (1978) を参照
4) リソース・ベースト・ビューという用語は，Wernerfelt (1984) で最初に登場。
5) 進化経済学については，Nelson and Winter (1982) を参照
6) たとえば，Teece (2007) を参照
7) SWOT は，Strengths（企業の強み），Weaknesses（企業の弱み），Opportunities（環境の機会），Threats（環境の脅威）の頭文字
8) たとえば教科書としては，石井他 (1996) を参照
9) 日本の組織論・経営組織論の文献としては，たとえば，桑田耕太郎 (2010)，野中 (1990)，加護野 (1988)，加護野他 (1983)
10) たとえば，Brandenburger, Adam M. and Barry J. Nalebuff (1996) *Co-opetition*, NY：Currency.（嶋津祐一訳『ゲーム理論で勝つ経営：競争と協調のコーペティション戦略』日経ビジネス人文庫，2003）
11) 緻密な戦略策定プロセスは，Hofer and Schendel (1978) p.59, 60 を参照

12) このことを，ドメイン・コンセンサスとよぶ。詳しくは，榊原清則（1992）『企業ドメインの戦略論』中公新書，を参照
13) 相対的マーケットは，自社の当該事業の規模と最大競争相手の規模との比で計算される。たとえば，自社がシェアトップで2番手が半分の規模であれば2となり，競合がトップで自社が半分の規模であれば0.5となる。なお，この軸には対数目盛が設定され，経験効果を表している。
14) 野中他（1978）p.96
15) Porter（1985）p.16
16) Porter（1985）図表1.4 基本戦略のリスクを参照
17) 「取引が成立しにくい市場」「数量がきわめて少ないといった状況を含意するもの」(Teece, 2007)。
18) 「生存性」の表現は，「ケイパビリティにせよ，その関連語であるコンピタンスにせよ，際立った能力を意味する言葉ではない。これらは，『妥当なパフォーマンス』を実現できる可能性を意味するにすぎない」(Helfat et al., 2007)に依拠している。すなわち，Porter（1980）の「競争優位性」ではなく，「生存性」の可能性を高めるのがリソースのオーケストレーションであるとの考え方である。
19) ルーティンとは，「企業行動についての定常的で，予測可能なもののほとんど」であり，「物を生産するための明確に定義された技術的ルーティン」「雇用や解雇，発注」「生産の増強」「投資，研究開発（R&D），広告に関する政策，製品の多角化や海外投資に関する企業戦略を含んだものをさしている」。また，「これらのルーティンが生物学的進化論で遺伝子が果たす役割を果たす」(Nelson and Winter, 1982)。
20) 紐帯（ties）については，次項「6. ファミリービジネス（ファミリー企業）の長期生存戦略」で詳述。
21) ここでは，創業者一族が支配的株主である企業，または創業者一族のメンバーが社長あるいは取締役会に加わっている企業をファミリー企業と定義。
22) Miller（2005）の主張する4Cをもとに筆者作成
23) 理論モデル導出の詳細は，加納（2012）参照
24) 詳細は，加納（2014）参照

参考文献

Abell, D. F.（1980）*Defining the Business: The Starting Point of Strategic Planning*, Prentice-Hall.（石井淳蔵訳『事業の定義』千倉書房，1984）

Andrews, K.（1971）*The Concept of Corporate Strategy*, Homewood, Illinois: Dow-Jones-Irwin.（山田一郎訳『経営戦略論』産業能率短期大学，1976）

Ansoff, H. I. (1965) *An Analytic Approach to Business Policy for Growth and Expantion*, New York：McGraw-Hill.

Barton, D. L. (1995) Wellspring Knowledge, Harvard Business School Press.（阿部孝太郎他訳『知識の源泉』ダイヤモンド社，2001）

Barney, J. B. (2002) *Gaining and Sustaining Competitive Advantage*, Second Edition, New Jersey；Pearson Education.（岡田正大訳『企業戦略論』ダイヤモンド社，2003）

Burt, R. S. (2001) "Structural Holes versus Network Closure as Social Capital. Ch.2" pp.31-56, Nam Lin, Karen Cook and R. S. Burt (eds.) *Social Capital*：*Theory and Research*, New Jersey；Aldine Transaction.（金光淳訳「社会関係資本をもたらすのは構造的隙間かネットワーク閉鎖性か」第7章 pp.243-281，野沢慎司編『リーディングス　ネットワーク論：家族・コミュニティ・社会関係資本』勁草書房，2006）

Chandler, A. (1962) *Strategy and Structure：Chapters in the History of American Industrial Enterprise*, Cambridge, Massachusetts：M. I. T. Press.

Cohen, D. and L. Prusak (2001) In Good Company：How Social Capital Makes Organizations Work, Harvard Business School Press.（沢崎冬日訳『「人と人のつながり」に投資する企業―ソーシャルキャピタルが信頼を育む』ダイヤモンド社，2003）

Coleman, J. S. (1988) Social Capital in the Creation of Human Capital, *American Journal of Sociology*, 94, pp.95-120.（金光淳訳「第6章　人的資本の形成における社会関係資本」野沢慎司編『リーディングス　ネットワーク論：家族・コミュニティ・社会関係資本』勁草書房，2006）

Davis, J. A. et al. (1997) Generation to Generation：Life Cycle of the Family Business, the Owner Managed Business Institute.（岡田康司監訳『オーナー経営の存続と継承』流通科学大学出版，1999）

Granovetter, M. S. (1973) "The Strength of Weak Ties", *American Journal of Sociology*, 78 (6), pp.1360-1380.（大岡栄美訳「弱い紐帯の強さ」第4章：pp.123-154，野沢慎司編『リーディングス　ネットワーク論：家族・コミュニティ・社会関係資本』勁草書房，2006）

Hamel, G. and C. K. Prahalad (1994) *Competing for the Future*, Boston, Mass：Harvard Business School Press.（一條和生訳『コア・コンピタンス経営』日本経済新聞社，1995）

Hannan, M. T. and J. H. Freeman (1977) "The Population Ecology of Organizations", *American Journal of Sociology*, Vol.82, pp.929-964

Helfat, C. E., S. Finkelestein, W. Mitchell, M. Peteraf, H. Shingh, D. Teece & S. G. Winter (2007) *Dynamic Capabilities : Understanding Strategic Change in Organizations*, Oxford : Blackwell.（谷口和弘他訳『ダイナミック・ケイパビリティ：組織の戦略変化』勁草書房，2010）

Hofer, C. W. and D. E. Schendel (1978) *Strategy Formulation : Analytical Concepts*, West Publishing.（奥村昭博他訳『戦略策定』千倉書房，1981）

Levitt, T. (1960) "Marketing Myopia", *Harvard Business Review*, July-Aug., 1960.

Miller, D. and I. L. Breton-Miller (2005) *Managing For The Long Run*, Boston, Mass : Harvard Business School Press.（斉藤裕一訳『同族経営はなぜ強いのか』ランダムハウス講談社，2005）

Mintzberg, H., Bruce Ahlstrand, Joseph Lampel (1998) *Strategy Safari : A Guided Tour through the Wilds of Strategic Management*, New York : Free Press.（齋藤嘉則監訳『戦略サファリ：戦略マネジメントコンプリートガイドブック』東洋経済新報社，1999）

Nelson, R. R. and S. G. Winter (1982) *An Evolutionary Theory of Economic Change*, Cambridge, MA : Harvard University Press.（後藤晃・角南篤・田中辰雄訳『経済変動の進化論』慶應義塾大学出版会，2007）

Porter, M. E. (1980) *Competitive Strategy*, New York : Free Press.（土岐坤他訳『競争の戦略』ダイヤモンド社，1982）

Porter, M. E. (1985) *Competitive Advantage*, New York : Free Press.（土岐坤他訳『競争優位の戦略』ダイヤモンド社，1985）

Putnam, R. D. (1993) *Making Democracy Work : Civic Traditions in Modern Italy*, New Jersey : Princeton University Press.（河田潤一訳『哲学する民主主義：伝統と改革の市民的構造』NTT出版，2003）

Teece, D. J. (2007) "Explicating Dynamic Capabilities : The Nature and Microfoundations of (Sustainable) Enterprise Performance", *Strategic Management Journal*, Vol.28, Issue13, pp.1319-1350.（渡部直樹訳「ダイナミック・ケイパビリティの解明」第1章，渡部直樹編著『ケイパビリティの組織論・戦略論』中央経済社，2010）

Tichy, N. M., Stratford Sherman (1993) *Control Your Destiny or Someone Else Will*, New York : Bantam Doubleday Dell Publishing Group.（小林陽一郎監訳『ジャック・ウェルチのGE革命』東洋経済新報社，1994）

Wernerfelt, B. (1984) "A Resource-based View of the firm", *Strategic Management Journal*, 5, pp.171-180.

石井淳蔵・奥村昭博・加護野忠男・野中郁次郎（1996）『経営戦略論［新版］』有斐

閣

伊丹敬之（1984）『新・経営戦略の論理』日本経済新聞社

加護野忠男（1988）『組織認識論：企業における創造と革新の研究』千倉書房

加護野忠男・野中郁次郎・榊原清則・奥村昭博（1983）『日米企業の経営比較：戦略的環境適応の理論』日本経済新聞社

加納良一（2012）「中小ファミリー企業の長期生存理論フレームワークの構築―進化論アプローチとソーシャル・キャピタル―」『ファミリービジネス学会誌』第2号，pp.17-34

加納良一（2013）「事例研究：キッコーマン―ファミリー企業の長期生存性要因の探求」『ファミリービジネス学会誌』第3号，pp.20-37

加納良一（2014）「ファミリー企業の長期生存性要因に関する研究―企業生態系ネットワーク　伝統と革新　経営者ケイパビリティ」静岡県立大学大学院博士論文

桑田耕太郎（1989）「組織間関係論の展開」土屋守章・二村敏子責任編集『現代経営学説の系譜』有斐閣，pp.292-299

桑田耕太郎（2010）『組織論　補訂版』有斐閣アルマ

後藤俊夫（2009）『三代，100年潰れない会社のルール』プレジデント社

後藤俊夫編（2012）『ファミリービジネス　知られざる実力と可能性』白桃書房

嶋口充輝（1984）『戦略的マーケティングの論理：需要調整・社会対応・競争対応の科学』誠文堂新光社

日経ビジネス編（1984）『会社の寿命―盛者必衰の理』日本経済新聞社

沼上幹（2009）『経営戦略の思考法：時間展開・相互作用・ダイナミクス』日本経済新聞社

野中郁次郎・加護野忠男・小松陽一・奥村昭博・坂下昭宣（1978）『組織現象の理論と測定』千倉書房

野中郁次郎（1990）『知識創造の経営』日本経済新聞社

第Ⅱ章 マーケティング
―競争市場を勝ち残るためのマーケティング戦略―

1 マーケティング（Marketing）のねらい

(1) マーケティングとは何か

　マーケティングとは何か，マーケティングの世界的権威であるフィリップ・コトラー(Philip Kotler)は「人間や社会のニーズを見極めてそれに応えること。マーケティングをもっとも短い言葉で定義すればニーズに応えて利益をあげること」[1]と述べている。また，2007年全米マーケティング協会の定義では，「マーケティングとは顧客，クライアント，（ビジネス）パートナー，社会全体にとって価値がある提供物（商品・サービス）を創造し，伝え，配送し，交換するための活動であり，一連の制度，そしてプロセスである」[2]と明記されている。

　今日的なマーケティングの特徴としては企業を社会的な存在として扱い，マーケティングを顧客との個別的関係性だけではなく，より良い社会を共創していくための手段として活用すべきものと位置づけ，その重要性を増加させている。

　また，マーケティングは伝統的にマスマーケティングへ主眼を置く傾向が強かったが，近年のIT化や物流革命は今までは難しかった企業から顧客への個別アプローチを容易にし，One to Oneマーケティングへの潮流を加速させている。

　本書においてはマーケティングの本質を「顧客価値の実現」として捉え，

マーケティング戦略の策定プロセスと環境分析，競争優位戦略，マーケティングミックスなど，マーケティング成果を創出するための定石・キーポイントについて説明していくことにする。また，ブランドマネジメントや顧客関係性マネジメントにも触れ，同質的競争のなかで思うような成果を上げられていない企業，総合的な顧客価値を高め，エクセレントな経営を実現していきたい企業の方がたにも有益な指針とその基本的な考え方・手法を与えるものとする。

(2) マーケティング戦略の位置づけ

　マーケティング戦略の上位概念は企業ビジョン，経営目標，経営戦略などとなる。その一方ですでに何冊かの経営戦略やマーケティング戦略の書籍を手に取ったことがある読者はお気づきのことかもしれないが，SWOT分析や競争戦略に関する分析手法など，経営戦略の本にもマーケティング戦略の本にも両方出てくる考え方や分析手法が多い。この理由は大きく2つあると考えられる。ひとつはマーケティング戦略の重要性が増すなかで経営戦略との境界線が曖昧になってきていること。2つには，経営戦略は多角化された事業のマネジメントに主眼が置かれることが多いが，マーケティング戦略は原則的に単一事業を対象としていることにより，双方で同様の分析手法が使われることがあげられる。たとえば，総合商社をイメージしていただきたいが，数百以上もある事業全体を包含した会社全体としてのSWOT分析（経営戦略策定時のSWOT分析）は自動車事業，アパレル事業，ケミカル事業など多くの分野をまとめたものなので国家の経済状況をまとめたような総花的なものになりやすい。一方，単一事業部門内でマーケティング戦略を考える場合のSWOT分析はひとつの業界に特化した具体的なもので，経営戦略のSWOT分析とツールは同じでもその内容は大きく異なる。つまりSWOT分析は経営戦略でもマーケティング戦略でもどちらでも使えるツールということなのである（本著においても経営戦略の章とマーケィングの章で二度出てくる分析手法があるが，そのように解釈していただきたい）。

マーケティング戦略策定プロセス
―一貫性があるマーケティング戦略の策定と展開―

マーケティングに関する個別の考え方を学ぶ機会はあっても,それを全体として一貫性をもたせながら,どのように活用していけば良いのか良くわからない読者も多いのではないだろうか。ここでは,マーケティング戦略策定プロセスを簡潔に示し,求める成果を創出するための道標とする。

(1) マーケティング戦略策定プロセス

図表Ⅱ-1をご覧いただきたい。これはマーケティング戦略策定プロセスを記した図である。ここでは,マーケティング戦略策定の各プロセスについて概観していきたい。

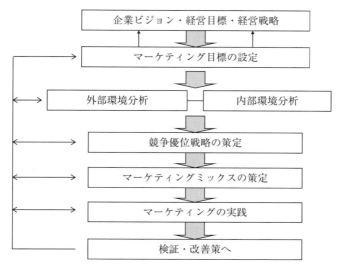

図表Ⅱ-1 マーケティング戦略策定プロセス

① 企業ビジョン・経営目標・経営戦略

上述の通り，マーケティング戦略の上位概念は企業ビジョン・経営目標・経営戦略などである。多角化経営を行っている企業では当該事業におけるマーケティング戦略が部分最適になったり，他部門との食い違いが生じたりしないように注意する他，自社のこだわりや関連部門との一貫性を認識しておく必要性がある。

② マーケティング目標の設定

マーケティング目標の設定は，
・売上高目標
・利益目標（売上高総利益，営業利益など）
・利益率目標（売上高総利益率，営業利益率など）
・市場占有率目標
・顧客満足度目標

などが主要な目標となる

③ 外部環境分析・内部環境分析

外部環境分析・内部環境分析は後述するSWOT分析などを使って行う。客観的な分析とともに現状だけではなく将来に向けた変化予測なども考慮に入れる必要がある。

④ 競争優位戦略の策定

市場における企業の戦い方は競合他社との相対的な力関係や競合度合などにより変化する。差別化や独自優位性をベースにマーケティング目標を達成できるビジネスフィールドを選定することが重要になる。

⑤ マーケティングミックス（Marketing Mix）の策定

マーケティングミックスとはマーケティング目標の達成のために必要な，顧客やターゲット市場へ働きかけるための主要なマーケティング手段の組み合わせのことである。競争優位戦略で策定した基本指針の下に，相互に一貫性があるマーケティングミックスを策定することが大切である。

マーケティングミックスは製造業では製品戦略・価格戦略・プロモーション戦略・チャネル戦略の4つの切り口が使われることが多く，卸売業ではマーチャンダイジング戦略（製品戦略＋価格戦略）・ロジスティック戦略・リテールサポート戦略，小売業ではマーチャンダイジング戦略・プロモーション戦略・店舗戦略，サービス業ではサービスメニュー戦略・プロモーション戦略・チャネル戦略・物的環境戦略・サービス提供プロセス戦略・人的戦略が使われることが多い。本書では紙幅の関係上，製造業でよく使われる製品戦略・価格戦略・プロモーション戦略・チャネル戦略をベースに説明を行うが基本的な部分は卸売業，小売・サービス業にも共通する考え方となっている。

⑥ **マーケティングの実践**

マーケティングの実践においては決めたことをきちんとやり切ることが大切である。マーケティングミックス施策に関する一部のやり残しであったとしてもそれは全体の一貫性を損ね，マーケティング成果をいちじるしく低下させることにも繋がる。たとえば前例がないほどおいしいビールをお手頃価格で開発して，魅力的な広告宣伝を実行したとしてもそれを取り扱う小売店や飲食店チャネルを開拓できなかったら売上は作れない。マーケティングミックスは足し算ではなく掛け算で成り立っていることに留意する必要がある。

⑦ **検証・改善策へ**

マーケティングの実践を行うといろいろな問題点や課題が生じてくる。一部の関係者だけの定性評価だけではなく客観的な定量評価も取り入れながら今後に向けた改善や次のマーケティング戦略策定に活かしていく必要がある。

なお，図表Ⅱ-1において双方向の矢印が使われているが，これは実務において戦略策定プロセスが上位概念から下位概念へ向けて一度にスッキリと作られるのではなく，行ったり来たりしながら現実性・効果性・一貫性が高いものが形成されていくことを意味している。

③ 外部環境・内部環境分析
―マーケティング戦略策定の基礎となる客観的な外部環境・内部環境分析―

　企業がマーケティング戦略を構築するうえでは，まず自社を取り巻く外部環境と自社の経営資源・能力面を評価する内部環境分析を行うことが基本になる。

　事業はやりたいことをやりたいようにやって望む成果が出せると良いのであるが，そのような恵まれた企業は一握りしか存在しない。現実や将来予測を直視しながら，追い風を得られるフィールドを見つけて，自社の長所を活かす形で理想や目標の実現に近づけていくことが重要となる。

　ここでは環境分析の代表格であるSWOT分析とファイブフォース[3] (5-Forces Model) 分析について説明する。

(1) SWOT分析

　SWOT分析とはStrengths（強み），Weaknesses（弱み），Opportunities（機会），Threats（脅威）の頭文字を取ったものである。外部環境分析としては自社マーケティング上の機会，脅威を分析し，内部環境分析として競合他社との競争上の強み，弱みを分析する。

　外部環境分析（機会・脅威），内部環境分析（強み・弱み）の主な視点は以下の通りである。

1) 外部環境分析（機会・脅威）
① 政治・法律動向分析：法律による参入規制や公共需要，労働市場への影響など
② 社会動向分析：人口動態の変化に伴うライフステージ別属性人口の変化やこれに伴うマクロ的な消費動向の変化など

③ 経済動向分析：景気動向や地域経済の盛衰要因，金利，インフレ・デフレなど
④ 技術動向分析：技術革新，新技術，代替技術の動向など
⑤ 業界動向，競争要因分析：業界全体の成長性や競合他社の競争戦略など
⑥ チャネル動向分析：川上，川下チャネルの動向や垂直的競争のリスクなど
⑦ 消費者動向分析：消費者の潜在・顕在ニーズやウォンツ，購買意思決定要素など

2) 内部環境分析（強み・弱み）
① 立地：顧客へ到達（もしくは顧客が企業へ到達）する為の距離・時間・利便性，物流コスト要因としての立地条件など
② 資金・財務：追加資本投下の財務的制約，経営上の必要キャッシュフローなど
③ 設備：展開可能商品領域の設備的制約，品質・コスト・納期への影響要因など
④ 情報：顧客情報，競合先情報，販売・営業実績データ・予測データなど
⑤ コアコンピタンス：競争優位性，独自ノウハウなど
⑥ 組織マネジメント：経営者，幹部社員のマネジメント力，リーダーシップ，社内制度や仕組みなど
⑦ マーケティング：マーケティング戦略の適切さ・一貫性・マーケティングミックス展開力など
⑧ 組織・人的資源：従業員の能力，能力の発揮度合い，モチベーション，年齢ピラミッド構造，従業員の採用・離職率など

3) SWOT分析の留意点

図表Ⅱ-2をご覧いただきたい。これは建築材卸業におけるSWOT分析の抜粋例である。脅威の欄に「耐震性に関する法規制の強化」というものがある

図表Ⅱ-2　建築材卸業者のSWOT分析例

	機　会	脅　威
外部環境	・オリンピック景気による市場拡大 ・リフォーム業界の伸張 ・消費者のセキュリティ意識の向上 ・高齢化社会への突入とバリアフリーニーズの増大	・耐震性に関する法規制の強化 ・B社の低価格戦略による価格競争の激化 ・建材メーカーの川下に対する直接攻勢（卸の中抜き化）
	強　み	弱　み
内部環境	・即日出荷可能なロジスティック体制を構築している ・熟練従業員が多く，誤出荷比率が低い ・既存顧客への技術サポート力が高い ・○○分野の品揃えは地域No.1である	・バイイングパワーの欠如による高コスト体質 ・物流センター設備の老朽化とハイテク化対応への遅れ ・新規顧客開拓力が低い ・物流面での積載効率が悪い

が，これは既存の製品が耐震性に関する法規制の強化に対応していない場合，あるいは法規制の強化により市場が縮小すると脅威になることを示している。しかし，その一方で既存製品が耐震性に関する法規制の強化に対応できている場合や今後，法規制の強化に適合する耐震性製品の品揃えを充実させて競争優位性を発揮していく場合には機会となる。このように同じ事実要因があったとしても機会と脅威の分類は正反対になる場合がある。

また，強み，弱みに関しては競合他社などと相対比較する視点も必要である。たとえば強みのなかに「既存顧客への技術サポート力が強い」という項目があるが，自社内では強みと思っていても顧客満足度調査などを行ってみると自社の思い込みとは反する結果が出ることも多い。一部の人の意見だけで強み・弱みを決めつけないことが大切である。

(2) ファイブフォース分析（5つの競争要因分析）

ファイブフォースとはマイケル・E・ポーター（Michael E. Porter）により提唱された業界の競争構造を分析するためのフレームワークである。5つの競争

要因の強弱により，その業界の最終的な収益力が決定するという考え方である。また，ポーターは著書のなかで，
・「完全競争」に近い業界ほど，長期的な収益見込みが悪くなる。
・相対としての競争要因が弱いほど，好業績をえるチャンスが大きくなる。
・企業の戦略として競争圧力が高まらないように業界をコントロールするか，競争圧力が弱い場所にポジショニングする方が収益拡大のチャンスが拡がる。

と述べており，競争圧力の奥に潜む源泉を知ることができれば，戦略的な行動計画の基礎が提供される。もっとも意味をもつ機会や脅威，どの分野で戦略変更を行うともっとも成果が上がるのかなどを検討し，最適なポジションを見出すのに役立つものであると提唱した。

5つの競争要因とは「新規参入の脅威」「売り手の交渉力」「買い手の交渉力」「代替製品・サービスの脅威」「既存の競合企業同士のポジション争い」のことであり（図表Ⅱ-3参照），以下に説明する。

① 新規参入の脅威

新規参入の脅威の度合いは現在，どの程度の参入障壁があるか，また既存の競争業者からどの程度の反発が予想されるかによって変わってくる。

図表Ⅱ-3 5つの競争要因分析

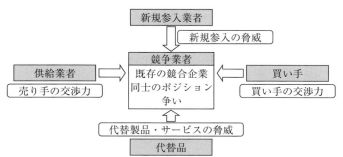

出所）マイケル・E・ポーター／竹内弘高訳（1999），p.34に基づき筆者作成

新規参入の参入障壁になる6つの要素は以下である。
- a．規模の経済：規模の経済が大きく働く市場にはリスクを伴う大規模な投資及び急速な市場浸透戦略を成功させないと採算の確保が難しい。
- b．製品の差別化：ブランドによる識別が業界内で成功するための重要な要素になっていると新規参入企業が差別的優位性を最初から発揮するのは難しい。
- c．資金の必要性：競争のために巨額の資金を投資する必要性がある場合は一部の大企業を除き資金確保が難しい。
- d．規模に関係のないコスト面での不利：学習効果や独占的技術，最高品質の原材料のアクセス，有利な立地，特許などが既存競争業者に有利に働く場合不利となる。
- e．流通チャネルへのアクセス：既存の競合他社による流通チャネルの締め付けが厳しければ厳しいほど，その業界への新規参入が困難になる。
- f．政府の政策：政府の許認可制や原材料へのアクセス制限は新規参入の足かせとなる。

② **売り手の交渉力**

供給業者は納入する製品やサービスを値上げしたり質を落としたりするといった手段を通じて，業界内の企業に対する交渉力を発揮することができる。供給業者側が少数である場合や供給製品に独自性が強い場合，業者のスイッチングコストが高い場合などには売り手側の交渉力が強くなりやすい。

③ **買い手の交渉力**

買い手の影響力が強くなるのは買い手で集中が進んでいたり大量に購入していたりする場合，買い手側が業界側から調達する製品が標準的なものもしくは差別化されていない場合，利益が薄いために調達コストを下げたいという想いが買い手側に強い場合などであり，このような時に買い手側の交渉力が強くなりやすい。

④ 代替製品・サービスの脅威

代替製品・サービスがあらわれると価格設定に上限が設けられてしまい，業界のポテンシャルは抑えつけられてしまう。製品の品質向上や何らかの差別化を図らない限り，その業界は利益の点でも成長の点でも伸び悩む状況になりやすい。

⑤ 既存の競合企業同士のポジション争い

既存の競合企業同士の競争は価格競争や新製品投入，宣伝合戦でのポジション争いとなる。業界内のポジション争いが激しくなるのは競合企業が無数にある場合，規模や力の点でほぼ同等である場合，業界の成長率が低いなかで市場シェア獲得競争が行われている場合，撤退障壁が高い場合などであり，このような時に既存競合企業同士のポジション争いが激しくなりやすい。

静態的な業界で長く事業を行っていると，ついつい昨日の延長で今日，明日を予見してしまいがちであるが，業界の構造は変わる時にはドラスティックに変わるものでもある。たとえば三陽商会と英国バーバリー社のライセンス契約終了はバーバリー製品を主力としていた三陽商会に大きな影響を及ぼした（売り手の交渉力）。米国イーストマン・コダック社が破産したのは写真フィルムを主力事業にしていたなかでデジタルカメラなどの代替製品が致命的な影響を与えたからである（代替製品の脅威）。地方で高収益を上げていた小売店が大手流通企業の地方店舗の出店により廃業や瀕死の状況に追い込まれたケースなどは枚挙に暇がない（新規参入の脅威）。ファイブフォースのフレームワークは企業を取り巻くリスクやチャンスを早期に予見し，事業構造を転換していく時にも有益なツールとなる。

競争優位戦略の方向性
―厳しい競争市場において勝ち残るための方向性および基本戦略の策定―

　外部環境分析，内部環境分析を実施した次に，どのような方向性で競争市場を勝ち抜いていくのかその基本指針を策定する必要がある。

　ここでは競争優位戦略の方向性を策定するうえで有益となる「競争地位別戦略」「ポジショニングマップ（Positioning Map）」について説明する。なお，第Ⅰ章で説明したマイケル・E・ポーターの3つの基本戦略も競争優位を構築するうえで有益な分析手法である。

(1) 競争地位別戦略
　競争地位別戦略とは競争地位に応じて戦略を変えるものであり，図表Ⅱ-4はその定石的な考え方を示すものである。

　市場地位はリーダー，チャレンジャー，フォロワー，ニッチャーの4つの類型で示され，業界上位企業数社がマーケットシェアの大半を握っている業界においては，リーダーは業界トップ企業，チャレンジャーは業界2番手，フォロワーは業界3番手以降，ニッチャーは小規模で集中戦略を取る企業となる。ただし，業界によっては2番手，3番手企業がチャレンジャーの戦略を採用したり，4，5番目の企業がフォロワーよりもニッチャーとしての戦略を意図的に採用したりするということもある。

　1) リーダーの戦略
　リーダー企業は業界トップ企業であり，市場シェアの最大化，最大利潤，名声・イメージの構築を目標とし，市場全体の顧客・製品カテゴリーをカバーする。製品の取扱量が多いので規模の経済が働きやすく，利益を生み出しやすい収益体質となっている。また，業界内にてすでに高いマーケットシェアを握っ

図表Ⅱ-4　競争地位別の競争力対応戦略と需要対応戦略

競争地位	市場目標	競争対応戦略		需要対応戦略	
		競争基本方針	市場ターゲット		マーケティングミックス政策
リーダー	・最大シェア ・最大利潤 ・名声，イメージ	全方位	フルカバレージ		・製品：中～高品質を軸としたフルライン化 ・価格：中～高価格水準 ・チャネル：開放型チャネル ・プロモーション：中～高水準，全体訴求型
チャレンジャー	・市場シェア	差別	セミフルカバレージ		・製品，価格，プロモーション，チャネルでのリーダーとの差別化
ニッチャー	・利潤 ・名声，イメージ	集中	特定市場セグメント（製品・顧客層の特化）		・製品：限定ライン，中～高品質水準以上 ・価格：中～高価格水準 ・チャネル：限定型・特殊型チャネル ・プロモーション：特殊訴求
フォロワー	・生存利潤	模倣	経済性セグメント		・他社並み・以下の品質 ・低価格水準 ・価格訴求チャネル ・低プロモーション水準

出所）嶋口充輝・石井淳蔵（1995），p.214

ているため，売上拡大のためには業界のなかのパイの奪い合いということだけではなく，新規需要を創造することにより新たな顧客を獲得すること，つまり市場を拡大していくことが重要になる。

　リーダー企業のマーケティングミックスとしては，

・製品：中品質～高品質を軸としたフルライン化
・価格：中価格水準～高価格水準
・チャネル：開放型チャネル
・プロモーション：中～高水準，全体訴求型

が基本となるが，必ずしもすべてでこの通りになるという訳ではない。たとえばマクドナルドなどバリュープライスを源泉にした企業は規模の経済をベースにしたコストリーダーシップを背景に低価格～中価格水準での価格戦略を展開

しており，このことはコスト競争力でついてこられない他社を淘汰することやマーケットシェアのさらなる拡大にも繋がっている。

2) チャレンジャーの戦略

チャレンジャー企業は業界2番手企業（もしくは3番手企業）であり，市場シェアの拡大を目標とし，リーダー企業との差別化を図りながら市場も一部を除き全体をカバーする。ただし，ここでは差別化の質的な問題が発生する。つまり，リーダー企業にとって模倣が容易な差別化であればまったく同じものでなくても類似品をリーダー企業に低コストで作られてしまう。このため，特許技術やブランドイメージ，コアコンピタンスの活用，大規模な広告宣伝による他社が類似品を作りにくい環境作りなどを織り込んだ差別化が重要となる（たとえばアサヒスーパードライは発売当初から圧倒的な広告宣伝によりブランド商品のイメージを構築したため，他社が類似品を出すと明らかに真似をしていることが消費者に見透かされる状況になっていた）。

チャレンジャー企業のマーケティングミックスとしては基本的にはリーダー企業と同様の傾向になりがちであるが，そのなかで顧客が認識できる差別化を図っていくことが重要である。

3) フォロワーの戦略

フォロワー企業は業界3番手以降の企業であり，生存利潤の確保を目標とし，リーダー企業やチャレンジャー企業の模倣をベースに経済的に効率が良い市場を選別し，投資やコストを抑えながら効率的に事業運営を行うことで利益を生み出すことを定石とする。また，フォロワー戦略はスピード感も重要になる。市場の成長段階に当たる製品をタイムリーに見つけてきて，低コストで迅速に模倣品をつくることでトップブランドと同様の旬な製品を低価格で買えるという状況を生み出す。成長期から成熟期，衰退期に移行すると初期投資の回収を終えたリーダー企業やチャレンジャー企業が低価格化へシフトするので，

利益を生み出すのが難しくなる。

フォロワー企業のマーケティングミックスとしては，
・製品：他社並みか他社並み以下の品質
・価格：低価格水準
・チャネル：低価格を求めているチャネル
・プロモーション：ここにはお金をかけないため，あまり行わない

が基本となる。

4) ニッチャーの戦略

ニッチャー企業は小規模で集中戦略を採用する企業であり，利潤の確保，名声・イメージの構築を目標とし，製品や顧客層を絞り込んだ特定市場セグメントをターゲットとする。大きな市場を捨て，ニッチ市場に絞り込むことで小さな経営資源でもその領域内で一番になることが可能になる。ニッチ市場を選定するにあたっては自社が差別的優位性を発揮できる市場および大手企業が興味をもたない市場を選ぶことが重要である。

ニッチャー企業のマーケティングミックスとしては，
・製品：限定ライン，中品質～高品質水準以上
・価格：中価格～高価格水準
・チャネル：限定型・特殊型チャネル
・プロモーション：特殊訴求

が基本となる。特殊な要素が入るので業界の一般的なマーケティングミックスではターゲット顧客にアピールし，支持をえるのが難しい。事業コンセプトに基づくマーケティングミックスの一貫性をいかに確保するかということも重要になる。

(2) ポジショニングマップ

ポジショニングマップとは競争市場のなかにおいて，現状における自社と競

合他社のポジションを明確にしたうえで，今後，自社が目指すポジショニングを明らかにするものである。これにより，差別的優位性を発揮する領域が明確になり，マーケティングミックスを構築するうえでの基本指針にもなる。

ポジショニングマップを作成するには「市場の細分化，顧客価値の抽出による主要軸の設定」「自社および競合他社のプロット」「今後，自社が目指すポジションの設定」の3ステップが必要になる。

まず全体の概念を理解するために，図表Ⅱ-5をご覧いただきたい。これは旅館におけるポジショニングマップ策定例である。縦軸は日本人客を中心にした旅館か外国人客を中心にした旅館かを意味しており，横軸は食事や宴会などのサービスを部分的に排除し低価格を実現する限定サービスと旅館に望まれるサービスをフルラインで充実させるフルサービスを意味する軸になっている。

そして次に自社および競合他社のプロットについてであるが，当社とB社～K社の各楕円がこれに該当し，各社の現状のポジショニングを意味している。

最後に今後の当社のポジショニングの設定であるが，「今後の当社1」もし

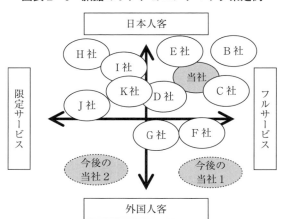

図表Ⅱ-5　旅館のポジショニングマップ策定例

くは「今後の当社2」がこれに該当する。競合他社がいない領域で，かつ一定の消費需要が見込まれ，自社の優位性を発揮できるフィールドを選定することを原則とする。この例では上記の要件を考慮しながら，「今後の当社1」もしくは「今後の当社2」の領域を新たなフィールドとして選定することになる。

以下においてそれぞれの考え方を詳述する。

1) 市場の細分化，顧客価値の抽出による主要軸の設定
① 市場細分化

市場細分化に関しては一般的に地理的変数，人口動態変数，心理的変数，行動変数がよく使われる。

地理的変数とは国，地域，都市の規模，気候などを市場細分化の要素にするものである。地理的変数をベースにした2軸設定では以下の例があげられる。

- 国内市場⇔海外市場
- 大都市⇔郡部
- 広域エリア⇔近隣エリア

人口動態変数とは年齢，性別，家族の人数，学歴，職業などを市場細分化の要素にするものである。人口動態変数をベースにした2軸設定では以下の例があげられる。

- 男性⇔女性
- 大人⇔子供
- 独身⇔既婚

心理的変数とは性格，ライフスタイル，心理特性などを市場細分化の要素にするものである。心理的変数をベースにした2軸設定では以下の例があげられる。

- 保守的マインド⇔革新的マインド
- 個人志向⇔チーム志向
- 体育会系スタイル⇔文化部系スタイル

行動変数とは使用率，購買頻度，ロイヤルティ，製品に対する態度などを市

場細分化の要素にするものである。行動変数をベースにした2軸設定では以下の例があげられる。

・ライトユーザー⇔ヘビーユーザー
・未経験者⇔経験者
・自社ファン⇔アンチ自社ファン

② 顧客価値の抽出

顧客は自分が期待する価値・効用を満たすために商品やサービスを購入するのであり，決して売り手や売り手の商品ありきではない。しかしながら，店舗（購入検討企業）の選定や商品・サービスの購入時における顧客の価値基準は人それぞれであり，優先順位や重要度は顧客により異なる。

ここでは重点化する顧客価値を抽出するための基本となる顧客価値フレームワークとポジショニングマップ作成における主要軸の設定例を示す。

a. 4つの顧客価値

図表Ⅱ-6をご覧いただきたい。これは顧客満足を形成する4つの顧客価値である。通常顧客満足は「基本的価値」「ブランド価値」「継続利用価値」「新規性・流行価値」の4つの価値の総和により決まる。以下に4つの顧客価値とそれぞれがどのように細分化された価値基準により構成されているのか説明する。

b. 基本的価値

基本的価値とは顧客が商品やサービスを購入するうえで必要不可欠な要素で

図表Ⅱ-6　4つの顧客価値

出所）加瀬元日（2015），p.36

あり，ビジネスや生活上の必需品・基本材市場において重要度が高くなる。
　基本的価値を構成する代表的な個別価値要素としては，
　・製品・サービスの品揃え
　・基本的機能・品質
　・アフターサービス
　・サービス提供時間・納期
　・営業・接客応対
　・店舗設備
　・ビジュアルプレゼンテーション
　・利便性（店舗の場合は自宅からの距離，駐車場・駐輪場の有無など）
　・価格　など
をあげることができる。

　c．ブランド価値

　ブランド価値とはブランドの世界観のなかに身を置くことによる心理的価値や品質保証に関する信頼感を伴うものである。未利用経験の商品やサービスは実際に利用・消費するまでその価値が分かりにくいという特性があるので，ブランドによる信頼感は顧客にとっての重要な選別要素になる。たとえば住宅ローンや生命保険の契約は人生のなかでもっとも多額な支出を伴うもののひとつだが，契約書を隅々まで読み込まずに契約書に印をしている方も多いのではないだろうか。そのような方々の多くは無意識的に売り手のブランド価値を感じ，「○○銀行だから安心」，「○○生命だから顧客を騙すようなことはしないだろう」と評価しているのである。

　また，心理的価値の側面では顧客がブランドの世界観に心から共感できるようなブランドの世界観を作りあげることやブランドイメージが明確でそのブランドをイメージすること自体で「快」の感情が生み出されるようにすることが重要となる。

　繰り返しになるがブランド価値を構成する代表的な個別価値要素としては，

・品質保証に関する信頼感
　・心理的価値
があげられる。
　d. 継続利用価値
　継続利用価値とは継続的に企業（店舗）やサービスを利用することにより生じる顧客の価値を意味する。FSP（フリークエントショッパーズプログラム：詳細はⅡ-7 顧客関係性マネジメントにて詳述）などのロイヤルティプログラムや常連客の認知など，かゆいところに手が届くサービス，知り尽くした企業（店舗）であるが故の使い勝手の良さなどが継続利用価値に該当する。
　継続利用価値を構成する代表的な個別価値要素としては，
　・FSP（フリークエントショッパーズプログラム）などのロイヤルティプログラム特典（例：JAL マイレージカードや ANA マイレージカードのような使用すればするだけ相乗的に特典が良くなっていくポイントプログラムの特典）
　・社員の顧客認知と良好な人間関係
　・顧客自身の商品やサービスに関するノウハウの蓄積およびスイッチングバリア（他社や他社製品に乗り換えることによるデメリット）
があげられる。
　e. 新規性・流行価値
　新規性・流行価値とは今まで使ったことが無い新しい商品や流行している商品に魅力を感じる価値のことである。消費生活面で日々の変化や新しい刺激を求める人，いろいろなものや情報との接触・利用・体験のなかから価値あるものが生まれてくると考えている人は新規性・流行価値を重視する傾向が強い。
　新規性・流行価値を構成する代表的な個別価値要素としては，
　・目新しさや希少性などから生じる刺激性価値
　・友人などとの話のネタになるような情報・流行価値
があげられる。

f. 顧客価値をベースにしたポジショニングマップ作成における主要軸の設定例

図表Ⅱ-7は顧客価値をベースにしたポジショニングマップの主要軸設定例である。顧客が重視する価値は多様であり，それに伴い，ポジショニングマップの主要軸もさまざまなものが考えられることを理解していただきたい。

2）自社および競合他社のプロット

市場セグメンテーションや顧客価値をベースにした2軸図を作成したら次に自社と競合他社の現状のポジションをプロットする。

簡易な場合は自社内の議論を通じて作成するが，顧客調査などによる調査を行い顧客の評価を反映させた形でプロットすることが望ましい。

図表Ⅱ-7 顧客価値をベースにしたポジショニングマップ作成における主要軸の設定例

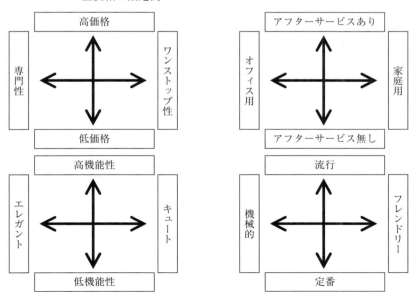

3) 今後，自社が目指すポジションの設定

　自社および競合他社のプロットが終わったら次に今後自社が目指すポジションの設定を行う。業界リーダー企業以外の場合，新たなポジション設定をするうえでもっとも大切なことは以下の3点である。
- ・他社との差別化を図ることができる領域を作り出せているか。
- ・その領域は自社の売上，利益（率）を維持・向上させるだけの市場規模を有しているか。獲得可能マーケットシェアも考慮に入れて検討する。
- ・自社はその領域で優位性を発揮できる強みやコアコンピタンスをもっているか（今後，現実的に作り出せるのであればそれでも良い）。

これらの要素を満たすことができれば当該事業の収益獲得チャンスは飛躍的に高まる。また，留意点としては競合他社のポジション変更も見込まれる場合はその変化も織り込むこと。空白エリアが見つからずにどこかの競合他社と争わなければならない場合は競争力が弱い企業と戦った方が良い成果を出せる可能性が高いことなどがあげられる。

　実務的にはポジショニングマップは5つ位（最低でも3つ）は作成し，そのなかからより良い案を選択すべきである。

　ポジショニングマップを作成したらマーケティングコンセプト（誰に・何を・どのように販売するのか）をまとめたうえでマーケティングミックスを検討・作成する。マーケティングミックス検討後に目標とするマーケティング成果を出すのが難しそうな場合は，ここでもポジショニングマップを再検討する。

　新たなマーケットポジションの設定は事業成功のための最重要のキーとなる。右脳的思考，左脳的思考を総動員して全力で作成すべきである。

⑤ マーケティングミックスの策定
―顧客価値および企業のマーケティング成果を実現するために行う主要マーケティング施策の組み合わせ―

　マーケティングミックスとは顧客が重視する価値を満たし，マーケティング成果を創出するために，顧客やターゲット市場へ働きかけるための主要なマーケティング手段の組み合わせのことである。ここでは「製品戦略」「価格戦略」「プロモーション戦略」「チャネル戦略」の4つの切り口でマーケティングミックスの主要な考え方や施策について説明する。

(1) 製品戦略
1) プロダクトライフサイクル（Product life cycle）
　「第Ⅰ章　経営戦略」でも述べた通り，プロダクト（製品）ライフサイクルとは製品にも人間の人生と同じように，生まれてから死ぬまでのサイクルがあるという考え方から生まれたものである。製品のライフサイクルを「導入期」「成長期」「成熟期」「衰退期」の4つのライフステージに分け，各ライフステージに応じてマーケティング施策を使い分けていくというものである（業界などによりライフステージの区分や成長曲線に差はあるがここでは一般的な考え方を示す）。この考え方は単一製品・単一事業が有するライフサイクル上のリスクに気づきを与え，事業の多角化や新事業，新カテゴリーの導入，新製品開発の必要性を気付かせるものにもなっている。

　ここではフィリップ・コトラーの考え方に基づき，プロダクトライフサイクルの考え方を説明することにする[4]。

① 導入期
　導入期は市場に製品が新しく投入されて間もない期間，成長期に移行する前の期間を意味する。導入期に製品を購入するのは既存の製品やサービスではなく，新しい製品やインスピレーション，コンセプトを求めているイノベーター

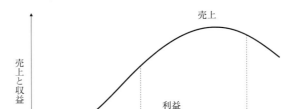

図表Ⅱ-8　プロダクトライフサイクル

出所）フィリップ・コトラー，ケビン・レーン・ケラー／恩藏直人監修，月谷真紀訳（2014），p.403

が中心となる。

　導入期の主要なマーケティング目的は「製品認知と製品試用の促進」である。この時期は競合他社もほとんど参入していないことから，製品市場そのものが顧客に認知されていない。そのような環境下でイノベーターやディーラーに対する製品認知の促進，製品試用の促進を目的にした大規模な販売促進などにより，製品やサービスの価値を認めてもらうことが重要である。

② **成長期**

　成長期は製品の市場における認知度，期待感が高まり，急速に市場が拡大していく期間を意味する。成長期に製品を購入するのは，新しい流行や業界内の潮流の変化に敏感な顧客であり，流行感度を意識している顧客層が中心となる。

　成長期の主要なマーケティング目的は「市場シェアの最大化」である。この時期は市場の成長に伴い競合企業が増加していく。そのような環境下でマス市場における製品認知と関心を喚起しながら市場シェアを拡大するために，製品拡張，サービスと保証の提供，手ごろな価格で多くの顧客に製品を購入していただけるようにするための市場浸透価格や，顧客が製品を手に取って購入する

接点を増やすための開放的流通チャネルの構築が重要となる。

③ 成熟期

成熟期は市場における製品の流通量や売上高が最大となり、製品の大衆化や一般化がもっとも進む期間を意味する。成熟期に製品を購入するのは中間の多数派層が中心となる。

成熟期の主要なマーケティング目的は「市場シェアを守りつつ利益を最大化させること」である。この時期の競合他社数は安定からやや減少となる。このような環境下ではブランドと製品アイテムの多様化、競合他社に匹敵する価格か競合他社を凌ぐ価格、ブランドの差異とベネフィットの強調、ブランド・スイッチングを促進するための販売促進の拡大が重要となる。なお、低価格化での利益最大化に矛盾を感じる読者もいるかもしれないが、成長期から成熟期にかけ累積生産量や売上高は増加する。そのようななかで規模の経済や経験効果によるコスト低減効果の範囲内であれば、利益は増加する。

④ 衰退期

衰退期は市場における製品の流通量や売上高が減少していく期間を意味する。通常はさらに高度な機能や品質を有する新製品が発売されており、旧製品の陳腐化が進んでいる状況となっている。衰退期は製品の低価格化が進むことから、衰退期に製品を購入するのは低価格やコストパフォーマンスを重視する顧客もしくはその製品の愛好者・リピーターが中心となる。

衰退期の主要なマーケティング目的は「支出の減少とブランドの収穫」である。この時期の競合他社数は減少となる。このような環境下では利益を確保できない弱い商品の段階的除去を進め、販売促進も最小レベルまで縮小し、縮小均衡を図りながら利益を捻出することが重要になる。

2) 商品（製品）ミックス

① 商品（製品）ミックスの考え方

それぞれの企業には経営資源の制約がある。また市場における地位・マー

ケットシェアや市場の成長性，ターゲットとする顧客特性などにより，採用すべき商品ミックス戦略は変化する。大手百貨店のように企業規模が大きな業界のトップカンパニーであれば幅広い商品カテゴリー・商品ラインでそれぞれの商品ラインのアイテムを豊富に（深く）取り揃えることで顧客のワンストップ性（1ヶ所でいろいろな商品カテゴリー・商品ラインの商品を購入することができる）や専門性（商品アイテムの豊富さ）を高めることができるが，中規模～小規模の企業がこのような商品ミックス戦略を採用しようとすると結局，曖昧なコンセプトで中途半端な店になってしまう。

自社の特性に見合った商品ミックス戦略を構築することが重要である。

② **商品ミックスの計画の4分類**

図表Ⅱ-9は商品ミックス計画における4つの方向性を示す分類である。商品ライン（カテゴリー）が広くてアイテムが深い百貨店型，商品ライン（カテゴリー）が広くてアイテムが深い小型量販店型，商品ライン（カテゴリー）が

図表Ⅱ-9　商品ミックス計画における4つの方向性

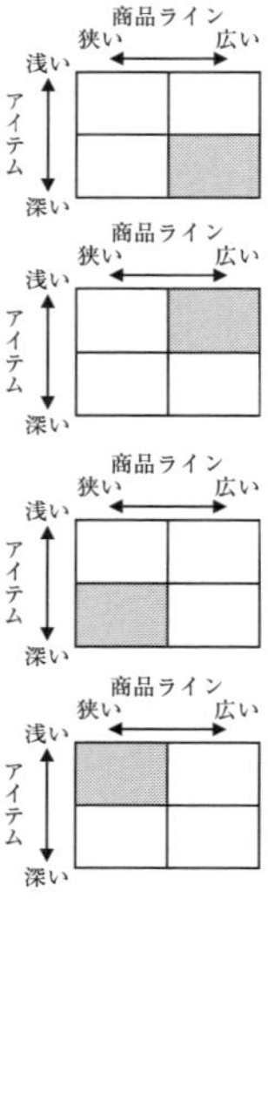

典型的な業態	ワンストップ性	専門性	必要運転資金	商圏
百貨店	○	○	大	広い
小型量販店	○	×	中	狭い
専門店	×	○	中（高級路線の場合は大に近づく）	広い
個人商店	×	×	小	狭い

狭くてアイテムが深い専門店型，商品ライン（カテゴリー）が狭くてアイテムが浅い個人商店型を「ワンストップ性」「専門性」「必要運転資金」「商圏」の視点で特徴を明記している。

実務的に判断が難しくなりやすいのは小型量販店型か専門店型のどちらかを選択する局面である。競合他社との競争力分析，専門特化した場合に採算ラインに見合う商圏人口の有無，市場の成長性，競合企業の市場参入や退出の可能性などは選択するうえで特に重要なポイントとなる。

なお，ここでは小売業の例をあげているが，基本的な製品（商品）ミックスの考え方はメーカーや卸売業でも同様である。

3）新製品開発
① 新製品開発の重要性

企業が売上や利益率を伸ばし成長を実現していくには，市場の顕在・潜在的なニーズ・ウォンツ[5]を取り入れた新製品開発が重要である。また，プロダクトライフサイクルの項で述べた通り，製品には寿命がある。一世を風靡した製品でさえ，多くの場合はやがて寿命を迎える。したがって，既存製品だけで売り上げを維持するのは困難であり，ここからも新製品開発の必然性を汲み取ることができる。

② 新製品開発のプロセス

新製品開発プロセスを検討するにあたっては一発ホームラン狙いよりも確実に小ヒットを積み重ねられるようにその確率を上げていくことが重要である。何故ならばホームラン（大ヒット商品）は自社で意図・コントロールすることが難しいマスコミの取り上げや流行が深く関与する場合が多いからである。

ここでは，ヒット率を高めるための新製品開発のプロセス（図表Ⅱ-10）を示す。

a. 新製品開発方針の策定

新製品開発方針ではマーケティング戦略の方向性や現在の製品戦略における問題点・課題を抽出した上で，今後の新製品開発に関する基本指針を策定す

図表Ⅱ-10　新製品開発のプロセス

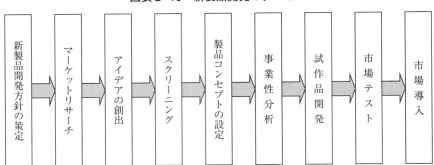

る。新製品開発の目的・目標，新製品の開発領域や今までとはまったく違う革新的な製品の開発を行うのか，今までの製品の後継となるモデルの開発なのかなど，おおよそのレベル感を設定する。

　b．マーケットリサーチ

　マーケットリサーチではまず，顕在・潜在的な顧客ニーズ・ウォンツを調査する。既存製品を発展させる形で新製品開発を行う場合は，既存競合他社製品と自社製品それぞれに対する顧客満足度や改良要望，新たな効用（顧客メリット）を発見するための兆しとなるキーワードを抽出する。また，ここでは顧客が生活や業務上抱える問題や困りごとを解決するための視点とワクワク感や喜び，快適さなど五感を通じたポジティブな感情を喚起する視点の両面から分析を進めることが望ましい。感度が高い営業マンや業界の専門家，業界内のキーマン，先行的な業界のトレンドなども収集・分析するとヒット商品誕生の可能性が拡がっていく。

　c．アイデアの創出

　マーケットリサーチで新製品開発の方向性を考えるうえで重要な情報・調査分析結果を得られたら，次に数多くのアイデアを創出する。発想を豊かにし，ここではリスクやネガティブな要素，役職や組織内の立場を考慮せずに斬新なアイデアや突飛なアイデアを歓迎しながらいろいろなアイデアを引き出してい

くことが重要である。

　d. スクリーニング

　アイデア創出の次にアイデアの取捨選択を行う。複数の評価基準を用いてアイデアを選別していくケースも多いが，尖がった個性や評価要素の一貫性も重要である。業界やその製品を購入する顧客特性にもよるが，数多くの代替品があるなかから顧客が製品を選ぶという状況であるならば，過度な保守化や無難な製品アイデアのピックアップは要注意である。多くの顧客属性に受け入れられる製品は結局，各顧客属性から高い評価を得られないということになりがちである。

　e. 製品コンセプトの設定

　製品コンセプトの設定ではターゲット顧客層，製品特性，顧客が手に入れる効用，価格帯，販売チャネル，販売方法などについてラフなイメージをまとめる。

　f. 事業性分析

　事業性分析では市場規模や目標マーケットシェア，売上高，製品粗利益，製品開発コスト，固定費，変動費などを予測し期間損益をシミュレーションする。必要に応じて製品コンセプトの変更も行う。

　g. 試作品開発

　試作品開発では製品コンセプトに基づき，製品の試作品を実際に作成する。安易に妥協せずにブラッシュアップを積み重ねていくことが大切である。

　h. 市場テスト

　市場テストでは特定の顧客や市場へ実際に製品を投入し，顧客の反応をテストする。大きなリスクを回避するためには少額のコストで市場性や販売可能性を判断できる市場テストを実施すべきである。

　i. 市場導入

　市場テストの結果により，企業として最終的な新製品の発売を決定したのならば，いよいよ新製品の市場導入となる。市場テストから得られた知見を元に

製品改良を加え，最終的に標的市場の設定やマーケティングミックスの策定を行い，最適な新製品導入のタイミングを考慮したうえで新製品の市場投入を行う。

(2) 価格戦略
1) 価格設定の基本方針
　価格設定は製品売上・利益に直結する極めて重要な課題である。価格が高すぎると客離れに直結し，価格が安すぎると利益を逸してしまう。ここでは「コストに基づく価格設定」「需要に基づく価格設定」「競争に基づく価格設定」の考え方について説明する。

① コストに基づく価格設定
　コストに基づく価格設定としてはコストプラス価格設定と損益分岐点価格設定がある。

　a．コストプラス価格設定

　コストプラス価格とは生産に要するコストに必要とする利益率をプラスして価格を設定するものである。生産に要するコストが変動費のみであればコストプラス価格の設定は容易であるが，固定費に関しては売上見込み数量を設定したうえでの配賦になるため，固定費が多額の場合は販売数量に応じて企業としての獲得利益が大きく増減することになる。

　b．損益分岐点価格設定

　損益分岐点価格設定とはコストをベースにした価格設定の1種であり，損益分岐点分析により価格を設定する。目標利益は下記の公式により算出される。

　目標利益＝製品売価×販売数量－（固定費＋1単位当たりの変動費×販売数量）

② 需要に基づく価格設定
　需要価格設定とは顧客の需要に基づく価格設定方法である。顧客がその製品（製品のラフな原型）にどれくらいの価値があるものと知覚しているのかを事前

に調査し，そこから価格設定および許容コストの算出を行う。

実務的には価格弾力性（価格の増減によりどれだけ売上・販売数量が増減するか）を考慮しながら価格設定を行う。

③ 競争に基づく価格設定

a. 実勢価格設定

実勢価格設定とは競合他社の製品価格を基準にしたうえで価格を設定する方法である。競合他社の類似製品を基準に品質・機能・ブランド力などを加味したうえで，競合他社製品よりも低価格で値ごろ感を出すのか，高価格で高付加価値を訴求するのか，同価格で勝負するのかを決める。

b. 入札価格設定

入札価格設定とは公共事業や顧客企業から一定の入札条件（仕様）が示され，その条件に基づき，入札を行うものである。入札条件（仕様）が予め決められているため，競争相手よりも安い価格で入札することが重要になる。

2) 新製品導入期の価格設定

新製品導入期の価格設定を大別すると早い段階で利益を確保しようとする「上層吸収価格」と市場での製品の普及を目的とする「市場浸透価格」の2つがある（図表Ⅱ-11参照）。

① 上層吸収価格戦略（上澄み吸収価格戦略）

上層吸収価格戦略は，他社製品にはない機能や品質，ブランド力などを有する製品で早期に投資コストを回収する場合に適している。たとえば高級車のフェラーリが新製品を市場に投入する時に，大衆車のように多くの販売台数を前提にした価格設定はしないであろう。むしろ実態はその逆で，販売台数を絞りながらプレミア感や希少価値を生み出しながら高額価格帯で販売するのが常である。

② 市場浸透価格戦略

市場浸透価格戦略は低価格化により市場規模が一気に膨らみそうな製品に適

図表Ⅱ-11　上層吸収価格と市場浸透価格の比較

	上層吸収価格	市場浸透価格
戦略目標	高い収益率で早い段階で大きな利益を確保する。	早い段階で普及を図り，コスト優位を築く。
売上目標	大きな販売は期待していない。	大きな販売を期待している。
価格設定	高価格設定。	低価格設定。
対象顧客	価格にあまり敏感でない層。上層から順に攻める。	価格に敏感な層。マスから攻める。
必要条件	製品やサービスの品質や機能などに他社とは圧倒的な差異がある。価格弾力性が低い。	他社とは価格以外に差異はあまりない。価格弾力性が高い。規模の経済や経験曲線を生かせる。

出所）小川孔輔（2009），p.399

している。大きなマーケットシェアを手に入れることで経験効果が働きコストリーダーシップをベースにした収益確保が可能になる。たとえばユニクロは新製品でも一般の消費者がお手頃に購入することが可能であるリーズナブルな価格を設定することで，競合先ファッションブランドをも驚かせてきた。

市場浸透価格戦略は価格弾力性が高い大衆市場で一気にマーケットシェアを確保しに行く場合に適している。

(3) プロモーション戦略

消費者が製品・サービスを購入するためには，「その製品・サービスの存在と特徴を知っていること」と「その製品・サービスを購買すべきだと確信すること」の2つの条件が必要となる。プロモーションは，これらの条件を満たすために消費者に向かって働きかけるマーケティング活動であり，その意味では2つの条件に対応する情報伝達機能（コミュニケーション機能）と説得機能の2つの機能がプロモーションに求められる[6]。

プロモーション活動は「広告」「パブリシティ（publicity）」「人的販売」「（狭義の）販売促進」の4つに大別することができる。

人的販売は主に営業マンや販売員が担い，プッシュ戦略といわれる。商品購入の選択が店舗や商談の場などで行われる場合に大きな威力を発揮する。一方，広告やパブリシティ，販売促進の一部（サンプル商品，クーポン，抽選，景品など）はプル戦略といわれる。これは顧客側から商品を求めるように仕掛け，ブランドや商品の指名買いなどを促す時に有効である。

1）広告

広告とは企業が広告媒体（新聞，雑誌，テレビ，ラジオ，交通広告，インターネット）にお金を払い，自らの意図によりコンテンツ（広告内容）を制作し，マーケットにメッセージを発するものである。

① 広告のメリットとデメリット

a. 広告の主要なメリット

広告の主要なメリットとしては下記内容をあげることができる。

・多くの顧客にタイムリーに企業のメッセージを伝えることができる。
・企業側の意図に基づきメッセージをデザインすることができる。
・心理効果を活用し消費者のなかに自社や自社製品に対する好意的なイメージや態度を形成することができる。
・ターゲット顧客や各広告媒体の特性や利点に応じて，媒体を使い分けたり，ボリューム（広告掲出量，頻度）を調整したりすることができる。

b. 広告の主要なデメリット

広告の主要なデメリットとしては下記内容をあげることができる。

・広告費が多額になりやすい。
・自社や自社製品にまったく興味をもたない消費者にも広告が発信されるので多くの無駄が発生する。
・消費者は広告が企業側の意図で作られることを知っているので，信憑性をえるのが難しく，広告メッセージをそのまま受け止めてもらうことができず，差し引いた解釈をされてしまうことがある。

② 媒体別広告効果の特性

図表Ⅱ-12で示している通り，広告媒体により特徴や効果は異なるので，目的に応じて広告媒体を使い分けたり，組み合わせにより総合効果を高めたりしていくことが重要である。最近の傾向としてはインターネット関連の広告市場が急伸しており，消費者を自社ホームページへ導くことができることなどからもその価値が高まっている。

2）パブリシティ

パブリシティとは企業がメディア（新聞，雑誌，テレビ，ラジオ，インターネット）に広告費を払うのではなく，メディアの責任により情報コンテンツが制作され，マーケットにメッセージを発せられるものである。パブリシティの場合は必ずしも自社にとって好意的な内容だけが取り上げられるわけではなく，時として自社にとって厳しい内容となる場合もある。

しかし，プレスリリース（企業側からメディアに対する情報発信）やメディア

図表Ⅱ-12 媒体別広告効果の特性

		新聞	雑誌	テレビ	ラジオ	交通広告	インターネット
カバレッジ（広告到達）		○	△	◎	△	△	△
地域選別製	全国	○	○	○	○	△	◎
	特定地域	◎	×	○	◎	◎	◎
特定層選別性		△	◎	△	○	○	◎
保存性(メッセージ生命)		○	◎	×	×	×	◎
訴求性	インパクト（表現効果）	○	◎	◎	△	◎	○
	速効性	○	△	◎	○	◎	○
	認知	○	△	◎	△	○	×
	理解	◎	◎	○	△	△	◎
	イメージ形成	○	◎	◎	△	△	△
到達費用効率（広告到達1人1回当りコスト）		△	△	○	◎	○	◎

出所）福山健一（2001），p.93

との良好なコミュニケーション，売り手本意ではなく消費者目線での取材に対する協力姿勢などにより，企業にとって効果的なパブリシティ活動となる可能性は高まる。

パブリシティのメリットとデメリット

a. パブリシティの主要なメリット

パブリシティの主要なメリットとしては下記内容をあげることができる。
- 多くの顧客にタイムリーに企業の情報を伝えることができる。
- 企業側に費用が発生しない。
- メディア側の主体的な活動のため，消費者にとって信憑性が高い情報となり，広告と同じ露出度だった場合，広告よりも大きな集客効果が出やすい。

b. パブリシティの主要なデメリット

パブリシティの主要なデメリットとしては下記内容をあげることができる。
- メディアから発せられる情報をコントロールすることができない。企業側にとってマイナスの情報が発せられることもある。
- 企業側が媒体を使い分けたり，ボリューム（メディア露出量，頻度）を調整したりすることが困難である。
- 広告と違い計画的に企業メッセージや製品情報を消費者に提供するのが困難である。

3）人的販売

人的販売とは営業マンや販売員が顧客に対して行う販売目標の達成や企業や製品に関する情報提供，顧客の理解や良好な関係性構築などを主な意図とした活動のことである。人的販売は「オーダーゲティング（Order getting）」「オーダーテイキング（order taking）」「顧客支援・販売支援」の３つの要素に分けることができる。

① オーダーゲティング

オーダーゲティングとは顧客側の需要を創造しながら，売り手側からの働き

かけで積極的に受注を取りに行く活動のことである。新しい提案を待ち望んでいる顧客や顧客自身の主体的な情報収集・判断だけでは受注に結びつけるのが難しい顧客に適している販売方法である。

　②　オーダーテイキング

　オーダーテイキングとは顧客側が予め企業側の商品や品揃えに関する一定レベルの知識があったり，商品・サービスメニューが提示されたりしているなかで顧客側の主体的な発注意図に対応していく活動のことである。顧客に対する押しつけ感が少なく，自分自身で情報を分析し購入の意思決定をしたいと考える顧客や店に入った時点で何らかのオーダーをもらえることが明らかな飲食店などで効果を発揮しやすい販売方法である。

　③　顧客支援・販売支援

　人的販売のなかには直接的に受注活動は行わないものの，販売に付随し顧客や販売活動を支援する活動がある。これらは顧客との関係性を良好なものとし，顧客にとって自社を利用する価値を高めることに繋がり，受注を増やしていくための苗床となるものである。

4）販売促進

　（狭義の）販売促進とは広告，パブリシティ，人的販売を除くプロモーション活動であり，「流通業者向け販売促進」「店頭販売促進」「消費者向け販売促進」の3つに大別できる。

　①　流通業者向け販売促進

　流通業者向け販売促進とは卸や小売業者に対して行われる販売促進であり，アローワンス（メーカーなどの川上企業による小売など川下企業が自社製品の広告や陳列などを実施することに対する協賛金），特別出荷（100個注文すると10個がサービスで追加されるなど），販売コンテスト（上位成績企業や店舗に対して賞金や賞品を贈与する）などがある。

② 店頭販売促進

　店頭販売促進とは小売業が顧客に対して実施するものであり，新聞の折り込みチラシや店頭での実演販売，タイムセールなどの商品値引き，ショーウィンドウなど商品を魅力的に見せたり引き立たりする陳列，POPなどがある。

③ 消費者向け販売促進

　消費者向け販売促進とはメーカーなどによって実施される消費者向けの販売促進であり，サンプリングやクーポン，プレミアム（商品を買うとついてくるおまけや景品），商品増量パック，キャッシュバックなどがある。

(4) チャネル戦略

　チャネル戦略とは市場や製品・サービスを含む自社の特性に鑑みながら，顧客に商品やサービスが届くまでの中間業者を組み合わせたり，流通網を構築したりすることを意味する。販売チャネル形成においては業界内における各社の利害関係が交錯し，短期的な視点だけではなく中長期的な視点も合わせて構築していく必要がある。上手に販売チャネルを構築することができれば自社のマーケティング活動だけではなく，販売チャネル内メンバーの主体的な取り組みもが自社の成長を促す要因となる。一方，販売チャネル構築に失敗すれば自ら構築した販売チャネル自体が自社の成長阻害要因となってしまう。

　販売チャネル政策は大きく「開放的チャネル政策」「選択的チャネル政策」「専売的チャネル政策」の3形態に分類することができる。ただし，最近では垂直的マーケティングシステムが競争力や収益確保の面からも重要になってきているのでこの点についても述べることにする。

1) 3形態の販売チャネル政策

① 開放的チャネル政策

　開放的チャネル政策とは顧客が商品やサービスを購入できる場所・機会を最大化させるために取引先を限定せずにより多くの卸業者，小売店で自社商品を

取り扱ってもらえるように販売チャネル網を構築していく政策のことである。

　食品や日用雑貨品などの最寄品でよく採用され，たとえば大手メーカーのコーラやポテトチップスは全国のほとんどのスーパーやコンビニエンスストア，食料品店で購入することができる。

　開放的チャネル政策を採用することのメリットは販売場所・機会を増大させることにより，多くの消費者への商品認知，急速な市場浸透，売上や市場シェアの向上を図れることなどがあげられる。

　一方，開放的チャネル政策を採用することのデメリットは小口の取引先が増えて流通に付随する手間やコスト・時間が増えること，消費者に対する高レベルの商品説明やブランド・商品イメージの向上に向けた働きかけなどを期待することが難しいこと，中間業者をコントロールすることが難しいことなどがあげられる。このため，マス広告などのプル戦略を同時に採用することが多い。

　② 選択的チャネル政策

　選択的チャネル政策とは売り手側が流通コントロール力を高めることや質的に自社の意図に近い形で流通網や消費者接点を作りあげるために，特定の取引先とのみビジネスを行う形態である。

　ブランドイメージが大切な製品や商品説明が重要な商品，買回り品などでよく採用される。たとえば化粧品などは，むやみに町中の小売店に商品が投入されるとブランドイメージと店舗イメージのミスマッチが生じたり，自社商品を大切に扱ってくれない店が出てきて商品やブランドのイメージが低下したり，近隣店同士で価格競争を生じさせたりするリスクがある。

　選択的チャネル政策を採用することのメリットは中間業者のコントロールがしやすくなること，消費者に対する適切な商品説明や一定レベルのブランド・商品イメージの向上に向けた働きかけなどが期待できること，流通在庫を管理・コントロールしやすくなること，取引先1社当たりの売り上げが高くなり取引先別採算が向上することなどがあげられる。

　一方，選択的チャネル政策を採用することのデメリットとしては販売場所・

機会が減少すること，自社商品を扱わない店で商品購入をしている消費者への商品認知機会の逸失などがあげられる。

③ 専売的チャネル政策

専売的チャネル政策とは選択的チャネル政策よりも流通のコントロール力をさらに高め，自社の意図通りに流通網や消費者接点を作り上げようとする時に，一部の取引先とのみビジネスを行う形態であり，選択的チャネル政策よりもさらに取引先数を絞り込むことになる。

専売的チャネル政策は自動車業界や石油業界，新聞販売店などで多く採用されており，専属代理店契約や特約店契約が結ばれる。販売店側からみると該当地域内において独占的な販売を行えるメリットがある半面，販売品目が制約される。相互依存度が高くなり，メーカー側と販売店側が一心同体の販売を行うことになる。

専売的チャネル政策を採用することのメリットは契約先企業や店頭のコントロールがしやすくなること，消費者に対する商品説明やブランド・商品イメージの向上に向けた高度な働きかけが期待できること，店舗自体が地域社会に対するブランドの広告塔となること，1店舗当たりの自社製品売上高が非常に大きくなること，流通在庫を統制しやすくなることなどがあげられる。

一方，専売的チャネル政策を採用することのデメリットとしては販売場所・機会が減少すること，出店および店舗運営に付随するメーカー側の費用負担も重く大きなリスクを背負うこと，販売店側に力量が無かった場合に契約を解除し，他社と契約を再締結することが困難となるもしくは多大なコストや労力が発生すること，販売店側にて社会的信頼を失うような事件が生じた時にメーカー側も同時に社会的信頼を失うことなどがあげられる。

2) 垂直的マーケティングシステム

今日の時代はメーカー同士の戦いから製・配・販（メーカー・卸・小売）機能をトータルにしたチャネルの一貫性がビジネスの勝敗を分ける時代になって

きている。ここでは「企業システム」「契約システム」「管理システム」の形態について説明する。

① 企業システム

企業システムとはメーカーによる卸機能・小売機能の垂直統合（販社の設立や直営店の出店）や小売店による卸機能・メーカー機能の垂直統合（商品の自社生産）など川上から川下への進出もしくは川下から川上への進出を意味する。

中間流通におけるコストや時間，情報ロスを排除し，製造から販売までの施策を一貫展開できることになり，収益確保やブランドイメージの向上・一般顧客へのダイレクトな情報収集・情報伝達などメリットも大きい。贈答用高級菓子店などではメーカーの直営店が多く，銀座などで高級ファッションブランドの直営路面店が増えたことも企業システムが普及してきていることを意味している。

② 契約システム

契約システムとは資本が異なる独立した企業同士がフランチャイズチェーンやボランタリーチェーンなどの形で製造機能，卸機能，小売機能を一体化させていくものである。リスクを各企業に分散させ，スピード感があるチェーン拡大を行うのに適している。フランチャイズチェーンはさまざまな業態で市場拡大が進んだが，市場が成熟化しオーバーストアの状態になると加盟店側の採算維持が難しくなってくる。

③ 管理システム

管理システムとは資本が異なる独立した企業同士でそれぞれが独立性や自立性を維持しつつ，緩やかな結びつきを作っていくものである。最近はファブレス化が進み，ブランドの名を冠する企業が自社工場をもたずに緊密に情報交換や品質向上へ向けた連携を図りながら，生産を外部委託している場合が多くなってきているが，このような関係性も管理システムの一種である。

ブランドマネジメント（Brand Management）
―非価格競争力の源泉となるブランド世界観の構築―

　米国の調査会社ミルウォード・ブラウン・オプティモーが発表した2014年世界ブランド価値トップ100ランキング[7]によるとブランド価値上位10社は下記の通りである（1$ = 120円にて算出）。

　　1位　　グーグル　　　　　19兆0,612億円
　　2位　　アップル　　　　　17兆7,456億円
　　3位　　IBM　　　　　　　 12兆9,049億円
　　4位　　マイクロソフト　　10兆8,222億円
　　5位　　マクドナルド　　　10兆2,847億円
　　6位　　コカコーラ　　　　 9兆6,820億円
　　7位　　VISA　　　　　　　 9兆5,036億円
　　8位　　AT&T　　　　　　　 9兆3,460億円
　　9位　　マルボロ　　　　　 8兆0,809億円
　　10位　 アマゾン　　　　　 7兆7,106億円

　ランキングに示されている通り，ブランディングに成功するとそのブランド価値は非常に大きなものとなる。
　ここでは「ブランド価値」「ブランド価値を構成する3つの機能」「ブランド価値を高めるためのキーポイント」「企業がブランドをつくるメリット」「ブランディングプロセス」について説明する。

(1) ブランド価値

　「4つの顧客価値」のなかでブランド価値についての説明を簡単に行ったが，ここで改めてブランド価値の説明をすることにする。
　ブランド価値とは顕在化されている製品・サービス品質面などでの基本的価値に加えて，顧客の主観や感情，定性的な価値基準がそのブランドに対し下す

価値である。現代の消費者（購買担当者）は，買い物の経済合理性だけで店舗や商品の選択を行っているわけではない。

　自己の情報処理量や判断能力には限界があり，買い物には予見しなかったことが将来発生するリスクや騙されるリスクがつきまとう。また，商品やサービスは情報的・情緒的価値を生み出すこともあり，個人のライフスタイルや生き方，価値観とのマッチングが重視される。

　このような顧客の価値（観）を満たすのがブランド価値であり，生活における商品充足水準の上昇や個性化欲求の進展と相まって近年重要性を増している。

　顧客にとってのブランド価値（主観的価値）とは主に，「商品選別機能」「品質保証機能」「心理的価値機能」という3つの要素から成り立っている。

　それでは次にこのブランド価値を構成する3つの機能について説明する。

(2) ブランド価値を構成する3つの機能

1) 商品選別機能

　情報化社会において消費者（購買担当者）の情報源は，販売店やマスコミ媒体のみならず，イベント，口コミ，ホームページ，SNS（ソーシャル・ネットワーキング・サービス）など多チャネルに及んでおり，あらゆる場所から情報の入手が可能になっている。このようななかですべての情報を購買意思決定の判断テーブルに乗せることは不可能であり，まず，第1ステップとして，対象商品の絞込みが必要となる。

　この絞込みを行う尺度には，「カテゴリー」「価格帯」などがあるが，「ブランド選好」もここでの評価尺度となる。具体的にはブランドが発する「商品特性」「サービス水準」「メッセージ性」などが自分の嗜好や価値基準に適合するか否かが選別の基準となる。

　これにより，「商品選択の容易化」と「商品探索コスト（時間的・精神的）」の軽減が図られることになる。

2）品質保証機能

　消費財であろうと産業財であろうと購買においては入手したデータと五感を活用して意思決定を行うことになる。

　しかし，未使用経験の商品やサービスは実際に使用するまでその価値が分からないという特性があるし，購入したとしても一部の機能しか使っていない場合も多い。このような場合にはブランドによる信頼感が顧客にとっての重要な選別要素になる。たとえば，マイクロソフト社製品が搭載されたパソコンを購入する読者も多いと思われるが，Word，Excel，PowerPoint などの品質確認や機能確認を購入前，購入直後，購入後にしっかりと行っている人がどれだけいるであろうか。恐らく多くの人は世界のトップブランドなので問題はないだろうと思い込んでいるのではないだろうか。また，世界トップブランドと同様のパソコンソフトが聞いたことのない国の聞いたことが無いメーカーにより，インターネット上に半額で販売されていたら読者の皆さんは購入するだろうか。トップブランドと同様の仕様書が開示されていたとしてもそのような未知の（怪しい）ブランド品には手を出さない方も多いのではないだろうか。

　つまり，ブランドとは能力や時間的に制約がある購買意思決定のなかで，顧客のリスクを減少させる，「保証書が無い品質保証」という役割を果たすのである。また，この品質保証とは単に製品の保証だけを意味するのではない。ブランドショップであれば，製品が高機能・高性能であり，仮に不良品があっても返品・交換・修理対応してくれるであろうという保証は当然のこととして，顧客本位で自分に合った商品を提案してくれる保証，快適な買い物環境を与えてくれる保証，買い物のなかで新しさやユニークさを発見できる保証など，ブランドロイヤルティが強い顧客の頭のなかではさまざまな品質保証に関するイメージが無意識の世界を支配しているのである。

3）心理的価値機能

　社会の成熟化に伴い，モノは自分らしい生き方やライフスタイルを実現する

ために必要な道具へと変化している。したがって，自分の価値観やこだわり，個性といったものとの適合性が重要になり，消費者の心のなかに，これらとの一体感のある「ブランドの世界観」を創造させることができるか否かがブランドの繁栄に直結しているのである。逆に言えば顧客一人ひとりにとっての「自社ブランドの世界観」そのものが企業ブランドの資産価値に直結するともいえる。

　良質なブランドの世界観をもっている人は好きなブランドを身につけるだけで幸福感を感じられるのである。また，ブランド価値はブランドベネフィット（利点）を自分のなかで消費するだけではない。ブランドは自分の生き方やポリシーの代弁者（実際にはプチ代弁者であることの方が多い）であったり，時としていつもとは違う自分，もう１人の自分へのアクセスツールでもあったりする。つまり，自分の考えと同一もしくは類似するブランドアイデンティティと自分を同化させる事により，間接的な自己主張をしたり，自分のイメージアップを図ったり，もう１人の自分を感じたりすることができるのである（ただし，その多くは顧客の無意識的な反応であり，意識的には気づいていない場合も多い。「何となくこのブランドが好き」「直感的に好感を抱けるブランド」などという表現はこの典型例である）。

(3) ブランド価値を高めるためのキーポイント

　ブランド価値を高めるキーポイントは，
- 顧客のブランド認知を高める。
- ブランドに対する顧客の態度を良好なものにする。
- ブランドポリシーやこだわりに対する顧客の評価を高め，熱狂的なファンをつくる。

という３つのポイントから構成される。

　ここではこの３つのキーポイントについて説明する。

1）顧客のブランド認知を高める

ブランド構築の最終的なゴールは顧客との強力な心の絆を築くことであるが，まず，必要なことが自社ブランドを認知してもらうことである。ブランド名，ロゴ，ブランドカラー，イメージキャラクターなどを作り，広告や宣伝を通じて周知を図る。

そして，ブランド認知をさらに効果的に高めるのが，統合型マーケティングコミュニケーションである。これは企業が各顧客セグメントに対し，同時期に同じ内容を意味するメッセージを発信するコミュニケーション手法である。

具体的にはコミュニケーションミックス（広告，パブリシティ，販売促進），クリエイティブ（企業が伝えたいメッセージやブランドイメージ）などを効果的にコントロールすることにより，認知度の向上を図るものである。

2）ブランドに対する顧客の態度を良好なものにする

ブランド価値を高めるための2つめのキーポイントは，ブランドに対する顧客の態度を良好なものにすることである。

ここでの目的は顧客のブランドに対する感情的な心のつながりとイメージ連想を強化することである。これにより，ブランドを顧客にとって価値あるものへと昇華させるのである。具体的には，

- コミュニケーションメッセージを好意的に受け取ってもらえる内容にすること。
- 顧客と企業の接触（イベントや店舗における応対や受け入れ環境）から好感度や信頼感を向上させること。
- 基本的な製品・サービス価値を長期にわたり，高いレベルで継続的に提供し続け，顧客の潜在意識への刷り込みとイメージ連想を強化すること。

である。これらにより，ブランドイメージや感情的な絆を強化するのである。

3) ブランドポリシーやこだわりに対する顧客の評価を高め，熱狂的なファンをつくる

ブランド価値を高めるための3つめのキーポイントは，ブランドポリシーやこだわりに対する顧客の評価を高め，熱狂的なファンをつくることである。

ブランドとは一種の「人格」である。顧客は広告などの意図的な企業情報の発信だけではなく，企業の手の及ばないパブリシティや口コミ，社員の日常的な社会行動などからもブランドの人格的要素を評価する。したがって，ブランドポリシーや企業倫理規定などの下，「全社員一人ひとりがブランドイメージそのものである」という自覚，ブランドマンとしての行動基準をもつことが大切である。そのうえでブランドとしての個性の強化やメインターゲットの絞込み，製品開発，イベント，サークルなどを通じた顧客との共創活動により，独自性や心理的関係性を強化し，顧客ロイヤルティの強化を図ることが重要である。

(4) 企業がブランドをつくるメリット

それでは次に企業側の視点からブランドをつくるメリットを整理しておきたい。企業がブランドをつくるメリットは主に以下の7点である。

① お客様への認知・想起が促進され，自社製品・サービスを選択してもらえる確率が高まる。自社製品・サービスの特徴・価値も伝わりやすくなる。

② ブランドコンセプトの明確化に合わせて事業や製品領域が明確化され，お客様，従業員双方にとって，期待するもの，やるべきことがはっきりする。

③ お客様が当社製品を中長期的に活用する価値が高まり，品質保証機能や心理的価値機能の上昇と合わせて製品売上や粗利益率が向上する。

④ 会社のベクトル，価値基準が生まれ，ビジョンや経営目標の達成に向けた従業員の判断力，意思決定力が向上する。

⑤ 従業員にとって自分達の存在意義・価値がわかりやすくなる。仕事に夢

と自信,誇りがもてるようになる。
⑥ 従業員の会社へのロイヤルティや労働生産性が向上する。
⑦ 強いブランド力を構築することは中長期的な企業成長をもたらす,無形資産を手に入れることになる。

このように企業がブランドを構築するメリットは大きい。

(5) ブランディングプロセス

コーポレートブランドのブランディングプロセスは図表Ⅱ-13の通りである。以下に各プロセスの説明をする。

① 経営トップによるブランド構築に向けた基本指針の発表

ブランディングは成果が目に見え難く投資や手間,労力が先行するものであ

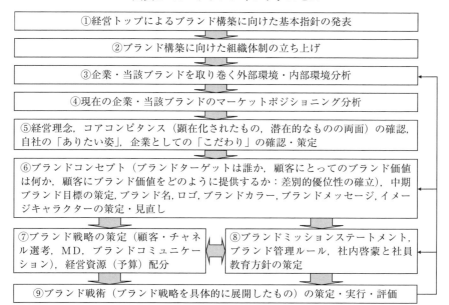

図表Ⅱ-13　ブランディングプロセス

る。経営トップによる力強い意志と関係者の動機づけ，リーダーシップが必要である。

② ブランド構築に向けた組織体制の立ち上げ

コーポレートブランドの構築にあたっては全体最適，未来志向，ブランド愛，創造性，論理性，ユニークさを持ち合わせたメンバーでの組織立ち上げが望ましい。

③ 企業・当該ブランドを取り巻く外部環境・内部環境分析

SWOT分析などとともに顧客のメンタリティーに関する分析を掘り下げる必要がある。

④ 現在の企業・当該ブランドのマーケットポジショニング分析

心理的要素も反映させたポジショニング分析を行う。

⑤ 経営理念，コアコンピタンス（顕在化されたもの，潜在的なものの両面）の確認，自社の「ありたい姿」，企業としての「こだわり」の確認・策定

ここでは改めて自社のアイデンティティ，何を目指して生きていくのかを考える必要がある。

⑥ ブランドコンセプト（ブランドターゲットは誰か，顧客にとってのブランド価値は何か，顧客にブランド価値をどのように提供するか：差別的優位性の確立），中期ブランド目標の策定，ブランド名，ロゴ，ブランドカラー，ブランドメッセージ，イメージキャラクターの策定・見直し

ここはブランドの骨格をなすものである。十分に時間をかけて検討を重ねていく必要がある。各要素を個別で考えるのではなく一貫性をもたせることが非常に重要である。

⑦ ブランド戦略の策定（顧客・チャネル選考，MD，ブランドコミュニケーション），経営資源（予算）配分

ここではブランドコンセプトに基づき，ブランド戦略の策定を行う。過去のやり方に流されず，ゼロベースで各施策を考える視点も重要である。

第Ⅱ章　マーケティング

⑧ ブランドミッションステートメント，ブランド管理ルール，社内啓蒙と社員教育方針の策定

　ミッションステートメントとはブランドの使命や基本原則・約束などを明文化したものである。ブランドとは企業と顧客の間の暗黙の紳士協定のようなものでもある。高いレベルで顧客にブランドを信頼してもらう・好きになってもらうには高次元でのブランド活動が必要になる。社員がブランドを愛せるような社内啓蒙・教育も重要になる。

⑨ ブランド戦術（ブランド戦略を具体的に展開したもの）の策定・実行・評価

　現場レベルでのこだわりが戦術を優位に進めるための源泉となる。また，ブランド戦術ではツール作成などパートナー企業との取り組みも多くなってくるので，コンセプトを適切に広く展開していくことが重要になる。

　ブランドは生き物であるので適宜，評価・検証を行い，改善を重ねていく。

❼ 顧客関係性マネジメント
―顧客とのより良い関係性の構築および顧客生涯価値の増大―

(1) CRMとは何か

　CRM（カスタマー・リレーションシップ・マネジメント）とは顧客に関する情報を収集・分析し，顧客ごとの特性やニーズに見合ったアプローチを行うことによって長期的視点から良好な関係を築き，自社の顧客として囲い込み，収益の最大化を図るマーケティング手法である。

　年齢・性別などの基本属性に加え，購買履歴など，顧客の消費行動に関するさまざまな情報をデータベース化し，解析することによって，顧客の将来における消費行動の予測を行い，各顧客の特徴に合わせた商品や販売方法を提案する。市場の拡大が見込めない現在の市場環境においては，顧客生涯価値を高めることが競争力の強化と収益の増大において重要となることから，CRMの重要性が増している。

(2) CRMが重視される背景
1）人口減少時代における生き残りの方向性

わが国の人口は2010年において1億2,800万人であったが，国立社会保障・人口問題研究所の推計[8]では2040年には1億700万人へと2,100万人もの人口減少が予想されている。

このようななかでマスマーケティングでより多くの消費者に訴求を強めながら，新規顧客を開拓していくという事業モデルの維持は困難な時代となっており，ここに主眼を置いていたのでは新規顧客の獲得数よりも離脱客数の方が大幅に上回るという結果になりやすい。

2）消費経済の成熟化

プロダクトライフサイクルの項で述べた通り，市場が成熟期を迎えると売上や顧客数はピークを迎え，新規顧客数は減少する。このようななかでは既存顧客のロイヤルティを高め，長期に愛顧してもらえるように顧客との関係性を強化していくことが大切になる。

(3) 平等か公正か

売上の約8割は約2割の優良顧客によって生み出されており，新規顧客の開拓費用は既存顧客を維持する費用より多額の費用が必要とされる。つまり，会社の利益，プロモーションコストの多くは一部の優良顧客により生み出されているのである。そして，その一方で累積購入額が高いお客様の方が当然，店への要求・期待が高くなる。

このように考えると優良顧客にとってメリットが高いプロモーションプログラムを組む方が公正であるといえる。また，そのようにして優良顧客の維持率を高めた方が企業収益にもプラスになる。

(4) マスマーケティングと One to One マーケティングの相対比較

　顧客関係性を維持・強化する時に重要になるのが One to One マーケティングである。大衆を対象にマーケティング活動を実践するマスマーケティングに対し，One to One マーケティングは個別の顧客に最適なマーケティング活動を実践しようとするものである。

図表Ⅱ-14　マスマーケティングと One to One マーケティングの相対比較

	マスマーケティング	One to One マーケティング
相対的に力を発揮する経済・市場環境	市場の拡大期・高度経済成長期に有利（プロダクトアウト型）	経済・市場の成熟期に有利（マーケットイン型）
重視するシェア	マーケットシェア	顧客シェア
成長の源泉	新規顧客開拓	顧客維持率 顧客生涯価値の増加 口コミ
顧客との関係性	一方通行	双方向
製品	標準品・規格品	標準品・規格品 カスタマイズ品
広告	マス広告	DM，個別メール，個別案内
プロモーション	すべての顧客に画一的	お得意様優遇が可能

　図表Ⅱ-14 はマスマーケティングと One to One マーケティングの違い・特徴を一覧にしたものである。

　One to One マーケティングは1人の顧客生涯においていくらくらい自社で買い物をしてくれるか（顧客生涯価値），お財布のなかから当社向けに支出してくれる金額の比率はどれくらいか（顧客シェア）に重点を置き，顧客の個別特性を認識したうえで個別対応を図り，顧客の維持と関係性の強化，自社利用率の向上を促そうとするものである。優良顧客には特別待遇をし，ファン顧客作りを進めていく。

(5) FSP（フリークエント・ショッパーズ・プログラム）

　FSPとは顧客を囲い込み，優良顧客へ進化させていくための施策である。航空会社のマイレージカードや会員カードのポイント特典プログラムが代表例で，使えば使うほど顧客にとってメリットがある特典が増えていき，顧客の継続的な利用意向やロイヤルティを高めていこうとするものである。

　図表Ⅱ-15をご覧いただきたい。これは顧客のファン化ステップを示した図である。潜在顧客を一般客（利用客）へ，そして顧客をリピーターへ，さらにリピーターをファンへというように，顧客の利用頻度を高めロイヤルカスタマー化しようとするステップである。ファンとなる顧客は知人・友人などへのポジティブな口コミも積極的に行ってくれることから，新たな顧客の獲得にも結び付く。

　たとえばJALマイレージバンクでは利用実績に応じて通常のカードから→JMBクリスタル→JMBサファイア→JGCプレミアム→JMBダイヤモンドへとカードの種類（色）が変わり特典も相乗的により良いものへと進化させている（2015年1月現在）。

図表Ⅱ-15　顧客のファン化ステップ

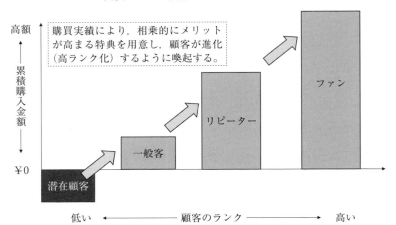

(6) EBM（イベント・ベースド・マーケティング）

　顧客関係性マネジメントのなかでは最新購買日（Recency），購買頻度（Frequency），購買金額（Monetary）を得点化し合計得点の高い顧客へのアプローチを強化するRFM分析などが用いられるが，定期的に消費シーンが発生しないものや人生のライフサイクルに応じて消費需要が発生するものに関しては，別の視点も重要になる。このようななかから出てきた考え方がEBM（イベント・ベースド・マーケティング）である。これは顧客の人生や生活におけるサイクルから派生する消費需要，スポット的な消費需要を的確に捉え，タイムリーに対応しようとするものである。たとえば，成人式の衣装レンタルに関してはそのニーズが発生するのは人生に一度だけであり，過去の成人式利用者が再び成人式を行うことはない。また，当年に成人式を行う新成人は全員が成人式初体験となる。このようななかで企業側としては新成人を見つけタイムリーに対応することが重要になるが，成人式の2～3ヶ月前に販売促進イベントを始めているようではすでに手遅れ（ライバル企業に先を越されている）であり，成人式を1年後に控えた顧客へのアプローチが大切になったりする。また，車の車検なども同様である。車検を終えて半年後の顧客にアプローチしても反応を得られないであろう。しかし，車検当月にアプローチしたのではすでに競合他社へ顧客を奪われているのではないだろうか。このような場合は数ヶ月前のアプローチが重要になる。顧客の定年退職という人生イベントに関しては，退職金の振り込みや資産運用などが連動して生じ，金融機関にとっては外せないイベントになる。ライバル銀行には決して負けられず，顧客へアプローチするタイミングを掴むことが重要になる。

　このように顧客のイベントを理解し，早過ぎず，遅過ぎず，絶妙のタイミングで顧客にアプローチすることが極めて重要になる。アプローチのタイミングによるヒット率の検証や顧客タイプに応じたアプローチのタイミング，アプローチ手法を開発することが望ましい。

　顧客の取引データを保持している企業であれば，データ分析により顧客イベ

ントの兆候を捉え，顧客の潜在顕在ニーズ・ウォンツに見合う商品やサービスをタイムリーかつ魅力的に提案していくことも重要である。

〈注〉

1) フィリップ・コトラー，ケビン・レーン・ケラー／恩藏直人監修，月谷真紀訳（2014）『コトラー&ケラーのマーケティング・マネジメント 第12版』丸善出版，6項
2) 全米マーケティング協会ホームページより引用（https://www.ama.org/）／2015年3月現在
3) マイケル・E・ポーター／竹内弘高訳（1999）『競争戦略論Ⅰ』ダイヤモンド社，pp.33 - 52
4) フィリップ・コトラー，ケビン・レーン・ケラー／恩藏直人監修，月谷真紀訳（2014）『コトラー&ケラーのマーケティング・マネジメント 第12版』丸善出版，402 - 419項
5) ニーズとは顧客の欲求や必然性が満たされていない状態（例：ぐっすりと寝たい）を意味し，ウォンツとはニーズを満たす製品やサービスを求める欲求（例：快眠枕が欲しい）を意味する。
6) 岩坪友義・野呂一郎・加納良一・飯野峻尾（1998）『食品の経営学』学文社，p.114
7) ミルウォード・ブラウン・オプティモーのホームページより（http://www.millwardbrown.com/mb-global/brand-strategy/brand-equity/brandz/top-global-brands）／2015年3月現在
8) 国立社会保障・人口問題研究所のホームページより（http://www.ipss.go.jp/）／2015年3月現在

参考文献

青木幸弘・恩藏直人（2004）『製品・ブランド戦略』有斐閣アルマ
石井淳蔵・栗木契・嶋口充輝・余田拓郎（2013）『ゼミナールマーケティング入門 第2版』日本経済出版社
岩坪友義・越谷重友・長井和男・飯野峻尾（2000）『ケースで学ぶ経営学』学文社
岩坪友義・野呂一郎・加納良一・飯野峻尾（1998）『食品の経営学』学文社
太田昌宏（2007）『ヒット商品が面白いほど開発できる本』中経出版
小川孔輔（2009）『マーケティング入門』日本経済新聞出版社
木村達也編著（2009）『実践CRM 進化する顧客関係性マネジメント』生産性出版

ケビン・レーン・ケラー／恩藏直人監訳（2010）『戦略的ブランドマネジメント　第3版』東急エージェンシー
嶋口充輝・石井淳蔵（1995）『現代マーケティング新版』有斐閣
デービッド・アーカー／阿久津聡訳（2014）『ブランド論』ダイヤモンド社
フィリップ・コトラー，ケビン・レーン・ケラー／恩藏直人監修，月谷真紀訳（2014）『コトラー&ケラーのマーケティング・マネジメント　第12版』丸善出版
ブレインゲイト（2002）『図解でわかるブランディング』日本能率協会マネジメントセンター
福山健一（2001）『図解でわかる部門の仕事　宣伝部』日本能率協会マネジメントセンター
マイケル・E・ポーター／竹内弘高訳（1999）『競争戦略論Ⅰ』ダイヤモンド社
ローランド・T・ラスト，バレリー・A・ザイタムル，キャサリン・N・レモン／近藤隆雄訳（2001）『カスタマー・エクイティ　ブランド，顧客価値，リテンションを統合する』ダイヤモンド社
和田充夫・恩藏直人・三浦俊彦（2012）『マーケティング戦略　第4版』有斐閣アルマ
山口正浩監修・木下安司編著（2011）『ロイヤルティ・マーケティング』同文舘出版
加瀬元日（2015）『SPRINGブックレットシリーズvol.11　サービス業務の設計』生産性出版

第Ⅲ章　財務マネジメント

―戦略の策定と戦略の実現・進捗管理のために―

1　財務マネジメントのねらい

(1) 財務活動と事業活動・組織活動との関係

図表Ⅲ-1　財務活動と事業活動の流れ

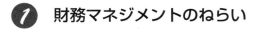

　企業は，仕入先と顧客との間に介在し，モノ（製品・商品）やサービスを提供する経営活動を行っている。モノやサービスの流れとは反対に，それらの対価としておカネが流れている。

　財務とは，企業の経営活動（事業活動・組織活動）を，モノやサービスとは反対の流れであるおカネの面から捉えた記録である。

モノやサービスは単位がさまざま（個，トン，回など）であるが，おカネは「円」（海外取引では為替レートを介在させる）で統一されているため，活動結果の測定が比較的容易である。

つまり「事業運営（モノ）」や「組織運営（ヒト）」と「財務運営（カネ）」は表裏一体である。財務とは，事業運営と組織運営の活動結果がどう反映させているかを測るものであり，財務面から事業運営・組織運営の課題を見つけ，探り，創ることもできる。

(2) 戦略策定時，戦略実行・進捗管理のポイント

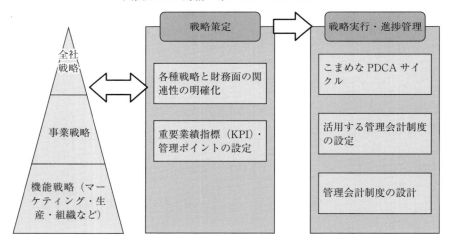

図表Ⅲ-2　財務マネジメントのポイント

経営戦略全体からみると，財務戦略は機能戦略のひとつである。資金調達などの狭義の財務戦略にとどまらず，戦略策定や戦略実行・進捗管理に財務を活用することもできる。

戦略策定時のポイントは，第1に，経営戦略・事業戦略など各種戦略と財務面の関連を明らかにするために財務を細分化・深堀りすることである。売上の

増加を見込むのか→どの売上高が増えるのか→採算性はどうなるのか，コストダウンを行う→何をするのか→その時にどのコストが減少するのか，など細分化し，深掘りしていく。第2に，重要業績指標（KPI, Key Performance Indicators）や管理ポイントを設定しておくことである。KPIとは経営陣や現場の責任者・担当者が「やることを絞って，それにこだわって」改善すると会社全体の財務が向上するものである。

一方，戦略実行・進捗管理においては，第1に，こまめにPDCAサイクルを回すこと，第2に，各種管理会計制度のなかから，活用する管理会計制度を選択すること，第3に，活用する管理会計制度をシンプルに設計・構築・運用すること，がポイントである。

❷ 財務諸表の概要と財務分析 ―戦略策定のために―

(1) 財務諸表の種類とポイント

1) 種類

債権者保護（商法），投資家保護（金融商品取引法），適正な税金納付（法人税法）などの観点から法律・規則が設定され，図表Ⅲ-3の通り7つの財務諸表が作成（開示）される。

貸借対照表とは，一定時点における財政状態（運用と調達）を表す計算書で，B/S（Balance Sheet）ともいわれ，左右に大きく区分される。

損益計算書とは，一定期間（通常1年）の経営成績を表す計算書で，利益（損失）が明らかになり，P/L（Profit and Loss Statement）ともいう。

包括利益計算書とは，貸借対照表を重視した利益概念であり，資本取引を除いた純資産の変動を表す。国際会計基準とのコンバージェンス（収斂）を目的としている。有価証券報告書提出会社に開示が義務づけられている。

株主資本等変動計算書とは，B/Sの純資産の部の変動を表す計算書。従来は利益処分計算書，剰余金処分計算書ともいわれていた。

図表Ⅲ-3　財務諸表の種類

②	貸借対照表	一定時点における財政状態（運用と調達）を表す計算書。左右に大きく区分される。 B/S（Balance Sheet）ともいう。
①	損益計算書	一定期間（通常1年）の経営成績を表す計算書。 利益（損失）が明らかになる。 P/L（Profit and Loss Statement）ともいう。
	包括利益計算書	貸借対照表を重視した利益概念。資本取引を除いた純資産の変動を表す。 国際会計基準とのコンバージェンス（収斂）を目的とされている。 有価証券報告書提出会社に開示が義務づけられている。（H21/3期より適用）
	株主資本等 変動計算書	B/Sの純資産の部の変動を表す計算書。 従来の利益処分計算書，剰余金処分計算書
③	キャッシュフロー 計算書	一定期間における現預金等の動きを表す計算書。 C/F（Cash Flow Statement）ともいう。
	附属明細表	B/S，P/L，株主資本等変動計算書の記載事項を補足するもの。
	個別注記表	

　キャッシュフロー計算書とは，一定期間における現預金等の動きを表す計算書で，C/F（Cash Flow Statement）ともいう。

　附属明細表や，個別注記表は，B/S，P/L，株主資本など変動計算書，C/Fなどの記載事項を補足するものである。

　以上のように，財務諸表にはさまざまな種類があるが，戦略の策定，戦略の実行・進捗管理のためには，①損益計算書，②貸借対照表，③キャッシュフロー計算書，は最低限理解しておく必要がある。

2）損益計算書（P/L）

　「経営成績＝利益（損失）」ととらえ，利益（損失）を5つの段階で表示する。
　「利益（損失）」＝「収益（プラス項目）」－「費用（マイナス項目）」とし，「収益」および「費用」を区分する。P/Lは足し算と引き算を繰り返して「上から下に流れる」構成となる。売上原価には「製造原価報告書（メーカーなどの場

図表Ⅲ-4 P/Lの構造

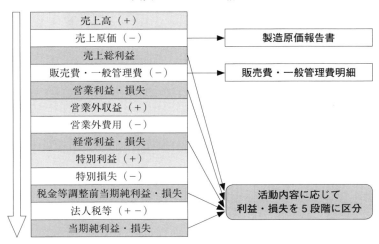

合)」，販売費・一般管理費には「販売費・一般管理費明細」が別添されることがある。

5段階の利益・損失のなかで，一般企業は，通常の経営活動の利益・損失をあらわす「経常利益」が重視されることが多い（米国などの国際会計基準では経常利益の概念がないので，「営業利益」が重視されることが多い）。なお，株式公開会社の場合は，配当を行う基礎となる「当期純利益」も重視される。

3) 貸借対照表（B/S）

資金の調達と運用とに大きく二分し，調達（負債・純資産）と運用（資産）の合計が一致することから，「左右」に表示する。

運用（左側）は，活動内容と現金化までの期間（1年）に区分して資産を「流動」と「固定」に区分している。

調達（右側）は，他人資本と呼ばれる「負債」（返済しなければならないおカネ）と自己の「純資産」（自己資本・返済不要のおカネ）に区分し，「負債」は，さら

図表Ⅲ-5　B/Sの構造

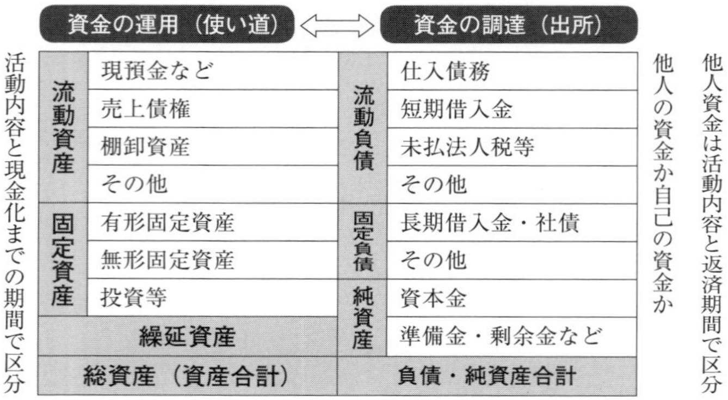

資金の運用（使い道）	⇔	資金の調達（出所）
流動資産：現預金など／売上債権／棚卸資産／その他		流動負債：仕入債務／短期借入金／未払法人税等／その他
固定資産：有形固定資産／無形固定資産／投資等		固定負債：長期借入金・社債／その他
繰延資産		純資産：資本金／準備金・剰余金など
総資産（資産合計）		負債・純資産合計

（左側：活動内容と現金化までの期間で区分）
（右側：他人資金は活動内容と返済期間で区分、他人の資金か自己の資金か）

に資産と同様に活動内容と返済までの期間（1年）に区分して「流動」と「固定」に区分している。

4）キャッシュフロー計算書（C/F）

図表Ⅲ-6　C/Fの構造

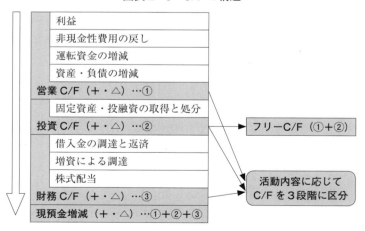

| 利益 |
| 非現金性費用の戻し |
| 運転資金の増減 |
| 資産・負債の増減 |
| 営業C/F（＋・△）…① |
| 固定資産・投融資の取得と処分 |
| 投資C/F（＋・△）…② |
| 借入金の調達と返済 |
| 増資による調達 |
| 株式配当 |
| 財務C/F（＋・△）…③ |
| 現預金増減（＋・△）…①＋②＋③ |

フリーC/F（①＋②）

活動内容に応じてC/Fを3段階に区分

一定「期間」における企業の実際の「現金等」の流れを把握する計算書。P/L の費用で実際に現金が動いていないもの（減価償却費など）が計上されていること，費用としないで現金等が動く企業経営活動（投資など）があること，B/S ではある「一定時点（決算期末日）」のおカネの運用と調達の状況しか表していないこと，などの欠点を補うもの。P/L，B/S 両者から間接的にも作成できる。

おカネに色をつけて，営業活動によって生み出される現金など（営業 C/F），投資・処分などで出入りする現金など（投資 C/F），借入金・増資などの財務活動によって出入りする現金など（財務 C/F），の 3 つに大きく区分している（営業 C/F＋投資 C/F＝「フリー C/F」という区分も追加されることがある）。上から下へ加減算する。

近年，キャッシュフローが重視される傾向が強まっている。C/F 計算は，第 1 に営業 C/F がプラス（黒字）か否か，第 2 に戦略的に投資を行っているか，に注目して読み込むことがポイントである。

図表Ⅲ-7　C/F の戦略タイプ

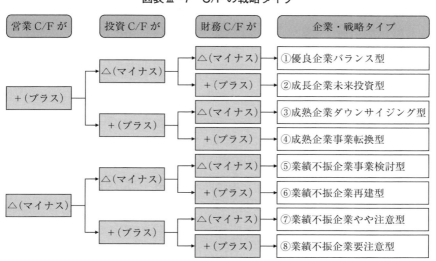

営業C/F，投資C/F，財務C/Fの各々の状態から企業のおかれた状況・戦略は以下の8タイプがある（図表Ⅲ-7参照）。C/Fは単年度で大きく動く場合が多いので，経営に与えるインパクトがあった時点などで分類，複数年を一括りにしたうえで，戦略タイプをみることが一般的である。

① 優良企業バランス型；キャッシュフローとしての理想系。本業で十分なキャッシュを生み出し，その分で投資を行い，借入金の返済もできている。

② 成長企業未来投資型；ベンチャー企業など成長過程の企業にみられる。本業でキャッシュを生み出し，さらに借入金も導入して，積極的な投資を行う。投資効果の検証が必要となる。

③ 成熟企業ダウンサイジング型；不採算事業を抱え，事業縮小を図ろうとする企業などにみられる。本業では多くのキャッシュを生み出せていないと想定され，保有資産を売却して借入金の返済を進める。事業縮小を図った後の効果の見極めが必要となる。

④ 成熟企業事業転換型；事業の転換を図っている企業などにみられる。本業は好調であるが，事業の転換を図るため借入金を導入し，既存の保有資産を売却している。転換する理由や事業内容の確認・検証が必要となる。

⑤ 業績不振企業事業検討型；過去からの実績はあるが主力事業が低調な企業にみられる。本業でキャッシュが生み出せず，過去に得たキャッシュで投資を実施し，借入金の返済も行う。主力事業に代替するキャッシュを生み出す事業があるかどうかの見極めが重要となる。

⑥ 業績不振企業再建型；再建途上の企業にみられる。本業でキャッシュは生み出せていないが，借入金を導入し，投資を実施している。再建の効果が出るまでの業績，資金繰り状況の確認が必要となる。

⑦ 業績不振企業やや注意型；金融機関からの支援が得られなかった可能性がある。本業でキャッシュが生み出せず，保有資産を売却して，借入金の返済に充当する。金融機関の支援状況を確認することが重要となる。

⑧ 業績不振企業要注意型；もっとも注意を要すべき企業。本業でキャッ

シュが生み出せないため，保有資産を売却し，借入金を導入することで，辛うじて資金繰りをつないでいる。当面の資金繰りについて把握する必要がある。

(2) 体系的な財務分析
1) 財務分析の視点

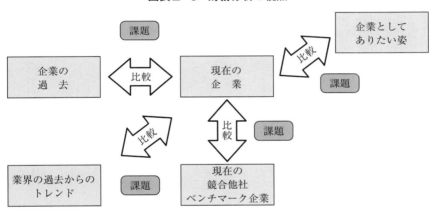

図表Ⅲ-8　財務分析の視点

　財務分析では，現在の財務諸表の実数値や各種指標値と「何らかの比較対象」を比較して，課題（伸ばすべき強みと克服すべき弱み）を抽出する。

　比較対象は，「企業の過去（時系列）」「業界の過去からのトレンド」「現在の競合他社やベンチマーク企業」「企業としてありたい姿」などがある。

　時系列比較の場合，図表Ⅲ-9では，見方①：X-2期～X期しかみていなければ，増収で○（良い，強みとみる）。見方②：X-9期～X期を長期的に見れば，減収で×（悪い，弱みとみる）となる。X-2期以降何があって増収となったのか，X-9期以降何があって減収となったのかを深掘りして分析する。企業の沿革を把握するためにも比較的長めに期間をとることがポイントである。期間

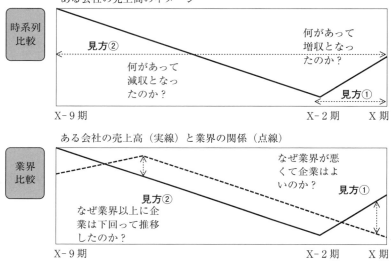

図表Ⅲ-9 比較対象との比較の読み方

は、通常10年程度の連続、または過去最高の業績をあげた決算期を単独で抜き出して比較することもある。

業界動向と比較する場合は各種統計と比較する。図表Ⅲ-9では、見方①なぜ業界は悪くて企業は良いのか、見方②なぜ業界以上に企業は下回って推移しているのか、などの要因を特定する。

競合他社を特定する場合、ベンチマーク企業と比較する場合は、ビジネスモデルや業態の違いなどを理解したうえで、なぜそのような数値になっているのか、参考にできる点は何か、を分析する。

あるべき姿との比較とは、ROEを10％以上、売上高経常利益率10％以上など、演繹的に目標値設定を行い、そのギャップから何をすべきかを検討する。

2）売上高・費用の分解による展開

図表Ⅲ-10　変動費・固定費の分解

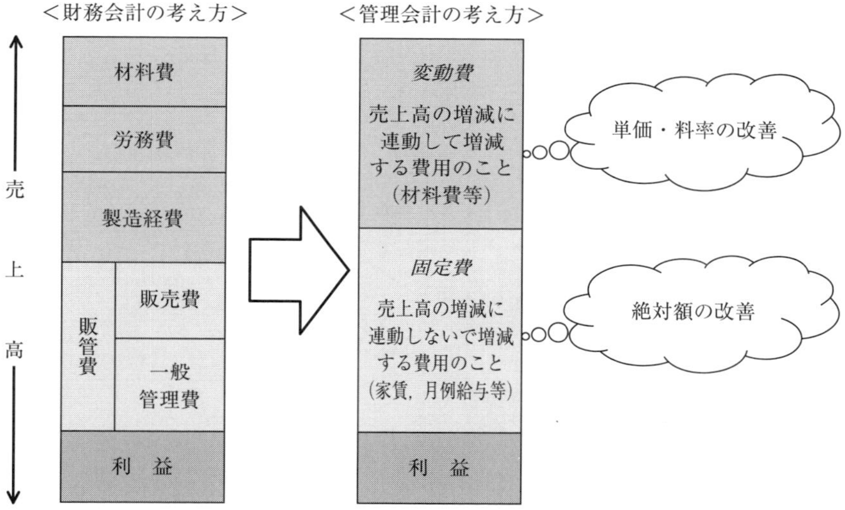

＜財務会計の考え方＞

売上高：材料費／労務費／製造経費／販管費（販売費／一般管理費）／利益

＜管理会計の考え方＞

- **変動費**：売上高の増減に連動して増減する費用のこと（材料費等）　→　単価・料率の改善
- **固定費**：売上高の増減に連動しないで増減する費用のこと（家賃，月例給与等）　→　絶対額の改善
- 利益

　P/Lを細分化して分析するために，費用を「変動費」「固定費」に区分する場合があり，費用を変動費と固定費に分類して表示する損益計算書を「変動損益計算書」とよぶ。区分する理由は，実務上でそれぞれの改善手法が異なるからである。

　変動費・固定費は売上高との連動性の有無の原則があるが，企業によって定義が自由な管理会計の領域の考え方であり，個別に検討する必要がある。

　損益分岐点売上高（Break Even Point, BEP）は，現状の収益構造で経常利益がゼロとなる売上高のことをいう（限界利益＝固定費）。損益分岐点売上高は，固定費÷限界利益率で算出される。

　経常黒字の場合は，限界利益＞固定費，経常赤字の場合は，限界利益＜固定費となる。

図表Ⅲ-11　損益分岐点売上高のイメージ

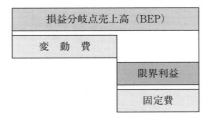

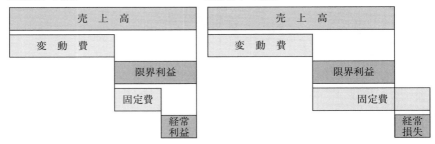

　安全余裕率は，(実際の売上高－損益分岐点売上高)÷実際の売上高，で算出される。プラスで黒字，マイナスで赤字である。現状の収益構造で売上高があと何％落ちると利益がゼロになるかを表す。

　損益分岐点売上高の応用として，目標利益を設定する場合がある。図表Ⅲ-12の通り，P/Lの利益は，売上高，限界利益率，固定費の３つの要素から構成されている。損益分岐点算出式の分子である固定費に「目標利益」を加算したうえで，売上高や限界利益率を設定することがある。経営計画を策定する際に活用される公式である。

　企業の利益は，「売上高」「限界利益率」「固定費」の３要素から成立している。「利益の増減」を究極の分析対象として，財務分析を多くせず，「利益増減要因分析」に絞って行うことが多い。当期と前期を比較する場合が，図表Ⅲ-12の公式であり，経営計画の進捗管理を行う場合は，実績と計画を比較する場合は，上記公式を「当期→実績」「前期→計画」と置換する。

図表Ⅲ-12 損益分岐点売上高の応用

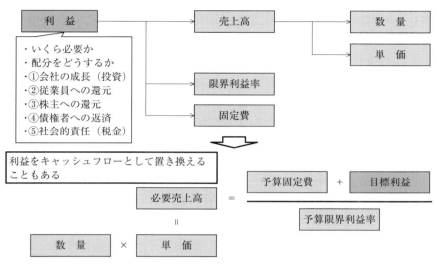

図表Ⅲ-13 経常利益増減要因の分析公式

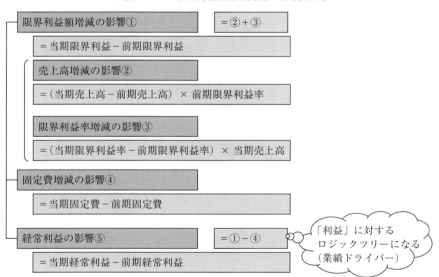

「利益」を出発点として展開・深掘りしていくロジックツリーでもあり，業績ドライバーともいわれることもある。

3) 労働生産性の展開

図表Ⅲ-14　労働生産性の2つの展開公式

労働生産性とは従業員1人あたりの限界利益（付加価値）のことをいう。労働生産性を分解すると，設備関連指標とヒト関連指標の2つに分解できる。

設備関連指標では，労働生産性を設備投資効率と労働装備率に分解する。1人あたりの付加価値を向上させるためには，積極的な設備投資をしてその設備の投資効率を向上させなければならない，ことになる。

ヒト関連指標では，労働生産性を労働分配率と1人あたり人件費に分解する。経営側としては人件費の水準は一定水準維持が望ましいが，従業員側とし

ては賃金水準を高めたい，その両者の満足をえるためには労働生産性を向上させなければならないことになる。

労働生産性は，設備関連，ヒト関連と多面的に分析する中核指標であり，重要業績指標（KPI）に設定されることも多い。

4）キャッシュフローの展開

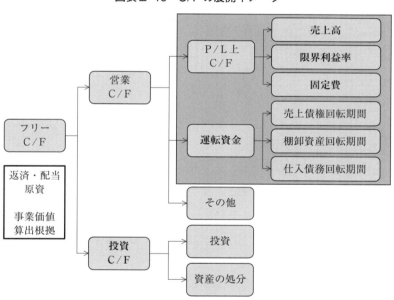

図表Ⅲ-15　C/Fの展開イメージ

借入金返済や株主配当の原資となるほか，事業価値を算出するときの根拠になるなど，フリーC/Fは重要な項目である。フリーC/Fを出発点として，営業C/Fと投資C/Fに分解，営業C/FをP/L上のC/Fと運転資金に，投資C/Fを投資と資産の処分にと展開・深掘りすることができる（図表Ⅲ-15）。

フリーC/Fの決定要素である，①売上高，②限界利益率，③固定費，④運

転資金，⑤投資 C/F の要素は外さないようにおさえて，これを事業面・組織面にまで深く展開する。

5）ROE・ROA からの展開

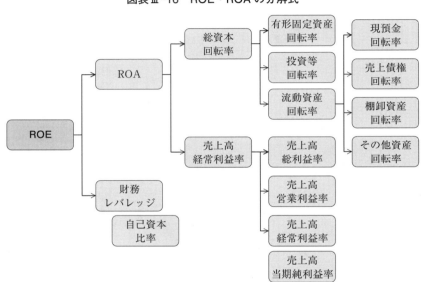

図表Ⅲ-16　ROE・ROA の分解式

　ROE（当期純利益÷純資産）を出発点として，ROA（経常利益÷総資産）と非安全性指標の財務レバレッジ（総資産÷純資産）に分解，ROA を効率性指標の総資本回転率（売上高÷総資本）と収益性指標の売上高経常利益率（経常利益÷売上高）に分解し，おのおのを体系的に展開・深掘りして指標の善し悪しの原因を特定していく（図表Ⅲ-16 参照）。

　財務指標は，図表Ⅲ-16 の他にも，収益性，成長性，生産性，健全性（安全性）などの観点から，さまざまな財務分析指標がある。抜けやモレなく分析するこ

とも重要であるが，戦略を策定する際には，各種財務分析指標を並列的に分析するのではなく，出発点を決めて，これを展開・深掘りすることがポイントである。

❸ 管理会計の設計と活用
―戦略実現・進捗管理実現のために―

(1) 管理会計とは何か

図表Ⅲ-17　管理会計と財務会計の違い

	管理会計	財務会計
利用者	企業内部の経営者・管理者	外部利害関係者（株主・債権者・取引先）
利用目的	意思決定・問題の解決	業績情報の公開
対象期間	過去・現在・未来	過去
ルール	自主的　社内で決定する	強制的　会社法・金融商品取引法・法人税法措置法・企業会計原則
中心単位	セグメント（部署，製品）	企業・企業集団
情報の性格	有用性・経済性・迅速性	正確性
まとめ方	詳細・独自性	概括的・標準的

　管理会計は財務会計と比較すると，図表Ⅲ-17の通り，利用者，利用目的，対象期間，ルール，中心単位，情報の性格，まとめ方の面で大きく異なる。管理会計の一番の特徴は，「企業内部で意思決定・問題解決を行うための材料」であることである。

管理会計もマネジメントの原則「PDCAサイクル」に則った道具・手法の一種である。財務分野でみれば，PDCAサイクルの中心に来る「方針・目標」が経営方針，中期計画，単年度計画に，「計画（Plan）」が中期計画，単年度計画，月次計画に，経営活動を「実施（Do）」をした後の「検証（Check）」や「対策改善（Action）」が業績検討・対策立案実施，にそれぞれ置き換えることができる。

(2) 管理会計の種類

図表Ⅲ-18　管理会計の種類

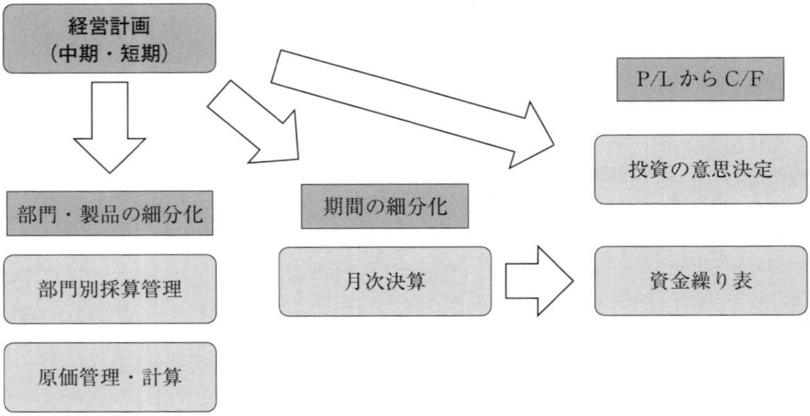

```
経営計画
（中期・短期）
    │
    ├──────────────┐
    ↓              ↓              P/L から C/F
部門・製品の細分化   期間の細分化    投資の意思決定
部門別採算管理      月次決算   →   資金繰り表
原価管理・計算
```

管理会計では，「経営計画（中期・短期）」を出発点として，部門や製品に細分化した「部門別採算管理」と「原価管理・計算」，期間を細分化した「月次決算」，P/LからC/Fへ展開した「投資の意思決定」と「資金繰り表」の6つの制度が実務で利用されることが多い（図表Ⅲ-18）。

（3）制度設計の原則

図表Ⅲ-19　制度設計のキーワード

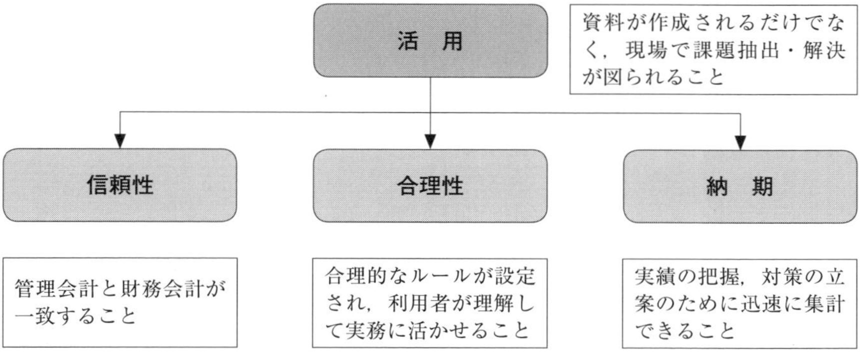

```
                    ┌─────────┐   資料が作成されるだけでな
                    │  活 用  │   く，現場で課題抽出・解決
                    └────┬────┘   が図られること
          ┌──────────────┼──────────────┐
    ┌─────┴─────┐  ┌─────┴─────┐  ┌─────┴─────┐
    │  信頼性   │  │  合理性   │  │  納  期   │
    └───────────┘  └───────────┘  └───────────┘
  管理会計と財務会計が  合理的なルールが設定  実績の把握，対策の立
  一致すること          され，利用者が理解し  案のために迅速に集計
                        て実務に活かせること  できること
```

　管理会計の各種制度を設計する時の原則・キーワードは，「活用」「信頼性」「合理性」「納期」の4つである。

　「活用」とは，管理会計の資料が作成されるだけでなく，現場で課題抽出・解決が図られるという，そもそもの管理会計の目的である。財務管理部門が管理会計資料を作成しているが，使っていない，活用していない場合は，そもそもの管理会計の目的を果たしていないといえる。

　「信頼性」とは，管理会計と財務会計が一致することである。利用者が誤った意思決定をして，結果，財務会計で成果をあげることができないことを防ぐ目的がある。

　「合理性」とは，合理的なルールが設定され，利用者が理解して実務で利用できるようにすることである。管理会計は複雑・複数のルールが必要となるが，理解しないと，結局活用されなくなる。

　「納期」とは，実績の把握，対策立案のために迅速に集計できることである。変化のスピードが激しいなかでは短いサイクルでのPDCAが不可欠である。納期短縮のためにシステム化が図られることが多い。

(4) 経営計画・利益計画

1) 目　的

経営戦略という基本方針に基づいて，組織がどのような活動を行っていくかについて，具体的，財務的・定量的に計画を策定するものである。

期間3～5年を中期計画，1年間を短期計画，単年度計画という。

2) 経営計画・利益計画の策定手順

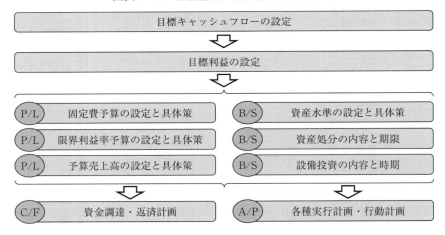

図表Ⅲ-20　経営計画・利益計画の策定手順

第1に目標のC/Fや目標の利益を設定し，第2にP/L面では固定費・限界利益率・売上高の3つの要素を具体策と数値設定する。第3にB/S面の資産水準（運転資金など）や資産処分・設備投資の内容と時期を設定する。第4にP/LとB/SからC/Fを算出して資金調達・返済計画を策定する。最後にこれまでの具体策を集約して行動計画（Action Plan, A/P）をとりまとめる。

図表Ⅲ-21 P/Lの展開・深掘り例

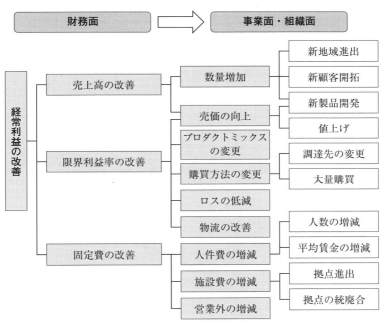

　P/Lの展開・深掘りを例にとれば，図表Ⅲ-21の通り，財務面の数値は必ず事業面・組織面の具体策と結びつきがある。

　基本的な項目，数値，具体策が定まった後に，図表Ⅲ-22の通り，P/L，B/S，C/Fのすべての数値を詳細に設計する。

図表Ⅲ-22　各財務諸表の関連性

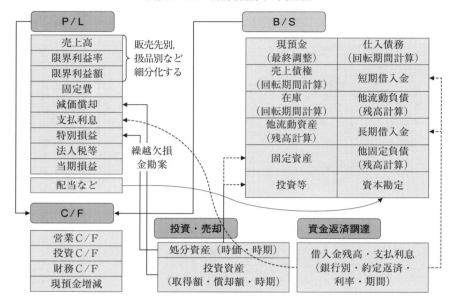

3）活用と実務面でのポイント

　経営計画・利益計画は，管理会計諸制度のなかでも出発点の位置づけである。中期計画の初年度の月次計画への展開など，次の進捗管理を見越して設計すると良い。

　計画達成の成否にはさまざまな要因があるが，企業の実態を踏まえて，経営課題（強化すべきこと，解消すべきこと）が絞り込まれて簡潔にまとまっていることが大きな要素である。

　企業分析をすると伸ばしたい強みや克服したい弱みなどが多く出てくるが，これを全部盛り込んだ戦略・計画はどれも中途半端に終わってしまうことが多い。戦略や計画の策定では，「何をやって何をやらないか」を決めることが最大の肝である。

(5) 月次決算

1) 目 的

年間の経営計画・利益計画の確実な実現のためには，月次ベースにまで分解して，その進捗状況を把握し，次の対策などを行わなければならない。

月次決算はPDCAサイクルの検証期間の細分化のために不可欠なものである。

2) 月次決算の原則

図表Ⅲ-23　月次決算の原則と経理処理

月次管理の原則	収益と費用を期間（月次）対応させて毎月の損益を把握する。
原価の処理	①在庫金額を正確に測定できない一般中堅中小企業 　→理論在庫の適用（数量測定×理論原価，売価還元法） ②費用が先行発生して最終的に売上高が計上される建設業 　→工事進行基準の適用 ③収益と費用の期間が一致しない金融業 　→（平均）残高の測定と予定利回りの適用
販管費の処理	①減価償却，年払保険料など期末一括計上の費用 ②固定資産税，賞与など年数回の分割計上の費用 　→月次按分

大企業であればともかく，経営資源の乏しい中堅中小企業では月次決算ができていないことも多い。

経理処理（証憑のとりまとめ，顧問税理士への送付，経理システムへの入力）を月次で実施することが大前提となる。

「収益と費用を期間対応させて毎月の損益を把握すること」が月次決算の原則であるが，できない大半の理由は，図表Ⅲ-23の通り，3つに集約される。

原価の処理では，在庫金額を反映できていない場合が多い（図表Ⅲ-24参照）。数量を測定して理論原価を乗じるなどして在庫金額をP/L上で「月首在庫高」「月末在庫高」などに反映させることが必要である。

図表Ⅲ-24 在庫を経理処理した月次決算の例

	1月	2月	3月	四半期計
売上高	1,000	1,000	1,000	3,000
月初棚卸高	100			100
当月仕入高	1,500	0	0	1,500
月末棚卸高			▲100	▲100
売上原価	1,600	0	▲100	1,500
売上総利益	▲600	1,000	1,100	1,500

	1月	2月	3月	四半期計
売上高	1,000	1,000	1,000	3,000
月初棚卸高	100	1,100	600	100
当月仕入高	1,500	0	0	1,500
月末棚卸高	▲1,100	▲600	▲100	▲100
売上原価	500	500	500	1,500
売上総利益	500	500	500	1,500

■売上高3ヶ月分の商品を一括仕入れしている場合に、月次決算に在庫(棚卸高)を反映させないと、仕入月に売上総利益が赤字になる。
■月末に在庫(棚卸高)を測定して、P/Lに反映させると収益と費用の期間対応した月次決算となる。

3) 活用と実務面でのポイント

月次決算は迅速なアウトプットが不可欠である。経理部門・担当者が正確性を重要視するとアウトプットが遅くなる場合もある。

月次決算完成を遅らせる要因を特定し、対外的なもので改善が不可のものについては、見込額を仮入力して、経営陣に仮報告する場合もある。

会計ソフトやインターネットバンキングの普及から、会計業務の省力化が進んでいる。

会計ソフトでは、伝票や補助元帳の作成機能もあり、これまでの紙への手作業が省力化されるだけでなく、月次推移、計画と実績の比較などの様式も用意されており、経営管理機能も強化されている。

(5) 資金繰り実績表と予定表

1) 目　的

資金繰りの実績（過去の資金の出入り）から将来（通常1年以内）を予測して，課題を抽出するとともに，安定的な資金運営のために対策を立てて，早期に資金を手当てする目的がある。

2) 資金繰り表の種類

図表Ⅲ-25　資金繰り表の種類

	資金繰り表	資金運用表	資金移動表	キャッシュフロー計算書
時代背景	・戦後～高度成長期～現在 ・量的拡大・資金不足の時代	・高度成長期～オイルショック ・質的転換，短期から長期資金調達の必要性	・オイルショック後～成長期 ・規模化拡大・多角化，大型倒産の頻発	・成熟期～現在 ・戦略性，株主重視，金融機関の弱体化 ・2000年～有価証券報告書開示義務
分析の視点	・短期資金の調整（収入と支出）	・長期資金の調整（運用と調達）	・支払能力の把握（経常収支）	・資金戦略の把握
資金の概念	・現預金	・資産・負債・純資産	・収益・費用および資産・負債・純資産	・現金および現金同等物
期間	・3～6ヶ月（長期には適さない）	・1年または1年以上の資金をみるのに適している	・1年毎の比較	・1年毎の比較
作成可能性	・社外の者は作成できない	・社外の者でも作成できる	・社外の者でも作成できる	・社外の者でも作成できる（個別情報入手要）
作成方法	・資金の実際の収支をみる	・B/S増減から	・P/LおよびB/S増減	・P/LおよびB/S増減

資金繰り表は，図表Ⅲ-25の通り「資金繰り表」「資金運用表」「資金移動表」「キャッシュフロー計算書」の4種類がある。

歴史的に，資金繰り表→資金運用表→資金移動表→キャッシュフロー計算書の順で登場，普及している。

期間で見れば，「資金繰り表」が3～6ヶ月，その他が1年毎の比較に適して

いる。

現在は，時代背景・期間の視点から，「資金繰り表」と「キャッシュフロー計算書」が実務でよく利用されている。

3) 資金繰り実績表の構成と対策の立て方

図表Ⅲ-26　資金繰り実績表の構成

		4月実績	5月実績	6月実績
①前月繰越		50	50	74
営業収支	現金売上	13	30	35
	売掛金入金	52	75	50
	受取手形期日落ち	31	30	30
	前受金	0	2	10
	受取利息	1	0	0
	その他	7	1	1
	②営業収入	104	138	126
	現金仕入	2	1	2
	買掛金支払	44	50	40
	手形決済	52	55	40
	人件費	12	12	12
	諸経費	13	15	14
	支払利息	1	1	1
	設備関係	0	0	0
	決算関係	0	0	5
	その他	0	0	0
	③営業支出	124	134	114
④営業収支過不足		△20	4	12
⑤財務収支	借入金調達	30	30	
	手形割引			
	借入金返済	△10	△10	△20
⑥翌月繰越		50	74	66

一般的に，①前月繰越，②営業収入，③営業支出，④営業収支過不足，⑤財務収支，⑥翌月繰越，と6つに区分された「6区分資金繰表」が使われることが多い（図表Ⅲ-26参照）。①前月繰越，②収入，③支出，④翌月繰越，と4つに区分された「4区分資金繰表」もある。当月の①前月繰越は，前月の⑥翌月繰越と一致する。

もっともみるべきポイントは，④営業収支過不足であり，プラスになっていれば問題ないが，マイナスになっていれば，資金不足となるのでその対応が必要となる。

手当としては，①売掛金や受取手形の回収促進を検討する，②支払の延期や経費の節減を検討する，③不足資金について新規の借入を検討する，④有価証券や遊休資産の売却を検討する，などがあげられる。

4）資金繰り予定表の作成方法

資金繰り表は，予定表まで作成することで，より活用が高まる（図表Ⅲ-27参照）。

予定表の作成においては，まず，販売・仕入の取引条件（◯日〆翌月◯日回収，支払など）を把握する。次に，営業収入面，営業支出面に反映させる。経費は毎月発生する固定経費と季節的に発生する経費を記入し，借入金の利息・元金の返済予定額を記入する。資金の不足が予測される場合は，新たな借入金調達なども検討する。

図表Ⅲ-27　資金繰り予定表の作成方法

		7月予定	8月予定	9月予定
①前月繰越				
営業収支	現金売上			
	売掛金入金			
	受取手形期日落ち			
	前受金			
	受取利息			
	その他			
	②営業収入	0	0	0
	現金仕入			
	買掛金支払			
	手形決済			
	人件費			
	諸経費			
	支払利息			
	設備関係			
	決算関係			
	その他			
	③営業支出	0	0	0
④営業収支過不足		0	0	0
⑤財務収支	借入金調達			
	手形割引			
	借入金返済			
⑥翌月繰越		0	0	0

売上債権の回収額はわかるところまでは実績値を記入し，それ以降は過去の実績を参考に予測する。

仕入債務はわかるところまでは実績値を記入し，それ以降は予定売上高×予定原価率で算出する。

毎月発生する固定経費，季節的に発生する経費（税金，賞与等）を予測する。

借入金の返済額と支払利息は返済予定表を参考に記入する。

5）活用と実務面でのポイント

　会計ソフトには，資金繰り実績表だけでなく，月次のキャッシュフロー計算書の形式で資金繰り実績表も作成される機能がある。

　また，売上高予測，販売代金回収条件，仕入の支払条件などを各種設定すると，資金繰り予定表を作成する機能も有り，資金繰り表作成業務の効率化の実現が期待できる。

(6) 部門別採算管理

1) 目 的

図表Ⅲ-28 部門別採算管理の目的

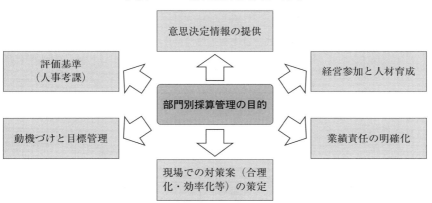

　部門別採算管理は、経営資源(ヒト・モノ・カネ・情報)のうち「カネ」の側面に偏った制度であるととらえられることが多い。

　しかし、部門別採算管理は、「意思決定情報(社内・社外)の提供」「経営参加と人材育成」「業績責任の明確化」「現場での対策案の策定」「動機づけと目標管理」「評価基準」などに活用されうるものである(図表Ⅲ-28参照)。

　京セラの「アメーバ経営」が有名であり、創業者の稲盛和夫氏の経営哲学が盛り込まれている。

2) 手　順

図表Ⅲ-29　部門別採算管理制度の設計手順

手順	内容
①組織の設計	全社→各部署（採算単位）へ階層図を作成し，レベル付けをする。それぞれの結びつきを検証する。 （機能別組織，事業別組織，拠点別組織など）
②採算単位の性格づけ	売上高を計上する部門を決定する。PC（プロフィットセンター），CC（コストセンター），PCC（プロフィットセンター内コストセンター）に3区分する。
③採算管理表の設計	財務諸表（主にP/L）との整合性を図る。 計画と実績を比較する。 各組織レベルに応じて責任利益を設定する。
④ルールの設定	内部振替；提供部門と受取部門の取引条件 費用負担；どの費用をどう計上するか，直接特定か計算配賦 内部金利；対象資産と適用金利 PCC・CC賦課費の配賦；PCへの配賦計算
⑤システムの整備・構築	会計システムの検証；部門管理の有無，配賦計算の方法 他システムの検証；生産・資材・販売・人事・総務システムとの連動性の検証

　設計手順は大きく分けて，「組織の設計」「採算単位の性格づけ」「採算管理表の設計」「ルールの設定」「システムの整備・構築」の5つに分けられる（図表Ⅲ-29参照）。

　ルールの設定からはじめがちであるが，組織の設計・性格づけからはじめることがポイントである。

3）組織の設計と採算単位の性格づけ

　組織形態には，機能別組織（単一事業の中堅中小企業），事業別組織（複数事業を手掛けた中堅大企業），拠点別組織（全国・全県に多店舗展開する企業）などがあり，各企業の戦略に基づき設計されている。

　部門別採算管理においては，図表Ⅲ-30の通り，組織階層（レベル）を明確

図表Ⅲ-30 組織展開図と採算単位の性格づけ

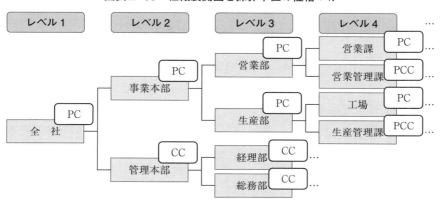

化することがポイントとなる。これを「組織展開図」とよぶことが多い。

　組織運営（組織マネジメント）の観点からみれば，上位レベルから下位レベルへのつながりが「指揮命令系統」を示している。

　部門採算管理のシステムの観点からみれば，傘下の下位レベルの合計が上位レベルに集約（合計）される。

図表Ⅲ-31 採算単位の性格の3分類

呼　称	略　号	定　義
プロフィットセンター	PC	売上高と費用が計上され，利益に責任をもつ部門。
コストセンター	CC	費用のみが計上され，費用コントロールに責任をもつ部門。
プロフィットセンター内コストセンター	PCC	PC内で費用のみが計上され，費用コントロールに責任をもつ部門。

　設計された組織の各部門に，その機能に合わせて性格づけを行う。「プロフィットセンター（PC）」「コストセンター（CC）」「プロフィットセンター内コストセンター（PCC）」の3つに区分される（図表Ⅲ-31）。

　可能な限り部門（採算単位）の性格づけは「PC」とし，多くの部門に利益責

任をもたせることで，組織は活性化する。

図表Ⅲ-32　部門別採算管理表の例

【レベル3】　　　　　　　　　　　　　　　　　　　　　　　　（単位：円）

製造部	計画	実績	達成度	差異	前年実績
売上高	4,383,600,000	4,329,029,786	98.8%	▲54,570,214	4,154,334,296
変動費	1,820,000,000	1,759,840,060	96.7%	▲60,159,940	1,717,407,610
限界利益	2,563,600,000	2,569,189,726	100.2%	+5,589,726	2,436,926,686
（同率）	(58.5%)	(59.3%)	101.4%	(+0.8%)	(58.7%)
労務費	817,320,000	885,751,305	108.4%	▲68,431,305	801,570,575
経費	560,299,004	579,390,429	103.4%	▲19,091,425	524,629,733
その他	0	44,122,097	—	▲44,122,097	▲27,642,306
固定原価	1,377,619,004	1,509,263,831	109.6%	▲131,644,827	1,298,558,002
売上総利益	1,185,980,996	1,059,925,895	89.4%	▲126,055,101	1,138,368,684
販売関連費	0	0	—	0	0
人件費	23,571,429	23,734,714	100.7%	▲163,285	22,106,143
減価償却費	0	0	—	0	0
その他	0	0	—	0	0
販管費・開発費	23,571,429	23,734,714	100.7%	▲163,285	22,106,143
営業利益	1,162,409,567	1,036,191,181	89.1%	▲126,218,386	1,116,262,541
営業外収益	0	0	—	+0	0
営業外費用	0	0	—	0	0
内部金利	21,511,440	21,511,440	100.0%	0	22,862,484
部門達成利益	1,140,898,127	1,014,679,741	88.9%	▲126,218,386	1,093,400,057
PCC 賦課費	810,468,454	810,468,454	100.0%	▲0	802,827,343
部門貢献利益	330,429,673	204,211,287	61.8%	▲126,218,386	290,572,714
CC 賦課費	224,351,235	224,351,235	100.0%	▲0	242,190,589
部門経常利益	106,078,438	▲20,139,948	-19.0%	▲126,218,386	48,382,125

⇒ 財務会計と可能な限り表記を同一にする
計画と実績を比較する。前期は参考程度

⇒ 組織レベルに応じて，責任利益を設定する

利益差異要因分析	
限界利益額の要因	5,589,726
売上高の要因	▲31,923,575
限界利益率の要因	34,632,238
固定費額の要因	131,808,112
固定原価の要因	131,644,827
販管費・開発費の要因	163,285
営業外損益等の要因	0
PCC・CC 賦課費の要因	0
責任利益の増減	▲126,218,386

⇒ 利益増減要因で分析を容易にする

4）採算管理表の設計

部門長が自分の権限範囲で業績を追求できるように，利益を区分する（図表Ⅲ-32参照）。

一般的には，「部門達成利益」「部門貢献利益（部門達成利益－PCC賦課費）」「部門経常利益（部門貢献利益－CC賦課費）」の3段階に設定することが多い。

なお，PCC賦課費やCC賦課費は，各PCに一定ルールで配賦される。

実績の利益額が「黒字か赤字か」「その額が他部門よりも大きいか小さいか」を評価するのではなく，自部門の「計画と比較して実績はどうか」を評価・検討の中心に据える。

収益構造の理解のために，「売上高」「限界利益率」「固定費」の3つのポイントに分けて検討する。したがって，採算表の構成も，費用を変動費と固定費に区分する。

5）ルールの設計

部門別採算管理では，①内部振替制度（社内取引），②費用負担，③内部金利，④PCC・CC賦課費の配分，の4つが主要なルールである。

① 内部振替制度は，図表Ⅲ-33の通り複数のルールがある。一般的には原価基準で，標準原価一定率利益上乗せのルールを採用することが多い。

② 費用負担は，発生形態，受益の状況，管理の可能性など，さまざまに区分することができる（図表Ⅲ-34）。部門別採算管理では，発生形態→受益の状況→管理可能性の順に重視する。受益の状況では，「費用の受益者負担」を原則として各部門に計上する。特定直接費（自分で伝票を起票したうえで受益している），配賦直接費（受益していることは確かであるが本社が一括して伝票を起票している），共通費（≒CC費用）の3種類に区分される。なお，管理の可能性については，定義を明確化し各部門長に開示することが必要となる。

③ 一般的には部門別採算管理は，P/Lのみで運用されることが多い。各部

図表Ⅲ-33 内部振替制度のルール

大区分	中区分	小区分	特徴
原価基準	実際原価基準	①一定率の利益上乗せ	PC → PC 提供部門の非効率が受取部門に影響を及ぼす
		②利益上乗せなし	PC → PC 提供部門の非効率が受取部門に影響を及ぼす
	標準原価基準	③一定率の利益上乗せ	PC → PC 提供部門の非効率が受取部門に影響を及ぼさない
		④利益上乗せなし	PC → PC 提供部門の非効率が受取部門に影響を及ぼさない
市価基準	⑤当事者間交渉方式		部門間の力関係が反映される
	⑥市場価格方式		客観的な市場価格がない場合がある
	⑦売価還元方式		販売経費勘案後の外部販売価格×一定率

図表Ⅲ-34 費用の分類

発生形態	受益の状況	管理の可能性	代表例
変動費	特定直接費	○	材料費など
固定費	特定直接費	○	販売促進費など
		×	減価償却費など
	配賦直接費	△	消耗品費など
		×	固定資産税など
	共通費	×	広告費など

門のB/Sに関する資金負担意識を高めるために，該当資産について内部金利を設定することがある。金利は外部から資金調達をしたCC（本社の経理部など）が各部門に資金を貸し付けることとし，資金提供を受けた部門はCCに金利を払うことになる。なお，金利は外部調達金利（同 + α の金利，もしくは資本コストも勘案）を適用することが多い。

内部金利適用資産の例は，図表Ⅲ-35の通りである。

図表Ⅲ-35　内部金利適用資産の例

項目	ポイント
固定資産	・設備産業であり，設備取得にかかる外部借り入れ負担が大きい場合
在庫	・在庫負担が重く，卸売業のように売掛金負担が重く，これを外部借入金で賄っている場合
売掛金・買掛金	
投資	・総合商社のように，部門毎の投資（出資）等が多い場合

④ PCC・CC賦課費は，「人員数基準」「人件費基準」「売上高基準」「限界利益基準」の4種類が代表的であるが，一般的には，理解の容易さ・算出の簡便さから，人員数基準が採用される。なお，PCには予算額＝実績額として賦課されることが多い。

6) システムの設計

図表Ⅲ-36　システム設計のイメージ図

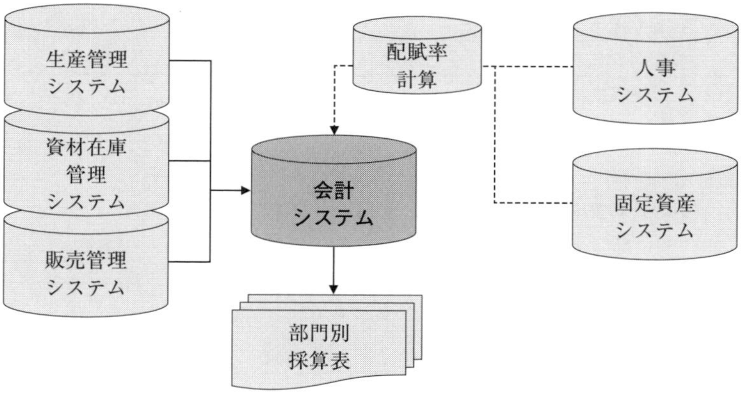

納期の早期化のために，社内システムを整備・再構築する（図表Ⅲ-36）。

整備・再構築のポイントは，会計システム（ソフト）自体の部門別採算管理機能と，他システムとの連動性の確認である。

市販会計ソフトの上位版には，部門別採算管理機能，①部門設定機能，②配賦率設定機能，③部門別採算表作成機能があることが多い。

会計システムと基幹システム（販売管理・資材在庫管理・生産管理など）を連動させると効率化が図られるが，システム構築の難しさ，会計システムの独立性などから連動させないことが多い。

7）活用と実務面でのポイント

社内で部門別採算管理を導入して会議を実施すると，（決して悪いことではないが）数字に執着するあまり，説明がくどくなり，会議の生産性が低下することがある。

会議の生産性向上（的確な問題解決と迅速な意思決定）のために，図表Ⅲ-37のとおり簡素化した「課題検討表」を活用することが多い。

図表Ⅲ-37　部門別採算表　課題検討表の例

項　目	コメント
A．実績の概要（責任利益）	
B．責任利益の達成度はどうか 　　売上高 　　利益率 　　固定費	
C．責任利益の差異要因 　　なぜ良かったのか 　　なぜ悪かったのか	
D．今後計画を達成するために何が必要か	
E．Dを達成するために解決しておかなければならない事項は何か（他部門への応援要請，役員への意思決定要請）	
F．その他　改善策など	

(7) 原価管理・原価計算
1) 目　　的

図表Ⅲ-38　原価管理・原価計算の目的

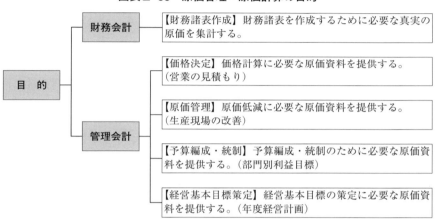

　原価管理・原価計算には，図表Ⅲ-38の通り「財務諸表作成」という財務会計面だけでなく，「価格決定」「原価管理」「予算編成・統制」「経営基本目標策定」という管理会計面での目的がある。管理会計では，生産部門だけでなく，経営全体，営業部門でも活用することがポイントである。

2) 原価計算の種類
　原価計算には，数多くの用語があるが，大きく分けると，「計算時点」「集計範囲」「集計単位」により分類される。
　「計算時点」については，PDCAサイクルの観点からすると，Planにあたる事前原価計算をしておいて，事後原価計算と比較することが望ましい。
　「集計範囲」については，P/Lでいうより下の利益がわかる方が望ましいが，その分配賦ルールが多く，複雑になるため企業の状況に応じて選択することが

図表Ⅲ-39 原価計算の種類

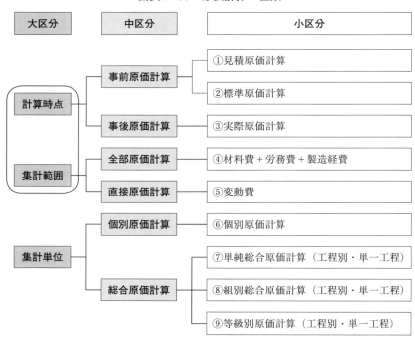

多い。

図表Ⅲ-39の各種原価計算の内容は，以下の通りである。

① 見積原価計算；単位当たりに発生する原価を主に経験や勘により設定し，実際の生産高に乗じて計算する。
② 標準原価計算；単位当たりに発生する原価を科学的・統計的な手法を使って算出し，実際の生産高を乗じて計算する。「標準」には「理想的」「現実的」「正常」がある。
③ 実際原価計算；財貨の実際の消費量をもって計算する。
④ 全部原価計算（材料費＋労務費＋製造経費）；製造原価の3要素すべてを製品別などに配分（配賦）計算する。売上総利益が算出される。

⑤ 直接原価計算（変動費）；原価を「変動費」「固定費」に区分して計算する。限界利益が算出される。操業度により製品原価が変化する総合原価計算の欠点を補うもの。
⑥ 個別原価計算；個別受注生産形態に用いられる。製造指図書毎に集計する（間接費は配賦しておく）。
⑦ 単純総合原価計算；連続する2つ以上の工程を経て完成品とするような企業に適用される。生産工程毎に原価を集計，計算する。
⑧ 組別総合原価計算；2種類以上の製品を同一の設備で組（製品）別に連続生産する企業（自動車・家電など）に適用される。組間接費（共通経費）は配賦計算する。
⑨ 等級別原価計算；同一工程において同一材料を使用し，同種製品を連続生産するが，製品が形状，大きさなどで細分化されるような企業（製鋼・合板など）に適用される。各等級製品について適切な等価係数を定め製造費用を按分して計算する。同一原料から異種の製品が生産される場合（石油精製のガソリン・灯油など）は「連産品」といい，同様の計算をする。

3) 原価計算の集計手続き

原価計算は製造原価を計算するものであり，「財務会計からの取引データ入手」→「費目別計算」→「部門別計算」→「製品別計算」→「財務諸表の作成」の順番で計算する（図表Ⅲ-40, 41参照）。

図表Ⅲ-40 原価計算の集計手続き

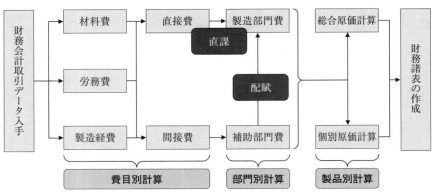

図表Ⅲ-41 総合原価計算の設計項目

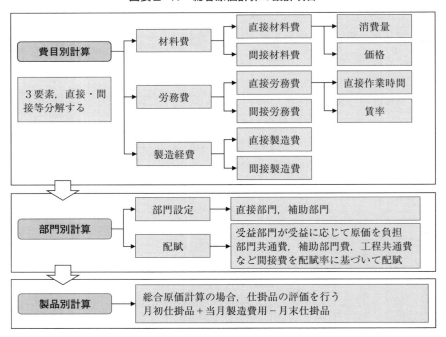

費目別計算は，材料費を消費量と価格に，労務費は賃率と時間（作業時間・手待ち時間など）に，製造経費は直接費（部門や製品に直接結びつけられる費用）と間接費（部門や製品に直接結びつけられず合理的な基準で配賦する費用）に区分する。

部門別計算は，費目別計算であきらかになった原価を「発生場所別」に再集計する。製造部門とは直接的に製造作業が行われている部門（製造課など），補助部門とは製造部門の作業を間接的に支える部門（生産管理課，修繕課など）のことをいう。補助部門費などは製造部門費に配賦（時間や活動回数などの割合による）される。

製品別計算は，総合原価計算の場合は，仕掛品評価を加味して，製造した製品毎に集計する。

4) 標準原価の設定

標準原価の設定方法は，①過去の経験に基づく方法，②試行実験に基づく方法，③IE（Industrial Engineering，第Ⅴ章「生産管理」参照）などがあり，企業の状況に応じて選択される。

材料費は，製品1単位毎の「原材料展開表」を作成し，「材料費量標準」と「材料費価格標準」を設定する。

労務費は，直接作業時間と賃率（平均賃金）を計測・算出しておく。

製造経費は直接経費（外注費など）と間接経費に区分する。直接経費は，製品単位当たりに平均化して経費標準を設定する。間接経費は，基準となる操業度を設定したうえで，配賦基準（作業時間，機械運転時間など）を決定して，配賦率を算定する。

5) 活用のポイント～差異要因分析

図表Ⅲ-42の通り，直接材料費は価格差異と数量差異に分解されて，それぞれの影響額が算出される。この差異要因分析から，設計（製品仕様）の見直し，

図表Ⅲ-42 直接材料費と直接労務費の差異要因分析公式

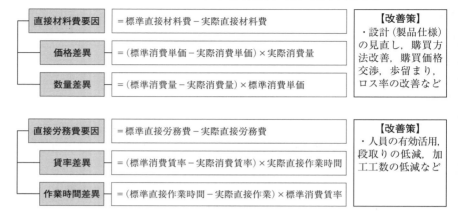

図表Ⅲ-43 製造間接費の差異要因分析のイメージと分析公式

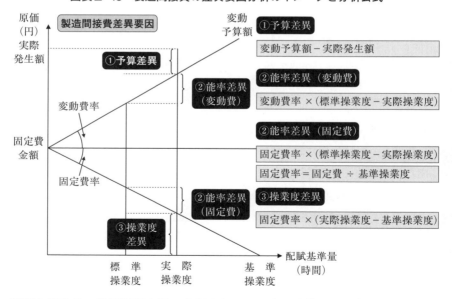

購買方法改善,購買価格交渉,歩留まり,ロス率の改善などが行われる。

直接労務費は賃率差異と作業時間差異に分解されて,それぞれの影響額が算

出される。この差異要因分析から，人員の有効活用，段取りの低減，加工工数の低減などの改善が行われる。

製造間接費については，図表Ⅲ-43の通り，①予算差異，②能率差異（変動費と固定費），③操業度差異に区分され，差異額が算出され，各種改善が行われる。

6) 実務面でのポイント

製品ライフサイクルの短期化，製品アイテム数の増加などから，かつて緻密に行われた原価計算が，当時のままにされ活用されていない中堅中小企業が多くなっている。原材料・原油価格の変動（高騰）するなかで，取引先に対して合理的な価格交渉ができずに業績不振が続く企業も多く見られる。シンプルな原価管理制度を設計し，定期的にルール・基準値を見直すことが不可欠である。

原価管理・原価計算のパッケージソフト，個別オーダー型のシステム開発など省力化のサービスも充実している。ただし，業務運営が会社毎に異なり，ルールが多岐にわたるため，せっかく導入したソフト・システムを使いこなせていない場合も多くみられる。社内でルールなどを設計してシステム要件を明確化し，整備してから，ソフト・システム導入を検討することが望ましい。

(8) 投資の意思決定

1) 目　　的

企業は資本市場を通して投資家からキャッシュ（資金）を調達し，キャッシュを事業に必要な資産に投資し，事業活動により資産を有効に活用してリターンを得る（キャッシュを回収する）。資産から事業への投資において，企業は投資の意思決定を行う。回収は不確実な将来のことであるため，合理的で慎重な意思決定の判断基準が不可欠になる。

キャッシュの流れ，すなわちC/Fは，一般的に簡便的なC/Fとして，「税引き後営業利益（もしくは当期純利益）＋減価償却費－投資額－増加運転資金」

図表Ⅲ-44　投資の意思決定の位置づけ

投資の意思決定
会社の事業
投資
リターン
資産
負債
資本
調達
リターン
資本市場（債券・株式）
投資
リターン
投資家
キャッシュの流れ

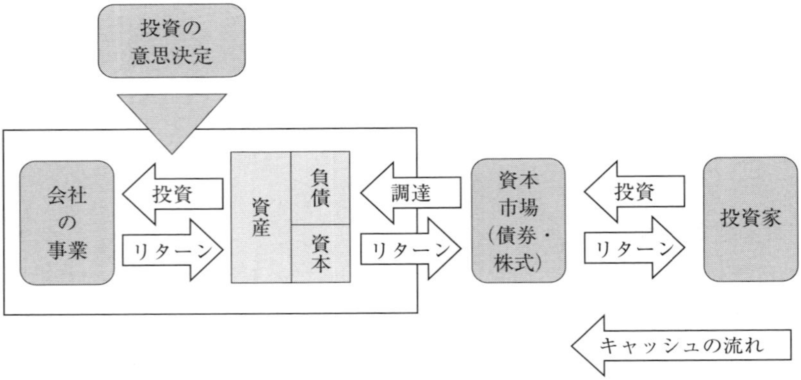

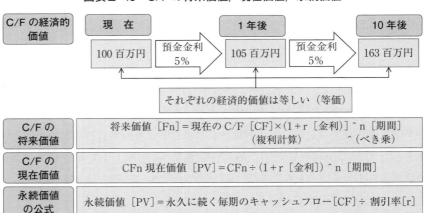

を用いることが多い。

2）C/F の将来価値と現在価値，永続価値

図表Ⅲ-45　C/F の将来価値，現在価値，永続価値

C/F の経済的価値
現　在
1 年後
10 年後
100 百万円
預金金利 5%
105 百万円
預金金利 5%
163 百万円
それぞれの経済的価値は等しい（等価）
C/F の将来価値
将来価値［Fn］＝現在の C/F［CF］×（1＋r［金利］）＾n［期間］
（複利計算）　＾（べき乗）
C/F の現在価値
CFn 現在価値［PV］＝CFn÷（1＋r［金利］）＾n［期間］
永続価値の公式
永続価値［PV］＝永久に続く毎期のキャッシュフロー［CF］÷ 割引率［r］
成長永続価値の公式
永続価値［PV］＝永久に続く毎期のキャッシュフロー［CF］
÷（割引率［r］－キャッシュフローの成長率［g］）

100百万円を5%の預金で運用した場合，1年後には105百万円，10年後には163百万円となるが，ファイナンスの理論では，それぞれの経済的価値は等しいとみられる。

現在から将来に向かって継続する事業の経済性を判断するには現在価値の考え方が必要となる。C/Fの現在価値をDCF（Discounted Cash Flow）という。

永続価値とは永久に続く一定額のキャッシュフローの価値のこと。プロジェクトに投資すると一定期間に限って発生することがあるが，永久に一定額のキャッシュフローが生じる場合もある。一定の割合で永久に成長し続けるキャッシュフローの現在価値を「成長永続価値」という（図表Ⅲ-45参照）。

3）意思決定の種類

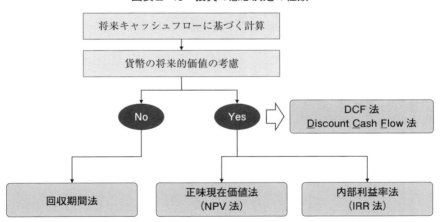

図表Ⅲ-46　投資の意思決定の種類

投資の意思決定では回収期間法，正味現在価値法，内部利益率法がある。

まず将来一定期間のキャッシュフローの試算・策定・検証を行い，次に貨幣の将来価値を考慮するか否かを判断する。

考慮しない場合は，初期投資額を，毎期のキャッシュフローで「何年」で回収できるかを検討する。これを①回収期間法という。

考慮する場合は，DCFの考え方が前提となり，②正味現在価値法（NPV法）と，③内部利益率法（IRR法）の2つの方法がある。

① 回収期間法：プロジェクトによって獲得したキャッシュの合計額が初期投資額と同額になるまでの期間のことをいう。初期投資額÷（毎期のキャッシュフロー額）で算出する。発生時期の異なるC/Fを比較している（現在価値の考慮なし），期間の上限が恣意的な判断になる，などのデメリットがある。エクセルを使った実際の検討方法は，図表Ⅲ-47を参照。

図表Ⅲ-47　回収期間法の計算事例

【回収期間法の検討方法】
　新しいプロジェクトで初期投資（工場）1,000百万円，毎期のキャッシュフロー（追加投資なし，増加運転資金なし）250百万円が見込まれる。
　設備耐用年数は7年，社内基準では5年以内回収である。本件の投資可否を，回収期間法で検討せよ。

【計算例】

初期投資	毎期CF	回収期間	投資可否
1,000	250	4年	○

1,000÷250＝4年

【検討コメント】
　条件では4年で投資額を回収できることになり，耐用年数，社内基準年数以内におさまっていることから「投資可」。
　ただし，そのプロジェクト自体の事業の寿命を今一度検討する必要がある。

② 正味現在価値法：投資が生み出すキャッシュフローの現在価値の合計から当初の投資額を差し引いた金額を正味現在価値（NPV）という。将来のキャッシュフローの現在価値合計－当初の投資額で算出する。NPV＞0のとき，回収額＞投資額となるため投資可，NPV＜0のとき，回収額

＜投資額となるため投資不可，となる。

エクセルを使った実際の検討方法は，図表Ⅲ-48を参照。

図表Ⅲ-48　NPV法の計算事例

【NPV法の検討方法】
　以下の投資案件A案とB案について，投資の可否を検討しなさい。
　投資A案；初年度投資額200百万円，1～5年目までの毎期のC/F100百万円，期間5年，割引率10％
　投資B案；初年度投資額500百万円，1～5年目までの毎期のC/F110百万円，期間5年，割引率10％

【計算例】

投資A案	0年目	1年目	2年目	3年目	4年目	5年目	NPV	投資可否
キャッシュフロー（C/F）(a)	△200	100	100	100	100	100		○
現価係数 (b)	1.000	0.909	0.826	0.751	0.683	0.621		
DCF (a)×(b)	△200	91	83	75	68	62	179	

　　　　　　　　　　　　　　　　　　＝△200＋91＋83＋75＋68＋62

投資B案	0年目	1年目	2年目	3年目	4年目	5年目	NPV	投資可否
キャッシュフロー（C/F）	△500	110	110	110	110	110		×
現価係数	1.000	0.909	0.826	0.751	0.683	0.621		
DCF	△500	100	91	83	75	68	△83	

　　　　　　　　　　　　　　　　　　＝△500＋100＋91＋83＋75＋68

【検討コメント】
　①投資A案は，回収額＞投資額，NPV＞0であり「投資可」，投資B案は，回収額＜投資額，NPV＜0であり「投資不可」

③　内部利益率法；NPVがゼロになる割引率のこと。IRR＞資本コストのとき，投資可，IRR＜資本コストのとき，投資不可と判断する。将来のキャッシュフローがマイナスの場合，超過率だけではNPVの大小を判断できない，などのデメリットがある。

エクセルを使った実際の検討方法は，図表Ⅲ-49を参照。

図表Ⅲ-49　IRR法の計算事例

【内部利益率法の検討方法】
　下図表のような投資案件C案が社内で起案された。内部利益率法を使って投資の可否を検討せよ。
　なお，社内基準ではIRR 7％がガイドラインとなっている。

（単位；百万円）

投資C案	0年目	1年目	2年目	3年目	4年目	5年目	IRR	投資可否
キャッシュフロー（C/F）	△200	30	30	50	60	90		

【計算例】

（単位；百万円）

投資C案	初年度	1年後	2年後	3年後	4年後	5年後	IRR	投資可否
キャッシュフロー（C/F）	△200	30	30	50	60	90	7.77％	○

＊エクセル関数　IRR（初年度C/F：5年後C/F）

【検討コメント】
　社内基準7％を上回っており（社内基準以上の収益率が期待できる），「投資可」

4）事業・企業の経済的価値の評価～DCF法中心として～

　成長戦略の実現や事業の撤退などの手段としてM&Aが活用されているが，その際には，合理的・経済的な企業価値や事業価値の算出が必要である。

　事業価値の算出方法として，すべての資産項目と負債項目の時価を個々に評価する「時価純資産法（コストアプローチ法）」，公開している類似会社の株価と当該会社のある財務数値との倍率を算定し，評価対象会社の財務数値にその倍率を乗じて算定する「類似会社比準法（マーケットアプローチ法）」，将来期待できるキャッシュフローを予測して，このキャッシュフローを投資が必要とする期待収益率（割引率）で除した額をもって評価額とする方法の「DCF法（インカムアプローチ法）」の3種類がある。

　実際の売買ではこの3種類をそれぞれ算出して価値を決める場合が多いが，特に「DCF法」が重要視されるようになっている。

図表Ⅲ-50　事業・企業価値の評価の手順

①将来 P/L の予測
- 利益の3要素である売上高・限界利益率・固定費に分けて予測する。
- P/L 上の C/F である税引後営業利益＋減価償却費を算出する。

②将来フリー C/F の予測
- ①の C/F から設備投資額と増加運転資金を控除して、フリー C/F を算出する。

③事業価値の評価
- ②の予測期間各期のフリー C/F を割引率を用いて現在価値を算出し合計する。
- 割引率は資本コスト、加重平均資本コスト（WACC）を利用することが多い。
- 予測期間以降の事業価値をまとめて残存価値として算出する。
- 予測期間の現在価値合計＋(残存期間の C/F ÷ 割引率) × 最終年度の現価係数で事業価値を算出する。

④企業価値の評価
- 事業とは関係の無い土地や有価証券などの時価評価を行う。
- 事業価値に非事業用資産の評価額を加えて、企業価値を算出する。

⑤株主価値の評価
- ④の企業価値から株主よりも有利子負債（優先権のある債権者の価値）を控除して株主価値を算出する。

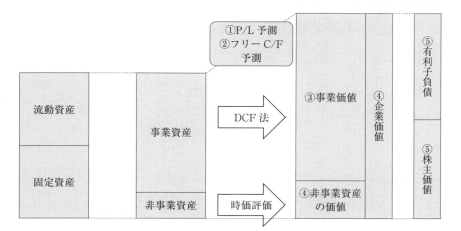

企業価値を算出する際は，図表Ⅲ-50の通りの手順で行う。

① P/Lの予測；P/L上のC/Fである税引後営業利益＋減価償却費を算出する。そのため利益の3要素である「売上高」「限界利益率」「固定費」に分解して試算することが多い。

② 将来のフリーC/F；①のC/Fから増加運転資金を控除して（≒営業C/F），さらに設備投資額も控除する。

③ 事業価値；②の予測期間各期のフリーC/Fに割引率を用いて現在価値を算出し合計する。割引率は資本コスト，加重平均資本コスト（WACC, Weighted Average Cost of Capital）を利用することが多い。予測期間以降の事業価値をまとめて残存価値として算出する。予測期間の現在価値合計＋（残存期間のC/F÷割引率）×最終年度の現価係数で事業価値を算出する。なお，一定の成長が見込まれる場合は成長率を加味して，残存期間のC/F×(1+成長率)÷(割引率－成長率)×最終年度の現価係数とする。実際のエクセルでの計算例は，図表Ⅲ-51の通りである。

図表Ⅲ-51　DCF法による事業価値の計算事例

		1年後	2年後	3年後	4年後	5年後	6年後以降	
C/F (a)		23	23	23	23	24	24	
現価係数 (b)	3.16%	0.969	0.940	0.911	0.883	0.856	3.16%	
DCF (a)×(b)		22	22	21	20	21	649	755

注）四捨五入誤差あり　　　　　　　　　　（成長率ゼロ）'＝24÷3.16%＊0.856

＝22＋22＋21＋20＋21＋649

④ 企業価値；事業とは関係の無い土地や有価証券の時価評価を行う。これに上記③の事業価値を加算して企業価値が算出される。

⑤ 株主価値；④の企業価値から株主よりも有利子負債（優先権のある債権者の価値）を控除して株主価値を算出する。

5）活用と実務面でのポイント

　一般的な設備投資の検討では,「回収期間法」が使われ,基準とする期間を「設備の耐用年数」としていることが多い。しかし事業のライフサイクルが短縮化する現在においては,事業自体の寿命を厳しく見積もることが求められている。

　事業価値・企業価値は公認会計士などの専門家が評価してくれることが多い。価値（評価金額）は,「時価純資産方法」「類似会社比準法」「DCF法」といった算出方法によって,DCF法については「C/F」「期間」「割引率」「残存価値の有無」の要素によって,大きな違いが発生しうる。意思決定に関わる者は,価格の相違の要因となっている評価方法や要素などについて,冷静な判断が必要となっている。

参考文献

浅田孝幸・頼誠・鈴木研一・中川優・佐々木郁子（2011）『管理会計・入門　第3版』有斐閣アルマ

児玉尚彦（2004）『キャッシュレス,伝票レス,社員レス！ココまでできる経理の合理化』日本能率協会マネジメントセンター

平井謙一（1999）『資金4表の完全理解と実践応用』生産性出版

稲盛和夫（2006）『アメーバ経営　ひとりひとりの社員が主役』日本経済新聞社

都甲和幸・白土英成（2004）『やさしくわかる原価計算』日本実業出版社

勝本宗男（2003）『Q&A　経営を変える原価計算システム』中央経済社

西山茂（2014）『企業分析シナリオ　第2版』東洋経済新報社

第Ⅳ章　人材マネジメント

―経営目的達成のために，人材を最大限に活用するとともに
一人ひとりの働きがいを創出する諸活動―

❶　人材マネジメントのねらいと留意点

(1) 人材マネジメントの目的

　各リソースマネジメントの目的は，営利組織であれば究極的には，ゴーイング・コンサーンとして永続的に利潤を追求していくことであり，別の見方をすれば，世の中に顧客価値を提供し，雇用や納税などを通じて社会貢献していくことといってもよいだろう。また，より直接的には「組織目的の実現」すなわち「業績の向上」といえるが，他のリソースマネジメントと人材マネジメントが異なる点は「組織目的の実現」とあわせて，リソースそのものの，すなわちヒト（従業員）の所属満足度を高めることも目的のひとつとなる。

　というのも，ヒトには感情があり，感情を阻害すればもてる能力を十分に発揮できないばかりか，場合によっては離職を引き起こしかねず，一昔前のアメリカのように企業が人材獲得競争に明け暮れ，組織目的の実現どころではなくなる懸念さえある。さらには，会社に対して何の愛着も貢献意欲ももたないような"ぶら下がり人材"を輩出してしまう結果にもなりかねない。したがって，「組織目的の実現」と「従業員の所属満足の向上」の2つの目的を常に意識することが人材マネジメントでは重要となる。ただし，この2つの目的は，ある面トレードオフの部分もあり，いかにバランスをとって執り行っていくかが人材マネジメントの難しさであり，醍醐味でもあろう。

(2) 人材マネジメントを考えるうえでの留意点

　これから人材マネジメントについて体系的に学ぼうという読者の出鼻をくじく話をしてしまうが，人材マネジメントは生産管理や財務管理のようなモノやカネとった，ほかのリソースマネジメントとは異なり，対象が「生身の人間」であるが故に，個々人の資質・素養や心理状況といった，目に見えない要素が大きく関わってくる。

　そのため，こうすれば上手くいくという絶対的なものはなく，どんな施策を選択してもメリットもあればデメリットも存在するケースがほとんどであり，課題解決を図るためにとった施策が，新たな課題を生むということはよくある。そのため，常に人材マネジメントの上位概念である，経営戦略や事業目的をきちんと踏まえ，何を優先するのかをはっきりさせることが肝要である。

　また，経営学や心理学，脳科学などの社会科学の諸領域や，経営の現場における，より実践的なレベルでのさまざまなものの考え方や見方を学習することが人材マネジメントを考えるうえで重要であることに留意してほしい。

(3) 人材マネジメントと人材マネジメントシステム

　人材マネジメントとは組織目的実現に必要なスペック（要件）を具備した人材を「採用」し，その人材を適材適所に「配置」し，人材がもつ力を最大限に発揮してもらうべく「活用」し，目的実現に向けて必要な能力を「育成」し，さらに現在の課題をあぶりだすために「評価」をして，一人ひとりの貢献度に対して「処遇」することである。さらには，組織力の維持・向上のために人材の定着力の向上（「確保」）と適度な組織の「新陳代謝」を図ることも含まれる。これらの諸活動を合理的な基準に基づいて，無計画ではなく計画的に，そして流れに任せるのではなく人為的に調整することが人材マネジメントの対象領域となる。

　一方，人材マネジメントシステムであるが，これは人材マネジメントを「思いつき」や「個人の好み」，「場当たり的」に行うのではなく，「組織目的の実現」

と「従業員の所属満足度の向上」を図るために，計画的かつ，人事理念・価値基準に基づいて，全体として一貫性のある人材マネジメントを行うための基準や運営の仕組みのことをいう。

なお，一言で人材マネジメントシステムといっても，狭義には4つの制度から構成される。目的実現のための最適な人材区分と組織が期待する人材像を明示するとともに身分的処遇を図る「コース・等級制度」，人材と職務の適合状況の検証と課題抽出のための「評価制度」，そして期待する人材像への到達を支援する「育成制度」，および従業員の所属満足度の基礎となり組織貢献度に対して金銭的に報いる「賃金制度」である。

なお，これら人材マネジメントや人材マネジメントシステムを経営戦略に適合させる枠組みを人事戦略とよんでおり，人材マネジメントや人材マネジメントシステムが部分最適にならないように，常に経営戦略を支える人事戦略との整合性を図っていくことが肝要である。

図表Ⅳ-1　人事戦略と人材マネジメントおよび人材マネジメントシステム図

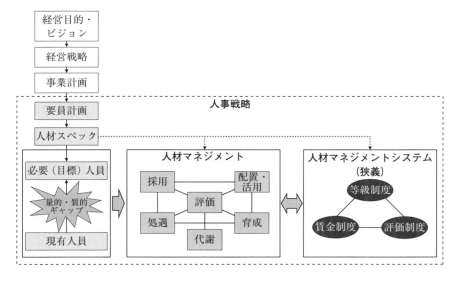

人材マネジメントフロー
—ヒトというリソースを確保し，その価値を最大限に高め・発揮させ，適度な組織の新陳代謝を図るための取り組み—

(1) 採用機能
1) 要員計画と採用

採用とは組織目的実現に向けて必要な人材スペック（人間性，資質，保有能力，など）を満たした人材を必要な数だけ労働市場から調達することである。

採用の基本フローは，図表Ⅳ-1で示したとおりであり，経営戦略を達成するための事業計画に基づいて，要員計画を策定することがスタートとなる。

その要員計画では，戦略達成に向けて必要な能力・資質といった人材スペックを具体化したうえで，現有人員と必要人員の量的・質的ギャップを確認し，採用計画を立案・実行に移すことになる。

要員計画の作成には2つのアプローチがある。図表Ⅳ-2のとおり，①業績予測から経営計画を立案し，計画に必要十分な経営採算人員を目標労働分配率などから特定する「マクロ要員計画」と，②業務量などから各部門に必要な要員数を，部門からの申告によって特定する「ミクロ要員計画」の2パターンである。

実務的には2つのアプローチを併用して要員計画を立案することが多い。ただし，マクロ要員計画とミクロ要員計画はギャップが発生することが常であり，それらを調整・統合することが必要となる。そのため，人材マネジメントの統括部門である人事部などが戦略企画機能をサポートし，各事業部門との間では，日頃からコミュニケーションを緊密にして連携が保たれていることが重要となる。

要員計画が固まれば，実際に募集活動から選考・内定に至る一連の採用活動を実施することになる。具体的には，募集案内やエントリーシートの受付，採用説明会の開催，採用面接や採用試験の実施，採用内定者に対する入社までの

図表Ⅳ-2　要員計画

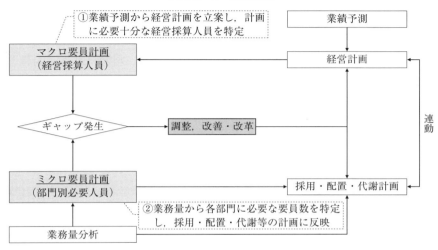

諸手続きなどが一般的な作業内容となる。

2）わが国における採用の特徴

わが国においては，高度成長期からバブル期に至るまで，「定期・新卒一括・大量・無期契約」採用が主流であった。これは，人材を自社にマッチした形でじっくりと育てるという思想がその背景にあると考えられ，日本的人材マネジメントの特徴である終身雇用とも親和性が高かった。個別企業毎の独自の組織文化を維持し，企業に対して忠誠を誓い，経営方針や事業戦略に対して忠実である社員を育てるためには好都合であったと考えられる。

今日においては，人口減少時代へ移行し，高齢化，グローバル化などによって，人材マネジメントの在り方も変容してきている。すなわち，人材マネジメ

ントの主眼が，同質的な組織づくりと全員の底上げによるトータルな組織力の発揮よりも，欧米的な個々人に期待される職務および成果の明確化と，職務に必要とされる専門能力の獲得に移ってきているといえる。

採用についても，均質的な「定期・新卒一括・大量」採用から，事業特性や人事戦略に合致した要員計画に基づく適材適所の人材獲得に移っており，定期だけでなく通年での採用も行うという形で多様化してきている。

3) 採用の留意点

早期離職の「七五三現象」という言葉に代表されるように，新卒採用者の早期離職問題が深刻である。「七五三現象」とは，新卒採用者が3年以内に離職する割合であり，おおよそ中卒が7割，高卒が5割，大卒が3割も離職するということを指した言葉である。

早期離職の原因は極めて個別的であり多様であるが，少なくとも入社した後に労働者側が「思っていたこととは違った」とならないように，組織情報をオープンにし，情報ギャップを埋めることが重要となる。これを「ROP（Realistic Organization Preview）」もしくは「RJP（Realistic Job Preview）」というが，守島基博は著書『人材マネジメント入門』のなかでROPには次のような効果があると述べている。

① ワクチン効果：入社後の役割や仕事内容が明確化され，過剰期待を軽減し，入社後の幻滅を取り除く。
② コミットメント効果：より主体的な意思決定を促し，入った組織へのコミットメントを高める。
③ スクリーニング効果：応募にあたって自己選択を行い，自分にフィットした仕事だけに応募する。

また，ヘイグループのロイヤル（Royal）とアグニュー（Agnew）は著書の『エンゲージメント革命』（市川幹人訳）のなかで，次のようなことを述べている。

「新入社員は新しい仕事と会社が示してくれる可能性や未来に期待する。（ハ

ネムーン期）」「ただし上記関係を維持することは難しく，深い根源的なつながりに変化しない限り関係は続かない。」「社員のエンゲージメントの状態は勤続1年から5年目の間に大きく下がり，5年を過ぎると，やや回復する。」

このように，従業員の期待と会社の現実を一致させ，離職防止を図るために「ROP」は極めて重要だろう。

(2) 配置・活用機能
1) 配置の考え方

人材を採用すると，その次に"適材適所"に配置することとなる。適材適所とは，その人材の能力や適性および志向にマッチした仕事に配置するという意味だけでなく，その人材の能力や適性を開発するために，あえてその時点では能力・適性・志向にマッチしていない仕事に配置するということも含まれる。

日本的な人材マネジメントでは，かつては景気変動による雇用の調整弁として解雇を選択せずに社内ローテーションで解決を図ってきた。また，企業内に存在する無形の企業文化や組織風土および暗黙の仕事の進め方に精通したジェネラリスト養成を基本としていたことからも，定期・不定期の人事異動を通じて配置転換が行われることが一般的であり，時にはグループ企業や外部出向先まで含めた職場に配置・活用もされてきた。

配置の目的は，いうまでもなく，①適材適所による人的資源の最大活用と，②人事戦略に則った中長期的な人材育成の2点にある。したがって，配置を合理的に実施するためには，恣意的または場当たり的な人事異動はできるだけ避けるべきである。

配置の基本は「職務に要求される能力や適性」を明確にし，その「能力，適性およびその仕事に対する意向（興味）をもった人材」をマッチングさせることにある。

「職務に要求される能力や適性」を明確にするために，一般的には「職務分析」という手法をとる。職務分析とは，組織目的実現に必要な職務を洗い出し，

その職務に必要な能力・適性を見極めるものである。

一方，「能力，適性およびその仕事に対する意向をもった人材」の発掘のためには，「人事考課，人材アセスメント（適性検査），試験，面接，自己申告，など」の判断材料をもとに見極めることとなる。

最近では成果主義の進展によって，どんな能力をもっているかではなく，どんな仕事や役割を担っているかで処遇が決定するウエイトが高まっている。そのため，どのような仕事・役割につくかが個人の処遇に関わってくるため，組織からの一方的な配置によらず，個人の自己選択の余地もつくり，できるだけ機会均等になるような配置システムも登場してきている。たとえば，社内公募制や社内フリーエージェント制などは，その一例であり，さらには役職定年制や役職任期制なども含まれる。

2）活用の考え方

人材を採用・配置したら，いよいよ人材を最大限に活用することが必要となってくる。

不安・不満が少ない環境を作り出し，さらにモチベーションを引き出していくためには，作業環境や労働時間だけでなく，職務の与え方や，評価，処遇に至るまで，幅広い施策を考え，展開していくことが必要となる。また，行動科学などにおける動機づけに関する知見も必要であろう。

動機づけがうまくいくかどうかは，心理学では「誘因（インセンティブ）」と「動因（ドライブ）」が存在していることが要件とされている。

「誘因」とは人の外側にある欲求を満たすモノ・コトのことであり，「動因」とは人の内側にある欲求そのもののことである。たとえば，新しい仕事にチャレンジするという場合，新しい仕事が誘因であり，動因は成長意欲であったり仕事を通じて得られる達成感であったりする。

動機づけの理論はさまざまなものがあるが，個々人のもつ資質や置かれている環境はそれぞれ異なるため，これさえ押さえれば万事上手くいくという絶対

的なものはない。そもそも意欲は他人が自由にコントロールできるものではないということを理解しておく必要もある。その時々において個々人の欲求の状況を把握し、その欲求の刺激のサポートをすることが人材マネジメントの活用に求められている機能である。

図表Ⅳ-3はモチベーションに関わる誘因（外発的）と動因（内発的）の体系と動機づけの諸理論を整理したものであり、代表的な動機づけ理論について簡単に解説する。

① マズローの欲求5段階説

マズロー（A. H. Maslow）は、人間の欲求は5段階で構成されており、低次の欲求が満たされると、次の段階の欲求が優勢となり、すでに満たされてし

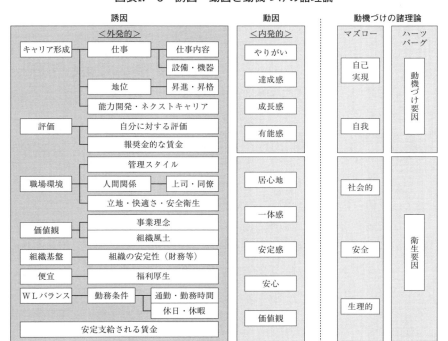

図表Ⅳ-3　誘因・動因と動機づけの諸理論

まった段階の欲求は，もはや動機づけ要因とはならないと仮説を立てた。マズローのいう5段階は以下のとおりである。
- 1番目：生理的欲求（飢餓，睡眠，防寒，危険回避など）
- 2番目：安全欲求（賃金や労働条件などの向上など）
- 3番目：社会的欲求（集団・仲間との快適な関係の維持など）
- 4番目：自我欲求（自分の価値観や個性の充足など）
- 5番目：自己実現欲求（自分の潜在能力の充足）

たとえば2番目の安全欲求について，おおよそ不平不満を感じない労働条件が満たされると，賃金のさらなる上昇や労働条件の一層の改善などにより，これらの欲求をそれ以上充足させても，動機づけ要因とはならず，高次の欲求が満たされない限りは，仕事に対する動機づけが働かないと結論づけている。

なお，参考までにマズローの欲求5段階説のように欲求を段階で捉えるのではなく，個人による欲求の強弱の違いで捉えているものにグラッサー（W. Glasser）の「選択理論」がある。人間は5つの基本的欲求を満たせると思う行動を選択し，逆に満たせると思えない，あるいは満たせないと思える行動は選択しないとしている。そして基本的欲求を満たすときに，モチベーションが高まると論じている。その5つの基本的欲求は以下のとおりである。
- 生存の欲求：飢餓，睡眠，防寒，安全など
- 楽しみの欲求：笑い，学び，好奇心など
- 自由の欲求：独立，自主，自制，選択など
- 力・価値の欲求：自己価値，重要感，達成感，貢献など
- 愛・所属の欲求：愛，仲間，協調など

② ハーツバーグの動機づけ衛生理論

マズローやグラッサーが演繹的なアプローチにより理論を構築したのに対して，ハーツバーグ（F. Herzberg）は約200人のエンジニアと経理担当者に対してインタビューを行い，その結果を基に組織における人間行動の根源を突き詰めようとした。

ハーツバーグが採った手段とは，インタビュー対象者に対して，「仕事上どんなことによって幸福と感じ，また満足に感じたか」と，「どんなことによって不幸や不満を感じたか」を質問するというものである。

この結果，人の欲求には2つの要因があることがわかり，ひとつは人間が仕事に満足を感じる時は，その人の関心は仕事そのものに向いているのに対して，人間が仕事に不満を感じる時は，その人の関心は自分たちの作業環境に向いているというものである。つまり，満足要因は仕事の内容に関わること，たとえば，仕事の達成や業績向上，仕事のやりがい，自己の成長，与えられた責任の重さなどに関することであり，不満足要因は作業環境に関すること，たとえば，上司・同僚・部下との関係，賃金水準，労働条件，仕事の安定性などである。

前者を「動機づけ要因」と呼び積極的な動機づけとなる要因であり，後者を「衛生要因」と呼び積極的に動機づけとはならないが，満足度の低下を予防するものとした。

(3) 育成機能

人材は他の経営資源と異なり，その資源がもっている価値が極めて可変的といえる。すなわち10の価値がある人材であってもモチベーションの状況によって0になる場合もあるし（マイナスもありうる），また育成によって価値を何倍にも高めることも可能である。

そのため，継続的な教育訓練を図ることが，組織成長を図ることになり，従業員の観点からみると，成長欲求を満たし所属満足度を高めることにつながる。したがって，人事戦略に沿って必要な人材を計画的に教育訓練していく育成機能が重要となってくる。

教育訓練費用は，短期的には収益と結びつかないことが多いことから，景気低迷時には費用削減の対象とされやすいが，教育訓練費用は，人材というリソースに対する投資であり，中長期的な観点で考えるようにしたい。

なお、育成はキャリア・デベロップメント・プランを明確にしつつ、OJT、Off-JT、自己啓発の組み合わせで行っていくことになる。

1) キャリア・デベロップメント・プラン（CDP）

キャリア・デベロップメント・プラン（以下、CDP）とは「従業員の能力を長期的な計画に基づいて開発するシステム・プログラム体系のこと」（野村総合研究所『経営用語の基礎知識』）と定義されているが、会社が組織目的実現に必要な人材像を明確にし、その人材像に到達するために必要な一連の業務経験とその配置の順序を計画化したものである。

したがって、計画的な異動とそれをサポートする研修制度の整備が、CDPの根幹を成す。

CDPは、経営戦略および人事戦略に大きく左右されることはいうまでもない。たとえば、研究開発型のメーカーであれば、一定程度の高度な技術系のスペシャリストの養成が必要であり、そのような人材にはスペシャリストとしての能力を蓄積するためのキャリアパスが必要であろう。また、一定割合はジェネラリストも必要であろう。全員がスペシャリストだと全体の舵取りを司るマネジメント人材が不足する可能性もあり、一部はジェネラリストとして幅広い業務を経験させて視野拡大を図る必要もある。

なお、CDPを支える教育手法として職場内教育（OJT）と職場外教育（Off-JT）ならびに自己啓発支援がある。

2) 職場内教育（OJT）と職場外教育（Off-JT）

職場内教育（以下「OJT」という）とは、実際に仕事をしながら行う能力開発のことであり、担当する仕事の職務遂行能力を高めるために行うものである。

OJTは日本的な能力開発手法のように思われるが、そのルーツはアメリカにある。

第1次世界大戦下におけるアメリカの造船所で10倍の作業員の補充が必要

となった時に，新人を効果的に育成するための教育プログラムとして4段階職業指導法（やってみせる→説明する→やらせてみる→フォローする）が考え出され，それがOJTのルーツといわれている。まさしく日本でも格言として有名な，山本五十六の「やってみせ，言って聞かせて，させてみせ，ほめてやらねば，人は動かじ」と共通点が多いが，やり方を説明し，経験させ，フォローすることは古今東西共通的に効果を生む指導法であろう。

OJTには現場の上司や先輩による指導，改善活動，小集団活動などがあり，予め直属の上司や先輩を指導者として特定し，一定期間を設けて集中的に実施するのが一般的である。

一方，職場外教育（以下「Off-JT」という）とは，職場を離れて実施される教育訓練の総称のことである。

Off-JTには2つのケースがあり，ひとつめは職場では通常行われない職務について専門家に学ぶケースであり，最新の技術・法令などを学ぶときには，内部に専門家がいなければ外部からノウハウを吸収せざるをえない。

もうひとつは職場でOJTが可能であるとしても，指導者の指導のバラツキが大きい場合には，指導が得意な者が集中的に教育をしたほうが全体のレベルをあげるのに効果が高いというケースである。たとえばマナー研修や考課者研修などはその類であろう。

OJT，Off-JTともに，研修の目的とゴールを対象者一人ひとりに明示することと，具体的な研修成果を明確にしておくことが必要である。

3）自己啓発

自己啓発とは仕事に関する知識，技能，経験などを他律的な形式に支配されずに自律的に向上を図ることを指し，企業は情報提供や金銭的，時間的なサポートを行う場合が多い。

自己啓発の一般的なメニューとしては，「通信教育」や「資格取得支援」のほか，「外部セミナーの受講」「社内外の研究会への参加」などが含まれる。

図表Ⅳ-4　教育プログラム体系例

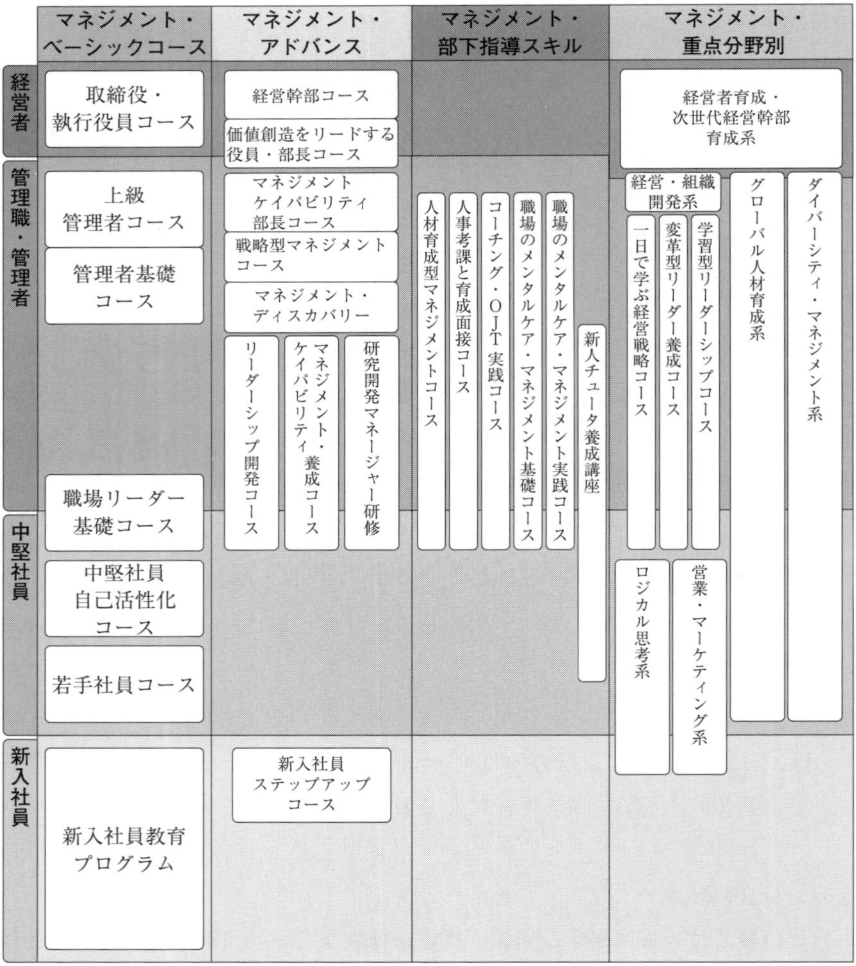

	マネジメント・ベーシックコース	マネジメント・アドバンス	マネジメント・部下指導スキル	マネジメント・重点分野別
経営者	取締役・執行役員コース	経営幹部コース／価値創造をリードする役員・部長コース		経営者育成・次世代経営幹部育成系
管理職・管理者	上級管理者コース／管理者基礎コース	マネジメントケイパビリティ部長コース／戦略型マネジメントコース／マネジメント・ディスカバリー／リーダーシップ開発コース／マネジメントケイパビリティ養成コース／研究開発マネージャー研修	人材育成型マネジメントコース／人事考課と育成面接コース／コーチング・OJT実践コース／職場のメンタルケア・マネジメント基礎コース／職場のメンタルケア・マネジメント実践コース／新人チュータ養成講座	経営・組織開発系／一日で学ぶ経営戦略コース／学習型リーダーシップコース／変革型リーダー養成コース／グローバル人材育成系／ダイバーシティ・マネジメント系
中堅社員	職場リーダー基礎コース／中堅社員自己活性化コース／若手社員コース			ロジカル思考系／営業・マーケティング系
新入社員	新入社員教育プログラム	新入社員ステップアップコース		

出所）日本生産性本部　HPより

自己啓発はあくまでも自主的なものということで本人の主体性に任せがちであるが，自己啓発を推進させるためには上司の指導力も大きく関わってくる。特に経験やスキルが十分でない者は，自分が何を学んだら良いのか，どうやって学んだらよいのかがわからずに自己啓発を諦めている者もいる。上司が何を勉強したらよいのか，どうやって勉強したらよいのかを明確に示してあげるだけでも従業員の自己啓発は促進されるものである。

(5) 評価機能
1) 評価軸の考え方
　人事コンサルティングの現場において，クライアントからよく質問をうけるものとして，「従業員の何を評価したらよいのか」「どういう評価項目を用意したら公平といえるのか」というものがある。

　実は，このような視点で評価項目を整備しようとすると，あれもこれも必要ということになり収拾がつかなくなる。仮に整備したとしても，それこそ"あれもこれも"になってしまい，評価のメッセージ性が失われてしまい，評価の目的のひとつである組織目的の実現に向けた従業員の行動の水路づけが上手くいかなくなるケースもある。

　評価は「組織が従業員に期待することは何か」「従業員が果たすべき責任事項は何か」という視点で定めることが基本となる。あくまでも期待されることの達成度合い・遂行度合いを検証するのが評価であり，それ以上でも以下でもない。えてして，評価の活用方法，すなわち処遇反映に目を奪われがちであるが，本質を見失わないようにしたい。

　そして，「期待すること」や「果たすべき責任」の原点は，経営理念・ビジョン・方針・戦略であり，それらを短期・中長期に実現するための「期待すること」「果たすべき責任」に他ならない。したがって，果たすべき責任の原点が曖昧だと，評価も曖昧になる。まずは，経営ビジョン・経営戦略を明確化し，その達成のために何をやってほしいか，逆に何をやってはだめなのかを明確に

することが重要である。

　なお，評価の軸は大きく分けて「アウトプット」「プロセス」「インプット」に分類される。

　「アウトプット」とは，いわゆる成果と呼ばれるものであり，仕事の目的の実現度・達成度を評価する軸である。目的実現に強い執着をもつ集団を形成するためにも，期待するアウトプット「成果（＝仕事の目的）」を明確にすることが必要不可欠である。従来，日本の多くの企業はアウトプットの明確化が不得意であった。目の前の仕事について"何のためにやっているのか"を意識せずに職務遂行し，目の前の仕事をこなすという手段が目的化されていた。これは人事部門があくまでも人事運用に特化した部門として独立し，全社的な経営戦略を支えるための人事戦略機能という発想が乏しかったことが原因のひとつであろう。

　"成果を評価する"というと，未だにアレルギー反応を起こす者もいるが，仕事の目的を問うことは当たり前のことであり，アウトプットの評価（すなわち成果評価）は，組織として当然やるべきことである。多くの場合，評価結果をどの程度処遇に反映させるのかに目を奪われてしまい，その処遇の格差主義的な取り扱いをもって「成果評価はまかりならん」という議論をしがちであるが，本来，評価軸をどうするかということと，処遇への反映をどうするかということは，分けて考えるべき事項である。

　アウトプット評価の際に，多くの企業では経営計画と連動させた形での目標管理制度を適用することが多いが，目標管理制度については，人材マネジメントシステムのところで解説する。

　続いて「プロセス」についてだが，「プロセス」とはアウトプット獲得に必要な手段のすべてであり，「仕事の進め方や取組姿勢（とるべき行動）」，「やるべき仕事やその出来栄え」などが該当する。

　そして，最後の「インプット」であるが，「インプット」は，アウトプットやプロセスに影響を及ぼす人がもっている「保有能力」「マインド」「パーソナ

図表Ⅳ-5 代表的な評価軸

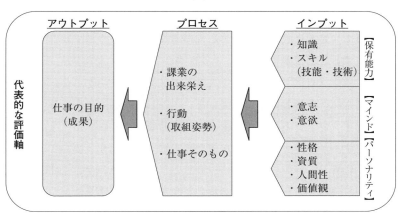

リティ」から成る（図表Ⅳ-5）。

2）人事考課と人材アセスメント

　企業内で一般的に行われている人事考課は，昇給・賞与といった処遇反映のためにも活用されている。処遇反映を前提とした人事考課はアウトプットとプロセス中心で編成することが基本となる。理由のひとつとしては，アウトプットやプロセスは目に見えやすく，インプット系は目に見えづらいということがあげられる。インプット系の評価というものは，第三者が直接的に評価できるものではなく，仕事をやらせてみて，その結果のアウトプットや遂行過程のプロセスを評価・分析してみて，そこから保有している能力や資質などを推測して評価する形態をとらざるをえない。そのためどうしても主観的な評価になりやすいという特性がある。

　理由の2つめは，インプット系は半年や1年で簡単に変化するものではなく，時間をかけて変化・成長していくものである。そのため，インプット系で評価をすると，期待要件に満たない者は，長期間，期待水準を満たさない状態

が続くことが想定され，その評価結果をもって処遇反映してしまうとヤル気を引き出すどころか，あきらめの心理を引き起こしかねないためである。

　したがって，処遇反映にも活用する人事考課では，アウトプットとプロセス中心で編成することが基本となる。

　ただし，インプット系の評価軸を人事考課に活用しないからといって，インプット系は意味がないということではない。むしろ適材適所や人材育成が主目的であればインプット系の評価が極めて重要となってくる。たとえば，誰を管理職に任用するかは，その管理職が統括する組織の風土や，ひいては組織業績にも大きく影響してくる。その人についていきたいと思わせる人間的魅力があるかどうか，組織を束ねる資質があるかどうか，正しい価値観を持ち合わせているかどうか，などのインプット系はとても重要な要素であろう。よきプレイヤーがよき監督とは限らないということである。

　また，育成においても，表面的なプロセスを指導しても継続的なアウトプットを生み出すことは難しいし，環境が変われば指導したプロセスそのものが無意味なものになるかもしれない。一方，能力，マインド，パーソナリティといったインプット系をきちんと開発すれば，状況が変わっても，自分の頭で判断し，正しいプロセスを継続的に発揮することも可能になろう。

　したがって，インプット系は人事考課とは別の機会に，人材アセスメントという形で評価したほうがよい。人材アセスメントは3～5年に1回実施したり，管理職登用候補者に対して実施したりするケースが見られる。

(5) 報酬機能
1) 報酬機能とは
　報酬機能は従業員の働きや企業に対する貢献度に対して報いるものであり，これが十分に機能しないと，採用や人材確保に悪影響を及ぼしかねない。また納得性の低い報酬では，モチベーションの維持・向上もままならないであろう。

　報酬と一言でいっても，金銭的なものと，非金銭的なものとがあるが，どち

らが有効であるかということよりも，それぞれの組み合わせのなかで，最適ミックスを実現していくことが重要となる。

　金銭的報酬の主なものは賃金であるが，これについては人材マネジメントシステムのところで解説する。その他にも福利厚生制度があるが，福利厚生とは，賃金とは別に労働者の福祉の向上を目的として，企業が従業員に対して提供する社会保険や社宅・独身寮などの制度の総称のことをいう。

　福利厚生に関わる今日的な課題として，①従業員ニーズの多様化に対する一部の提供サービスの形骸化，②総額人件費負担の増大，などが指摘される。

　当該課題を解決する手段として，カフェテリアプランというものがある。従業員が予め用意された福利厚生メニューのなかから，勤続や社内の格付けに応じて付与された上限予算の範囲内で自分に合ったサービスを選択できる仕組みである。メニュー選択ができることと，一人ひとりの予算上限額が決まっていることから，上記の課題を解決する手法として注目されている。

　一方，非金銭的報酬については特に決まったパターンはないが，従業員の内発的な有能感や成長感および自己統制感を刺激することが有効となる。たとえば，①経営トップからの個人的なメールや感謝状，②役員との食事会，③表彰の社内告知や表彰式の開催，④特別なアイテムの付与（特別なバッジなど），⑤報償としての海外視察，⑥好きな研究に一定時間を費やせる権利，⑦研究開発予算の付与，などがある。

(6) 確保機能・代謝機能

　人材マネジメントフローの最後として，確保・代謝機能について解説する。
　時間やお金をかけて採用・育成した人材が簡単に離職されては企業にとって甚大な損失になってしまう。そのため，いかに企業にとって必要な人材を繋ぎ止めるかをマネジメントする部分が確保機能であり，一方，代謝機能とは組織の新陳代謝を図るための退職や要員調整に関わるすべてを意味する。

1）確保機能

従業員の所属満足度を維持できず，人材の流出を招いてしまうと，企業はさまざまな損失を被ることになる。以下は，代表的な損失の例である。

① 採用・育成コストの負担増（無駄）

採用に関わる広告費や人材紹介会社の紹介料といった直接的な費用や，採用選考，試験，面接など採用業務に関する諸々のコストに加え，入社後のオリエンテーションや教育研修コスト，OJTなど現職の社員を拘束することによる時間的・間接的コストが増加すること。

② 事業規模の拡大がしにくくなる

離職が多いと，慢性的に人員不足となり，事業を拡大したくても（するチャンスがあっても）拡大できないこと。

③ 全体のモラール（士気）が下がる

組織モラールやモチベーションの低下に繋がるケースもある。職場全体の活力が削がれるケースや，キーマンの退職により連鎖離職を引き起こすケースもある。また，「どうせすぐに辞めるから」という理由から育成マインドが低下するため，人材育成，企業の成長力の阻害要因となること。

④ 残った社員に負担がかかる（肉体的・精神的疲労による労務リスク）

離職した人間の仕事を周囲の人間がカバーせざるを得なくなり，肉体的・精神的疲労が蓄積し，労務上の問題（メンタルヘルス）を引き起こしかねないこと。

⑤ ノウハウ・企業秘密の流出

「改正不正競争防止法」の施行により，本人・相手会社とも刑事罰が強化されることになったものの，実態として十分な対処はできていないケースが多い。転職する技術者が技術ノウハウを転職先へ「持参金」として持ち出すケースや，営業部門では顧客リストを持ち出したり，そっくりそのまま顧客を持っていくケースもあること。

⑥ 人材不足期間の機会損失リスクと生産性低下

社員が辞めた時点と実際に新しい人員で穴埋めするまでの「空白期間」が発

生することにより機会損失のリスクがあること（もっと稼げるにもかかわらず，人員不足により収益が伸びない，など）。

仮に，周囲の従業員によるカバーがあったとしても残業代の増加によるコスト負担や，後任者が前任者と同じパフォーマンスを即座に発揮できるようになるには相応の時間を要するとみられ，一定期間生産性が低下することは避けられないであろう。

そこで，離職防止をはかるうえで重要なポイントは，①「ターゲットを絞って繋ぎ止めをはかること」，②「離職原因をしっかりと分析すること」，③「繋ぎ止め施策を考える際には金銭的報酬と非金銭的報酬を組み合わせて考えること」があげられる。

① **ターゲットを絞る**

定着を促すためには，"誰（どんな人材）"を引き止めの対象とするかのターゲッティングが重要となる。訴求範囲の広い繋ぎ止め策は，平均レベルの社員のつなぎ止めに有効な一方で，本当に定着を図りたい有能な人材への訴求力が弱まってしまい，会社の意図することとは逆の結果に終わってしまう可能性が高い。そのため，有能な人材だけでも引き止められればよいのか，社員の大部分を占める平均層も対象に含めるのかということを十分に検討する必要がある。

② **離職原因を分析する**

離職要因はひとつではなく，個々人によっても変わってくる。この要因についてあまりに枝葉末節にとらわれてもいけないし，マスでとらえても本当に繋ぎ止めたい人材の確保にはつながらない可能性がある。前述のターゲット毎に，原因（不満足要因）を特定し，ピンポイントで対策を講じる必要がある。

③ **金銭的報酬と非金銭的報酬の組み合わせで考える**

繋ぎ止め施策検討に際しては「金銭的報酬」だけではなく，仕事に対する本質的な満足感や職場環境，職場の人間関係，自分の能力を伸ばすチャンスなど「非金銭的な報酬」も大きく影響することを忘れてはならない。むしろ非金銭的な要素の方が社員の会社に対する帰属意識・忠誠心には強く影響していると

いえるであろう。

2）代謝機能

　組織は環境変化に対応する必要があり，適度な新陳代謝を図っていくことも必要である。この代謝機能には，人材を自動的に代謝させる「自動代謝」と企業側の思惑で意図的に代謝を促す「自発的代謝」と「強制代謝」がある。

　「自動代謝」はいわゆる定年退職によるもので，一定年齢に達したら自動的に退職するシステムである。未だ日本的人事管理のひとつである終身雇用が一般的な状況下では，そのほとんどが定年退職による自動代謝である（ちなみに米国では定年退職はない）。

　「自発的代謝」は従業員自らが自発的に退職を選択するように促すものであり，戦略的な人材マネジメントがますます要求される昨今，定年退職という一定年齢になれば自動的に退職させる制度だけでなく，人員の余剰を解消するために，意図的に退職を促す企業も増えてきている。この意図的な「自発的代謝」には，早期退職優遇制度や選択定年制度，転進支援制度などがある。早期退職優遇制度とは，定年退職よりも早めの退職を選択すれば通常の退職金に上積みした割増退職金を支払い，早い時期に申し出るほど条件が有利となるものである。選択定年制度も同様の仕組みであるが，早期退職優遇制度が一時的な制度であるのに対し，選択定年制度は固定的な制度である。また，転進支援制度とは，会社を辞めて独立を図るような従業員に対して，転進支援金などを支給し，代謝を促すものである。転進支援制度は他の代謝施策とは異なり自社の事業拡大に結びつける積極的な意味合いももつ。

　最後の「強制代謝」であるが，これは企業側が半ば強制的に従業員を退職させるものである。強制性の強さの順に「有期契約労働者の解雇」「転籍」「希望退職者募集」「一次帰休（レイオフ）」「指名解雇」などがある。代謝機能を雇用調整という広い観点でみれば「出向」や「新卒採用の抑制・停止」も代謝機能に含まれる。なお，解雇については，わが国では厳格に適用（整理解雇の4

要件）されるため安易に行うことはできないことに留意が必要である。

❸ 人材マネジメントシステム
　―人材マネジメントを目的合理性・一貫性をもたせて行うための仕組み・基準―

　人材マネジメントシステムとは人材マネジメントを目的合理性・一貫性をもたせて行うための仕組み・基準であり，俗にいう人事制度のことである。

　目的合理性とは，人材マネジメントシステムが人材マネジメントの目的たる「組織目的の実現」と「従業員の所属満足の向上」を支えるものでなければならないことを指す。戦略的な人材マネジメントが重視される時代においては，人材マネジメントシステムに，経営戦略との一体感や戦略支援機能としての有効性が求められ，かつそれが従業員満足を大きく阻害するものであってはならないことが求められる。組織目的の実現と従業員満足の向上はトレードオフになる面も一部あるが，どのように折り合いをつけるかが人材マネジメントシステムを構築するうえでのポイントとなる。

　一方，一貫性とは各人事制度の間に不整合がなく，相互に関連をもって矛盾がないことを指す。たとえば，成果主義を基本コンセプトとして，生み出す付加価値や貢献度に応じたコース・等級制度になっているにもかかわらず，貢献度を測定するような評価制度が整えられておらず，賃金は年功賃金になっている場合などは，まったく一貫性がない制度といえ，従業員に対するメッセージ性が薄れ，組織目的の実現に向けた従業員の行動の水路づけと能力発揮が弱くなる。

　前述のとおり，この人材マネジメントシステムは，狭義には「コース・等級制度」「評価制度」「賃金制度」「育成制度」から成り立っているが，本節では特にシステム論として取り扱うべき「コース・等級制度」「人事考課制度」「賃金制度」について解説する。

(1) コース制度

1) コース制度とは

コース制度とは，似たような職務や似たような人材群ごとに最適な区分を決めて，各々の区分毎にもっとも適した人材マネジメントシステムを適用することをいう。なぜ，このようなことをするかというと，組織には多様な職務や多様な人材群が存在する。その多様性に対して画一的な人材マネジメントを行うこと自体に無理があり，画一的なルール・基準では人材マネジメントの機能が低下しかねないからである。

コース制度の目的は大きく3つある。

① 企業の経営合理性の追求

職務価値や人材活用の自由度に応じた人材マネジメントシステムを適用することにより人材マネジメントの効率性・効果性が高まるためである。特に職務価値に応じた賃金制度（水準）を設計することにより適正な人件費管理が可能となる。

② 就業意識・就業スタイルの多様化への対応

限定勤務地，在宅勤務，短時間労働など，個々人の多様なワーキングスタイルに対応することが可能になり，優秀な人材を確保しやすくなるためである。

③ 能力開発・キャリア形成の促進

多様性に対して画一的な能力開発を行うことは非効率であり，能力開発投資のリターンが小さいものとなりかねない。各コースに適した能力開発を支援することで，より効率的・効果的に能力開発を促進するためである。

2) コース制度の主な類型

コース区分を行う際の主な切り口としてはJ（Job：職務），T（Time：労働時間），P（Place：勤務地）がある。

J（Job：職務）とは職務内容や職務範囲（職務間の異動の範囲）の違いにより区分するパターンであり，たとえば，製造業に見られるように職種別にコース

区分するものや（開発職コース，生産職コース，営業職コース，事務職コースなど），多くの企業で採用されているような一般事務に特定する一般職コースと職種非限定の総合職コースなどが該当する。

　T（Time：労働時間）とは，勤務時間の制約度に応じたコース区分のパターンである。たとえば，ほとんどの企業で採用しているようにフルタイム勤務可能者を正社員とし，パートタイム（短時間・短日数）で勤務する者をパートタイマーと区分して別々の管理をするケースが該当する。これは雇用区分の違いでもあるが（無期雇用と有期雇用），コース制度の類型のひとつとなる。また病院の職員にみられるように，シフト勤務の有無やその適用範囲によってフルシフトコース，シフト限定コース，シフト無しコースの区分などが該当する。

　P（Place：勤務地）とは，勤務地異動の範囲による区分であり，全国展開している小売業などで採用されているような，全国転勤ありのナショナルコース，限定エリア内のエリアコース，転居を伴う転勤なしの勤務地限定コースなどが該当する。

3) **コース制度のメリットとデメリット**
【コース制度のメリット】
① 各職種間の付加価値の違いや，人材活用の自由度に合わせた評価・処遇が可能となり，人件費の適正化と希少人材の確保力が高められる。たとえば，非基幹業務（一般職，生産定型，パート，などの定型・補佐業務）は低単価の賃金とする一方で，基幹業務（総合職，開発・営業・企画，など）の賃金水準を高め，優秀人材を確保しやすくするなどである。
② 個々人の就業意識に応じた対応が可能となる。それにより従業員の確保が容易になる。
③ 各コースに応じた能力開発の支援・促進が可能となり，キャリア形成を推進しやすい。

【コース制度のデメリット】
① 全社の一体感が阻害されるリスクがある。特に給与水準を相対的に低く抑えられたコースの従業員は，"自分たちの仕事はここからここまで"と線引きし，チームプレイが阻害されるリスクが生じる。実際に，ある金融機関では，支店の勘定が突合していないにもかかわらず，一般職は就業時間終了とともに帰宅してしまい，残された総合職が対応するといった弊害もでている。
② コース間で人材が固定化しがちであり，要員管理が難しくなる。コースを越える配置転換は原則として本人同意が必要となり，配置・異動の柔軟性が低下してしまう。また，従業員にとっても，一度コースを選択した後はコース転換の障壁が高くなり，コース転換が容易ではないという実態もある。
③ 労使関係の問題が発生しやすい。実際上は同じような仕事をさせているにもかかわらず，賃金をはじめとした労働条件が異なるなどの理由により不平不満が発生しやすい。

コース設定については，人件費負担の状況や人事異動の範囲や頻度，従業員規模などを勘案しつつ，慎重な検討が必要である。

(2) 等級制度

1) 等級制度とは

コース制度が明確になったら，続いて等級制度の検討に入る。

等級制度とは，組織が従業員に期待することを明確にし，期待するレベルに応じて区分したものである。

等級制度は人材マネジメントシステムの要になる制度であり，その期待レベルに応じて従業員を格付けし，期待レベル（等級）に応じて，評価，処遇（賃金，昇進・昇格），能力開発などを行うことにより，目的合理性および一貫性のある人材マネジメントの運用を可能にする。

図表Ⅳ-6 コース・等級制度の人材マネジメントにおける機能

分野	項目	コース・等級の機能
採用	要員計画/採用	どういう条件の人材がどれだけ必要かを計画する枠組みになる。
配置・活用	業務分担	コース・等級に見合った業務を配分する。等級に見合った責任と権限を担ってもらう。
配置・活用	目標設定	コース・等級に見合った目標を設定してもらう。
配置・活用	就業管理	コース・等級の条件による就業管理を行う。
育成	能力開発	期待役割を担えるよう人材育成の目安とする。また従業員からすれば,自分のキャリア開発の目安・目標として活用してもらう。
評価	人材評価	コースと等級が必要な人材の条件(ライセンスや能力など)の目安になるから,採用,配置,コース転換,昇進・昇格などの際に,人材の適性を評価する基準とする。
評価	業績評価	コースと等級が組織業績への期待水準を示すことから,業績は各人のコースと等級を基準として評価する。
処遇	給与・賞与	コース・等級に見合った賃金を決定し支払う。労働対価の原則に従えば,同一コース・同一等級ならば同一給与(基本給)が原則となる。
代謝	退職金	在職期間における組織への貢献度を判断するのに,在籍したコース・等級の年数等を根拠として用いる。

等級制度はコース制度とともに各種人材マネジメントの基準となり,図表Ⅳ-6のような機能を果たす。

2) 人基準と仕事基準

等級制度には大きく分けると,「人基準」と呼ばれるものと「仕事基準」と呼ばれるものがある。

「人基準」とは,属人的な基準によって等級化されたものであり,代表的なものとして「職能資格制度」がある。職能資格制度は,属人的な職務遂行能力のレベルに応じて等級を区分するものであり,期待する能力を満たせば,理論上は誰もが上位等級に昇格していけるものである。

一方,「仕事基準」とは, 米国型の「職務基準」に代表されるように, 期待する職務に応じて等級を区分したものであり, あくまでも仕事のレベルが等級化されているものである。

「人基準」の場合, 仕事が変わらなくても, 本人の能力などが上がれば等級も上がり給与も増えるが, 逆に仕事基準の場合には, 本人の能力が上がったとしても, 担当する職務レベルが上がらなければ, 等級は上がらないことになる。

「人基準」を採用するのか,「仕事基準」を採用するのかによって, 従業員意識や総額人件費に与えるインパクトは少なくはないので, 等級制度の検討では, 最初に「人基準」でいくか,「仕事基準」でいくかの検討が極めて重要となる。

3) 人基準の代表的制度～「職能資格制度」

前述のとおり, 職能資格制度とは「職務遂行能力」を基準にした制度であり, 1970年代後半から普及し, 現在, 日本企業でもっとも導入実績のある制度となっている。

職能資格制度における等級ごとの要件定義は, 一般的には, 職務基準書や職能要件書として明文化して定義される。職務基準書は, それぞれの仕事とその目的, 機能, 要求レベルを記述するものであり, 一方, 職能要件書はかかる仕事に求められる知識, 判断力, 企画力, 折衝力, 技能などの職務遂行に必要とされる能力を記述するものである。

実は, 職務基準書と職能要件書は, 組織内にある仕事を職務面からみるのか, 能力面からみるのかの違いであって, 根源的には同じである。職能資格制度は, 能力を基準とするがゆえに, 職務価値とは関係のない抽象的な概念であるかのような誤解をされがちであるが, 実は等級の根底にあるのは「仕事のレベル」である。したがって, 職能資格の定義も, 職務分析をベースとするのが合理的であるのだが, 仕事とは関係なく能力定義されることも多い。

職能資格制度のメリット, デメリットは多々指摘されており, 導入に際して

図表Ⅳ-7　職能資格等級の体系例

職層	等級	資格	等級定義概要	対応職位					
管理・専門職	9等級	参与	部門統括・開発業務	部長	支店長				
管理・専門職	8等級	参事	部門統括補佐・企画業務			課長			
管理・専門職	7等級	副参事	部署統括・企画業務				支店長代理		
指導・監督職	6等級	主事Ⅰ	監督業務・企画業務					係長	
指導・監督職	5等級	主事Ⅱ	指導業務・判断業務						主任
指導・監督職	4等級	上級職	判断業務						主任
一般職	3等級	中級職	定型判断業務						
一般職	2等級	初級職	定型熟練業務						
一般職	1等級	補助職	定型補助業務						

は，十分なデメリット対策をとることが肝要となる。

① **職能資格制度のメリットとデメリット**

【職能資格制度のメリット（ねらい）】

(1) 能力開発に有効である

　能力を基準とすることから，人材育成の点で有用である。すなわち，どんな職務遂行能力を身につけたら（あるいは発揮したら），上位等級に昇格できるかが明確なので，上司の部下指導の基準となりうるし，本人の自助努力も引き出しやすくなる。

　ただし，能力開発まで展開するのは相当の手間暇をかけた努力が必要であり，実際は職能資格制度の能力開発に資するという思想の美しさが理解・共感を得ている面もあるのではないかと推察する。

(2) 組織の柔軟性を維持しやすい

　職位（役職）と等級を分離することで，柔軟な人事異動が可能となる。たと

えば，後述の仕事基準の等級であれば，異動により仕事内容が変わると等級の昇格・降格が発生することがありうるが，人基準の職能資格制度では，職務遂行能力が変わらなければ，仕事が変わったとしても等級は不変となるため，異動がしやすい。

欧米の人材マネジメントとは異なり，その会社のことを知り尽くしたジェネラリスト人材の養成を行ったり，経営環境の変化に対して，リストラではなく，異動により対応する日本企業においては，とても重要な要素であろう。

(3) ポスト不足にも対応しやすい

高度成長期には黙っていても組織が拡大していくので，それに伴ってポスト数も増え，ある程度がんばっていれば，多くの者がポストにつくことができた。ただし，右肩上がりの成長が期待できず組織拡大が図れない状況下においてはポストが限定的になるため，どんなにがんばってもポストに就けず，モチベーションが上がらない従業員がどうしても増えてくる。

そこで職能資格制度では，ポストよりも社内における「資格」に重きを置き（図表Ⅳ-7の9等級の「参与」とか8等級の「参事」など），資格にステイタスをもたせることによって，仮に課長になれなくても，"君は参事だから社内的なステイタスは高い"という扱いをすることで（そのようなメッセージを発信することで），ポストに就けない非役職者のモチベーションを維持しやすいという特徴をもつ。

【職能資格制度のデメリット（課題）】

(1) 職能基準書が抽象的であり（能力は非可視的），結果として年功的な昇格運用になりやすい

従来の保有能力ベースの職能資格制度の場合，能力という直接的には見えづらい基準を用いることにより，能力評価で納得性を高めることは難しかった。

さらに大きな問題としては，見えづらい基準のため，経験年数などを参考にして年功的な昇格・昇給運用に流れやすいという点がある。多くの日本企業で職能資格制度の見直しを行っている背景として，この職能資格制度の年功的運

第Ⅳ章　人材マネジメント　191

用に陥ってしまう点があげられる。

(2) 組織業績に関係なく，人件費増加を招きやすい

　能力を基準とすることで，等級と実際に担当する職務のレベルに乖離が生じやすく，また等級と業績が必ずしも直結しない点があげられる。

　特に労務構成がいびつ化し，高齢層（≒高能力者）の割合が高い組織では，高能力者が必ずしも高いレベルの職務を担当するとは限らず，そのため，高能力者＝高業績者とは限らなくなる。一方，貢献度に関わらず高能力者は高い等級に格付けされ高賃金をえるため，結果として，業績の割に人件費負担が大きくなってしまうという問題が発生する。また，運用上も，モチベーション維持のため，安易に昇格させてしまい，その結果，人件費増加となる傾向もある。

(3) 制度のメンテナンスコストがかかる

　環境変化により，組織に必要とされる職務内容が変われば，等級基準（職能要件）も変わり，メンテナンスの手間がかかることになる。その手間を省けば，結果として職能評価の納得性低下にもつながる。

② **職能資格制度のデメリット対策**

(1) 昇格基準や昇格運用の厳格化措置を講じること

　安易な昇格運用にならないように，等級数を減らして，等級基準の違いを明確にすることが肝要である。また，各種試験や面接などで能力の有無を見極めるなどの措置も有効である。

(2) 「保有能力」中心でなく，「発揮能力」中心に基準を策定する

　前述のとおり，保有能力は見えづらいため，経験年数などで安易に能力評価をしてしまい，結果として年功的な昇格運用になってしまう。したがって，能力があるとしたら，「どんなことがやれていないといけないのか」といった発揮能力（行動）ベースで定義することにより，評価がしやすくなり，貢献度との関連性も強化できる。昨今のコンピテンシー（高業績者の行動特性）ベースの制度もこのような流れを反映したものである。

(3) 等級制度の年功化を給与面でカバーする

　昇格運用の年功化には目をつぶって，給与面の工夫で人件費の右肩上がり化を抑制する手立てもある。たとえば，職能給に加えて職務給・成果給などを併用することで，賃金の右肩上がり化はある程度是正できる。

4）仕事基準の類型①〜「職務等級制度」

　職務等級制度とは，一人ひとりが担当する職務のレベルによって等級が決まるシステムである。なお，職務とは職種と職位の交点を指し，たとえば，営業部長，総務課長，製造主任，営業担当や総務担当（一般従業員）などを指す。それらの職務内容をすべて洗い出し，職務評価という手法を用いて職務のランク付けをし，等級化するのが職務等級である。

　職務等級では，職能資格制度における職能などの個々人に付帯する属人的要素とは無関係に，担当する職務によって等級が決定することになる。

図表IV-8　職務等級の体系例

職務等級	本部	A支店，B支店	C支店，D支店	E支店，F支店，G支店
1等級	経営企画部長，人事部長	―	―	―
2等級	部長	支店長	―	―
3等級	副部長	副支店長	支店長	―
4等級	課長	課長	副支店長	支店長
5等級	支店長代理，係長	支店長代理，係長	支店長代理，係長	支店長代理，係長
6等級	一般職（非定型）	一般職（非定型）	一般職（非定型）	一般職（非定型）
7等級	一般職（定型）	一般職（定型）	一般職（定型）	一般職（定型）

① **職務等級制度のメリットとデメリット**
【職務等級制度のメリット（ねらい）】
(1) 等級と担当職務レベルが一致し，貢献度に応じた処遇を実現できる

職務を基準とすることで等級レベルと担当職務（貢献度レベル）が一致し，属人的な要素，たとえば年功要素を排除できる。また，その結果として貢献度に応じた処遇が実現できる。

(2) 人件費の増加を抑制しやすい

基本的に職務が変わらなければ賃金も変わらないため，総額人件費管理が容易になる（定昇制度が入っている場合は別）。

(3) 中途採用力のアップ

他企業の賃金水準など，外部労働市場の相場に基づいた賃金設計を行いやすく，中途採用がしやすくなる。

【職務等級制度のデメリット（課題）】
(1) 硬直的な職務遂行を誘発しやすい

職務記述書により担当する職務範囲が明確になるため，逆に硬直的な仕事の進め方になりやすい（職務記述書に書かれたことしかやらなくなる）。

(2) 組織が硬直化しやすい

等級が下がる（賃金が下がる）異動は，心情的にしにくいため，人事異動の制約は大きく，組織が硬直化するリスクがある。

(3) 従業員の閉塞感を招きやすい

担当職務が変わらなければ等級も変わらず，賃金も上がらないため，長期勤続意欲が減退するリスクがある。

(4) 制度のメンテナンスコストがかかる

仕事のやり方が変われば職務価値も変動し，職務記述書や職務評点のメンテナンスの手間がかかる。

日本企業においては，事業の統廃合など経営環境変化に対する対応を，従業員の社内異動によって行うことが多い。また，従業員に幅広い視野を身につけ

させたり，個々人の適性発見のためにさまざまな部署を異動させるということを行っている。このような頻繁な異動を前提とすると，職務等級では異動のたびに等級がアップダウンする可能性があるため（それに伴い給与もアップダウン），実際的には職務等級の運用は難しいのが実情である。

ただし，職務等級の大括り化などによるデメリット対策（下記参照）が，次に述べる役割等級制度へと繋がり，人基準から仕事基準に基づく等級制度への移行をしやすくしている。

② **職務等級の大括り化（ブロードバンディング）**

職務等級を巡る今日的な動きとして，大括り化（ブロードバンディング）がある。

職務等級が広く浸透している米国においては，職務評点による等級区分の細分化が進み，30〜50等級が一般的にみられた。この結果，異動による賃金の変動が大きくなり，人材配置の硬直性を招いてしまう事態が生じ，また，欠員補充という米国的な人材マネジメントと相まって，従業員はより上位の職務を求めてジョブホッピング（転職）を繰り返すという事態を招く一因となっている。

このような反省から，等級数を一桁台まで集約化して，等級毎の範囲を大幅に広くするブロードバンディングの動きが急速に広まった。

大括り化の効果として，①等級毎の職務評点によって決まっていた給与格差に，職務評点だけでなく，達成度など出来栄えも反映されるようになったこと，②職務等級と賃金の結びつきが相対的に緩やかになったことで，市場価値を勘案した，より弾力的な賃金政策が取れるようになったこと，③人材配置の弾力性が確保されたこと，などがある。

③ **職務等級のデメリット対策**

(1) 職務等級から決定される職務給は等級別一律のシングルレートという考え方が合理的であるが（同一職務同一賃金），昇給インセンティブが無いことによる閉塞感やモチベーションの低下を防ぐために，職務を通じた

貢献度の伸長に対して昇給するような仕組みを入れることも一考の余地がある。特に初任給水準が抑えられている若年層においては，貢献度の伸長にあわせて賃金を一定水準まで引きあげるなどの仕組みが必要であろう。

(2) 処遇するために安易に職務やポストを増やさないように，職務やポスト定義を明確にする必要がある。

(3) 一方で，柔軟な異動を可能にするための特例措置を設けることにも考慮したい。たとえば，高い職務から低い職務へ異動する場合，給与を一気に下げるのではなく，段階的に引き下げたり，給与の大幅な引き下げにならないように担当部長や担当課長のようなバッファーとなる職務を設定し，そこに異動させるなどである。ただし，後者の措置は仕事基準の等級制度を自ら壊すことにもなり，慎重な取り扱いに留意すべきであることはいうまでもない。

上記デメリット対策は，この後解説する役割等級でも同様に有効である。

5) 仕事基準の類型②〜「役割等級制度」

役割等級制度とは，組織が事業運営上編成した，組織上の期待役割の大きさや重さに応じて等級を定めるものである。簡単にいうと，職務等級よりは大括りの仕事基準で等級をつくるものである（職務等級のブロードバンディングとは若干意味合いが異なる）。

等級化を行う際に，職務等級をつくるときに行う職務評価と同様の役割評価を行う場合もあるが，むしろ役割評価のコスト化（手間）を避け，従業員がある程度の納得感をもつように役割を設計するところに特徴があるといえる。なお，管理階層はポストが明確なので等級化が比較的容易だが，監督職層，指導職層など非役職層も人工的・意図的に階層化し等級化してしまうことが多い。等級数は，組織上の役割の段階で規定されるので，通常の組織の場合であれば5〜7等級程度となる。

図表Ⅳ-9　役割等級の体系例

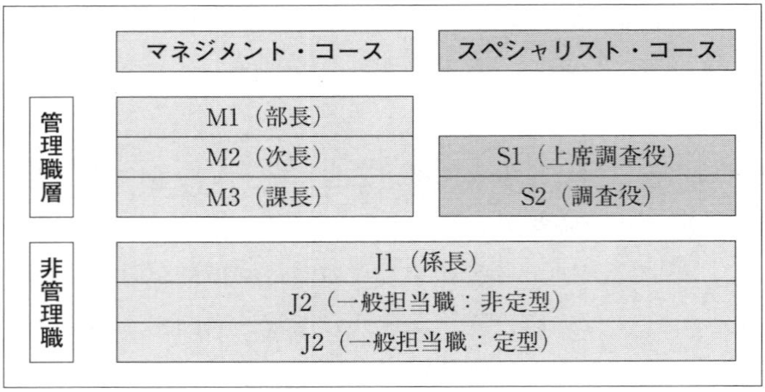

	マネジメント・コース	スペシャリスト・コース
管理職層	M1（部長）	
	M2（次長）	S1（上席調査役）
	M3（課長）	S2（調査役）
非管理職	J1（係長）	
	J2（一般担当職：非定型）	
	J2（一般担当職：定型）	

役割等級のメリット・デメリット

【役割等級制度のメリット（ねらい）】

① 「役割」を基準とすることで，組織貢献度を反映した処遇が可能となる。
② 担当している仕事の価値に応じて賃金が決定されるため，人件費の適正化，適正配分が行いやすくなる。
③ 職務等級よりは等級区分が大括りのため，柔軟な人事異動が可能である。
④ 役割評価のコスト化を避けるため，役職（ポスト）をそのまま等級化することが多いため，職務等級では必要だった等級を決めるための仕事の評価コストを抑制できる。
⑤ 職能資格に比べて，上位の役割はポストの数が決まっているという理屈で昇格インフレを抑制しやすい（特に非管理職層）。

なお，デメリットやデメリット対策については，職務等級と同様である。

6）等級制度の組み合わせ

等級制度については，単一の等級制度とする場合と，複数の等級制度を組み合わせる場合がある。等級制度は，組織が従業員に期待することを能力や職責などに応じて区分する梯子段（＝ラダー）のようなものであることから，単一

のものを「シングルラダー」とよび，2つの等級を組み合わせたものを「ダブルラダー」とよぶ。

2つの等級制度を組み合わせる「ダブルラダー」は，ひとつの人材マネジメントシステムのなかに人材育成，人材活用など複数のメッセージ・機能を織り込ませ，それぞれの機能にウエイトづけをすることで，経営戦略との整合性，日本的人材マネジメントとの整合性を図っていくシステムである。この点がまさにダブルラダーのメリットである。一方で，1人の従業員について2つの等級制度が適用されることになるため，制度の複雑化を招きやすい点があり，この点に注意を要する（図表Ⅳ-10）。

また，シングルラダーの「ハイブリッド型」の等級制度というものがある。これは適用する等級制度は単一（シングルラダー）であるが，たとえば非管理

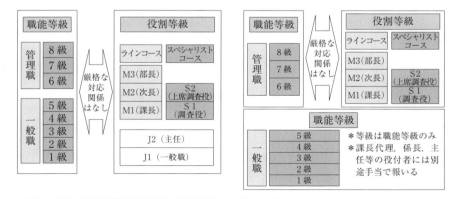

図表Ⅳ-10　ダブルラダー型の等級体系例

【タイプA】人基準（職能等級）と仕事基準（役割等級）の双方のメリットを活かそうというもの。
【タイプB】非管理職層は職能資格制度のみとし能力向上に対してのインセンティブを強くする。一方，管理職層は人基準（職能等級）と仕事基準（役割等級）の双方のメリットを活かそうというもの。

図表Ⅳ-11　ハイブリッド型の等級体系例

役割等級	管理職	等級	対応する役割
役割等級	管理職	M4	部　　長
役割等級	管理職	M3	支店長
役割等級	管理職	M2	次　　長
役割等級	管理職	M1	課　　長
職能等級	一般職	S4	＊等級は職能等級のみ ＊課長代理，係長，主任等の役付者には別途手当で報いる
職能等級	一般職	S3	
職能等級	一般職	J2	
職能等級	一般職	J1	

職層は職能資格制度とし，管理職層は役割等級とするケースである。これも日本的人材マネジメントと親和性は高い。すなわち，育成段階にある非管理職層には"個人の成長を通じて企業成長に貢献する"という考え方のもとに能力開発インセンティブの強い職能等級制度を適用し，一定レベルの能力開発が終了した管理職層には，"直接的な企業業績への貢献を重視する"という考え方のもと，役割等級制度を適用するなどである（図表Ⅳ-11）。

(3) 人事考課制度

1) 評価体系

等級が決定したら，次に等級毎に期待する事項（＝人事考課項目）を検討することになる。前述のとおり，人事考課はアウトプットとプロセスの評価軸を中心に編成するのが基本である。考課期間中の従業員の貢献度を見極め，主に賞与，昇給および昇格の判断材料に活用する。

一方，人事考課では十分に検証できないインプット系の評価軸については，適当な時期に「人材アセスメント」という形で資質・適性を見極め，育成・配置・コース転換・昇進・昇格などに活用していく。

図表Ⅳ-12　標準的な評価体系

評価軸	方法	期間・時期	活用	
アウトプット（成果）	目標管理	人事考課	半期～1年	賞与	昇給・（昇格・昇進）
プロセス（行動・態度等）	―		―	
インプット（資質・適性等）	人材アセスメント	・3～5年に1回 ・管理職登用時	育成・配置・昇格（昇進）	

2) 人事考課制度の目的と機能

　組織によって言葉の使い方や定義レベルはさまざまであるが，人事考課の目的は「組織目的の実現」「人材の育成」「公正処遇の実現」の3つといってよいだろう。

　つまり，組織目的実現に必要なアウトプットとプロセスなどの期待事項を明確にし，その期待事項の達成度や遂行度の評価を行うことを通じて，従業員の意識と行動のベクトル合わせを行い，さらに評価を通じて期待事項と現状とのギャップを明確にして人材育成に活かし，また，一定のルール・基準のもとに評価を行い，その結果を給与更改，賞与，昇格といった処遇に反映させることで，公正な処遇の実現を図ることである。

　人事考課は人材マネジメントの各機能の結節点となる重要な機能であり，人事考課に対する従業員の納得性や公平性を確保することが，人材マネジメントシステムの成否を分ける最大要件といっても過言ではない。

　人事考課では，「何を評価するのか（等級基準＝人事考課項目）」「どうやって評価するのか（いつ，誰が，どんな方法で）」「評価結果をどのように使うのか（処遇反映）」を合理的に定めるが，特に，組織目的の実現のためには，何を評価するのか，すなわち，人事考課項目の設定がもっとも重要である。

　前述のとおり，人事考課の評価軸としては「アウトプット」と「プロセス」を中心に編成することになるが，「アウトプット（成果）」に関しては，①評価

の客観性と，②部門業績との連動性，③評価に対する従業員の納得性向上と自律性の促進，などの機能がますます必要とされており，特に現在では，これらの機能・効果をより高めるために，目標管理制度を用いることが多い。

次節以降では，「アウトプット（成果）」を計るための「目標管理制度」についても見ていくこととする。なお，プロセスの個別項目をどうするかも重要な検討事項であるが，紙面の都合上割愛する。

3) 目標管理制度
① 目標管理制度の狙いと効果

目標管理とは，組織目標を個人目標に展開し，個人目標の総和を組織目標に一致させる考え方である。ドラッカー（P. F. Drucker）は，その著書『現代の経営』において，「事業が成果をあげるためには，ひとつひとつの仕事を事業全体の目標に向けることが必要である」と述べ，「目標管理の最大の利点は，支配によるマネジメントを自己管理によるマネジメントに変えること」としている。また，ロック（Edwin Locke）は，目標設定理論において，「具体的で困難な目標があると，目標が無い場合よりも高い業績と意欲が得られる」としている。すなわち従業員のやる気を喚起して，組織目的の実現と，それに向けた主体的な行動を引き出すことが，目標管理のねらいといえる。

そして目標管理は，期待される仕事の目的を，できるだけ具体的に目標として設定し，その達成度を評価する点において人事考課におけるアウトプット評価に適用することは合理性があるといえる。

ただし，誤解を恐れずにいうと，そもそもは経営管理ツールである目標管理制度を人事考課の仕組みとして適用しようとしたところに無理が生じ，さまざまな問題があることも事実である。どういうことかというと，目標管理の実践においては，トップダウンで目標を設定・提示することにより，ベクトル合わせの効果が得られる。しかし，その方法のみでは部下の気持ち（主体性・自律性）は阻害されることになろう。逆にボトムアップで目標を設定することによ

図表Ⅳ-13　目標管理の狙いと効果

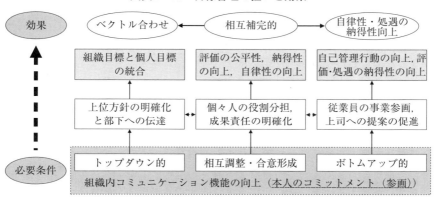

り，部下の主体性・自律性を引き出す効果が得られるが，その方法のみでは組織が求める目標に達しなかったり，方向性がずれる可能性が高まる。

したがって，目標設定においては，トップダウンまたはボトムアップのどちらか一方通行ではなく，上司と部下の対話によるトップ・ボトム双方の合意形成のプロセスが必要となる。それによりベクトル合わせと目標の連鎖が起こり，部下の自律性向上の効果に加えて，評価・処遇の納得性向上にもつながることとなる。とはいえ，その辺りの調整が極めて難しいところであり，従業員の不平・不満を誘発しやすい部分でもある。

② **目標管理制度の問題点**

前述のとおり，目標管理は非常に難しい面があり，さまざまな問題を内包しているが，代表的な問題点は以下のとおりである。

(1) 設定目標の価値やレベルおよび目標の達成度を評価できない点

期初の段階では目標のレベル（難易度）が必ずしも明確ではなく，事後になって難易度が明確になることも多い。また，各人の等級やレベルに合った目標が設定されにくいという問題もある。また評価時点においては，目標設定が抽象的な表現であるものが多く，達成度評価が難しいこともあげられよう。

(2) 達成度を意識し，挑戦的目標が設定されない点

極度に達成度を意識しすぎる仕組みになると，保守的な目標設定に終始し，挑戦的な目標が設定されない弊害が発生する。その結果，組織目標との連鎖が損なわれることになる。

(3) 短期成果志向に走り，プロセスを軽視しがちな点

短期的な結果を重視する目標設定に偏ってしまうと，プロセスが軽視され，中長期的には，業績低迷に陥る可能性が高まる。また，目標設定した業務にだけ注力し，他の業務が疎かになるリスクもある。

(4) 他の経営システムとの連動が図れないと制度そのものが形骸化する点

川上に位置する事業計画や，川下に位置する人事考課・処遇との関連づけが薄くなってしまうと，目標達成の意義とインセンティブ性の確保ができない。

③ 目標管理制度を効果的に運用する方法

目標管理は，それ自体がシンプルである一方で，さまざまな経営上の要件が密接に絡んでくる。すなわち，制度面においては，業績管理と一体的にPDCAを回すマネジメントツールとして位置づけることが重要であるし，運用面では，一人ひとりの従業員が，やらされ感ではなく，主体性をもって仕事に取り組むような意識改革・風土改革の実現が肝要となる。

そこで，以下に目標管理制度を効果的に運用するためのポイントを示す。

(1) 役割責任体系の整備

目標を組織的に展開するためには，組織が経営戦略と整合した構造となっており，個々の組織単位については役割責任が明確になっている必要がある。これらが不十分な場合には，役割責任体系の整備から着手する必要がある。

(2) 採算管理システムの構築

目標水準の妥当性検証や，達成度評価のためには，各種係数が見える形になっているほうがよい。

(3) 組織目標と個人目標の連鎖

目標は，全体から個人へと展開されたものでなければならない。一方で，自

図表Ⅳ-14　目標設定ガイドライン例

項目		具体的指標例
定量目標	予算達成度	売上高，受注件数，付加価値額，利益，生産性，など
	実績伸長度	売上高，受注件数，付加価値額，利益，マーケットシェア，生産性など
	節約度	材料費，外注費，動力費，物流費，事務用品費，広告・宣伝費，販売促進費，水道光熱費，人件費，人員など
	向上度	原価率，歩留り率，クレーム，納期遅れ，ミス発生率，回転率など
	進捗度	研究・開発，業務改善，設備・システム導入，能力開発など
定性目標		・定性的目標の場合，「**いつまでに**」，「**どのような状態**」になっていたらいいかを明確にすることがポイント。 ・定性的目標の場合，多くはそれを取り上げた背景や原因が存在する。その背景や原因を認識することによって，「目指すべき状態」を具体化しやすくなる。 (例)・年末までに○○がシステム化されている状態 　　・7月末までに問い合わせることなく単独で□□業務ができるようになっている状態。 　　・3月末までに，現在△△である状態を○○の状態にする。

己統制型の組織管理を実現するためには，目標の設定にあたりトップとボトムの双方向からの目標の合意形成が必要となる（図表Ⅳ-13）。このための経営機能として，全体戦略の観点から目標の連鎖を調整・管理する企画スタッフの存在と，現場で調整する管理職層の教育が重要となる。

(4) 目標設定ガイドラインの整備

目標管理導入当初は，各部署・各人としてどのような目標を設定してよいのか迷うところであろう。そのため職種の特性に合わせたガイドラインを定めて，個々人の適切な目標設定をサポートすることも必要である（図表Ⅳ-14）。

ただし，目標テーマを限定的に定めてしまうと，テーマによっては目標が形骸化してしまうことがあるため，ガイドライン化には注意が必要である。たとえば，測定方法に「回数」を指定した場合に，状態が改善したかどうかに関わらず「○回やれば達成」となってしまったり，目標の母数の大小によって難易度が変わるにもかかわらず，一律に120%は「A評価」としてしまうなどである。

(5) 評価基準の設定と柔軟な運用

目標達成度の評価基準は一般的に，定量的目標の場合には達成度基準，定性的目標の場合は進捗度を基準とすることが多い。そして，どこまで達成できたらどのような評価になるのかを事前に合意しておかないと納得性の低いものとなってしまうため，事前の評価基準の設定は必要不可欠である。

また，目標水準は実際にやってみないと難易度がわからないものもある。やってみて初めて「難しかった」「易しかった」の判断がつくものも多い。一度設定した目標に固執せずに，環境変化による目標の修正や，目標難易度の事後決定など，柔軟な運用も必要である。

(6) 処遇制度との連結

目標管理は，組織目標を達成するための経営管理手法であり，本来的には処遇制度との連動を想定したものではない。だからこそ，処遇反映となるとさまざまな問題が発生するのも事実である。ただし，目標達成に向けた動機づけを高めるためには，目標の達成度を評価して，昇給や賞与，昇進・昇格などに連結させないと，やってもやらなくても同じとなってしまい，形骸化するリスクがあるため，一般的には処遇制度との連結も必要不可欠であろう。

(4) 賃金制度

人材マネジメントシステム論の最後として賃金制度について解説する。

1) 賃金制度の検討分野

労働基準法第11条では，「賃金」とは，「賃金，給料，手当，賞与その他名称のいかんを問わず，労働の対償として使用者が労働者に支払うすべてのもの」と定義されている。

従業員の視点からは，安定性，納得性の充足が重要であり，経営側の視点からは，目的合理性，刺激性（目的誘導性），管理可能化（適正人件費管理）が重要となる。

賃金制度の検討分野としては、「支給水準（総額人件費と個別水準）」「支給基準（賃金体系と基本給構造）」「支給形態（計算単位）」があるが、本節では主に「支給水準」と「支給基準」について考察する。

2）支給水準

　賃金の支給水準をどうするかについてであるが、これが会社にとっても、従業員にとっても、もっとも重要な検討分野になろう。会社にしてみれば、「いくら支払うか・支払えるか」であり、総額人件費負担を勘案しつつ、いかに従業員の採用力・定着力を強化し、モチベーションを引き出しうる賃金水準とするかということである。一方、従業員の側からしてみると「いくら貰えるか」であり、安心感および納得感とともに会社に対するロイヤルティに関わる部分になる。

　総額人件費の観点では、企業が生み出す付加価値に見合った賃金水準を決めなければ企業経営は成り立たない。実務的には「労働分配率」を検証して人件費負担の妥当性を判断することが多い。労働分配率とは付加価値に占める人件費の割合であり、賃金や福利厚生費はこの付加価値から配分されることになる。

　一方、個別水準とは従業員一人ひとりの賃金水準のことであり、この個別の賃金水準が人材の確保力に大きく影響することになる。

　したがって、これら労働分配率と個別賃金水準について、外部相場と比較して、自社のポジションを検証することが有効である。図表Ⅳ-15にあるように、横軸に労働分配率をとり、業種平均などを中央値とし、自社が右側に位置するのか（労働分配率が高い＝人件費負担が重い）、左側に位置するのか（労働分配率が低い＝人件費負担が軽い）を検証する。また、縦軸には個別賃金水準をとり、業種や地域平均を中央値とし、自社が上側に位置するのであれば賃金水準が高く人材確保力が高いといえるし、下側であれば人材確保力が低いといえる。

　理想は左上の象限になる。すなわち個別賃金水準が競合他社と比べて高いと

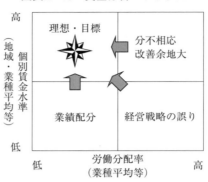

図表Ⅳ-15 賃金分析マトリクス

いうことは人材確保力に優れているということであり，その一方で人件費負担が少ないからである。

　ちなみに右上であれば，労働分配率が高く，現在の付加価値水準では無理をしている給与水準なので，人件費を適正水準にもってくるための施策を講じる必要があろう。また，左下であれば，儲けの割に従業員に還元していないということなので，従業員に還元するなどして，人材確保力を高める必要があろう（ただし，固定的な給与のベースアップにならないように留意する）。一方，右下の状況は少々やっかいである。右下の状況は，戦略そのものの見直しが必要な状況であり，すなわち付加価値そのものを引き上げるための方策を検討すべきケースである。賃金制度改革だけでは右下の状況から脱するのは難しい。

3) 支給基準
① 賃金体系

　ここでは賃金体系のうち，特に賃金の根幹をなす基本給の類型をみていく。

　基本給の類型としては，次のとおり，「属人給」と「属職給」に分かれる。属人給とは，職務内容とはかかわりなく，ヒトに帰属する年齢・性別・学歴・勤続年数，保有能力などによって決まってくる給与のことであり職務とは基本

的に連動しない。一方，属職給とは，名称のとおり職務の対価として支払われる賃金のことである。

> ① 属人給：年齢給，勤続給，職能給など
> ② 属職給：職務給，役割給など

＊職能給は，本来は職務レベルを明確にし，その職務を遂行する能力レベルに応じて支給するものであるから属職給と考えられるが，日本企業の多くでは仕事とは関係なく，むしろ属人的要素で給与が上がっていくので属人給に分類している。

わが国の基本給体系においては，これまで属人給と属職給の組み合わせにより，従業員の生活保障と労働対価の二面性が満たされてきた。たとえば，職能給＋役職手当（職務給）の組み合わせは，大変良く見られるケースである。

しかしながら，これからの基本給は，組織目的の実現のために，より属職的

図表Ⅳ-16　等級別の基本給構造の類型とメリット・デメリット

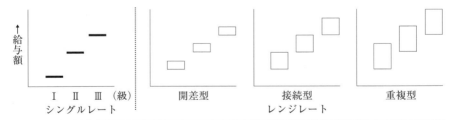

	シングルレート	レンジレート (接合型・階差型)	レンジレート (重複型)
メリット	等級間での給与の逆転がなく，昇格インセンティブが強い	同左	①長期滞留者から不満が出にくい (②新旧制度移行がスムーズ)
デメリット	昇給インセンティブなし	すぐに上限に達してしまい，昇給インセンティブが効かなくなる	①昇格インセンティブが弱い ②等級間での給与の逆転の矛盾あり

なものになっていくことが予想される。①年齢給や勤続給の廃止，②定昇型賃金の見直し，③職能給から職務給や役割給などへのシフト，などである。これは，人材マネジメントシステムの価値基準が，人基準から仕事基準へとシフトしつつあるのと連動した動きといえる。

② 基本給構造

基本給構造のパターンとしては，大きく分けると「シングルレート」と「レンジレート」に分けられ，レンジレートはさらに「階差型」「接合型」「重複型」に分類される。

言葉だけではわかりづらいので，それぞれのイメージ図とメリット・デメリットを記した図表Ⅳ-16 をご覧いただきたい。

制度としての合理性があるのは，等級間で給与の逆転がない「シングルレート」や「レンジレートの接合型や階差型」である。というのも，そもそも等級とは組織が従業員に期待するレベルの違いに応じて区分したものであり，その

図表Ⅳ-17　給与更改のタイプ

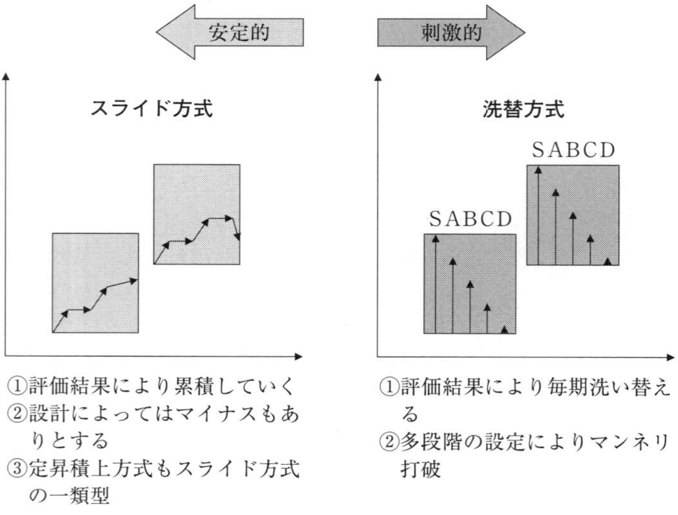

←安定的　　　刺激的→

スライド方式

①評価結果により累積していく
②設計によってはマイナスもありとする
③定昇積上方式もスライド方式の一類型

洗替方式

①評価結果により毎期洗い替える
②多段階の設定によりマンネリ打破

レベルが異なるにもかかわらず給与が逆転することは矛盾があるからである。ただし，従業員のモチベーションの観点からみると必ずしも最善の策とはいえず，個々の企業の実情に合わせて判断することになる。

さらに基本給構造の検討においては，レンジレートの場合にレンジの範囲をどのように給与更改（昇給・降給）していくかの検討が必要になる。給与更改のタイプには，「スライド（累積）方式」と「洗い替え方式」の2つのパターンがある（図表Ⅳ-17）。

前者のスライド方式は，給与更改額を累積していく仕組みであり，比較的安定感のある給与制度となる。一方，後者の洗い替え方式は，過去の積み上げが毎期リセットされ，今期の成績のみにより次期の給与が決定されるため，人件費の右肩上がり化の抑制とメリハリのある給与制度となる。

❹ 日本型人材マネジメントの再評価

まとめに代えて，人材マネジメントに関して少しだけ私見を述べたいと思う。

昨今，欧米型の成果主義導入の動きが加速しており，日本の大手企業もこぞって年功制廃止を打ち出している。

経営が行き詰るたびごとに，日本型人材マネジメントを欧米型に変えるべしという議論が湧きあがるが，果たして安易に日本型人材マネジメントを捨て去ってしまって良いのかどうかということは，慎重に考えたいところである。

確かにハイパフォーマーを優遇する欧米型は，一部のスタープレイヤーを生み出すのには極めて効果的だろう。ただし，全員をスタープレイヤーにできるとは思えないし，スタープレイヤーばかりが求められる職場というのも，そう多くはないはずである。多くの企業では，スタープレイヤーは1割もいれば十分であろう。むしろ会社が決めた方針に従い，与えられた職務を黙々とこなす人材のほうが，より多く必要なのではないだろうか。

そのような日本的気質をもった人材のやる気を維持させ，長きにわたって組織に貢献してもらう人材を輩出するためには，一定レベルのところまではあまり差をつけずに引き上げるという，ある種年功的な人材マネジメントも有効ではないかと考える。

　むしろ，早くから差をつけ，皆がライバルのように見えてしまう組織では，自ら率先して助け合う風土や，お互いに教え合う風土は形成できない。そして，この助け合いや，教え合う企業文化こそが欧米企業と肩を並べて戦ってこられた日本企業の強みの源泉ではなかろうか。

　これには当然反対意見もあろう。日本的な年功管理では，「業績とは関係なく人件費負担が増大しかねないし，いわゆるデキル人材のやる気を引き落としかねない」という意見である。

　たしかにそのような面もあることは否定できない。実際に右肩上がりの成長が見込めない時代においては，人件費だけが膨張していくようなシステムは許容できない。ここで申し上げたいことは，定年退職まで一貫して年功型を展開せよということではなく，従業員の成長（育成）段階においては従来の日本的人材マネジメントの良さもあるのではないかということである。そもそも日本と欧米とでは雇用に関わるインフラが異なるため，何でもかんでも，欧米のやり方に"右へ倣え"的な発想には気をつけるべきである。

　米国のように欠員補充の採用ではなく，新卒メインで採用し，内部で育成を図っていくことを重視する日本企業においては，成長過程の人材には（業種によって異なるが，たとえば年齢でいうと35歳前後まで），自分の未来に希望がもてるような人材マネジメントを展開し，強いミドル層を形成することが今後も重要であると考える。

　そして，一定の能力レベルへ到達後は，右肩上がりの給与は是正し，そこからは貢献度に応じた処遇をすることは当然のことであり，また，組織にぶら下がって，組織に対して何の貢献意欲ももたない人材には厳しく対処するべきであることはいうまでもない。これらによって人件費の適正化は達成できるであ

ろう。

　また，後者の"デキル人材のモチベーションダウン"についてであるが，デキル人材は賃金面で差がつかなくても，まわりから認められていると実感でき，他者よりもチャンスが与えられているだけで十分張り合いをもつものである。

　逆に，目に見える差をつけられ，トップ集団からは置いていかれた大多数の人材は，あきらめの境地となり，組織にブラ下がり，組織力を大きく損ないかねないのではないか。

　これまでわれわれの諸先輩が培ってきた日本的な経営の良さを見つめ直し，良いところはさらに磨きをかけるという観点も忘れないようにしたい。

参考図書

日本生産性本部（2004）『経営コンサルタント養成講座　人材マネジメントテキスト』
日本生産性本部（2004）『AMC　組織・人材マネジメント』
守島基博（2004）『人材マネジメント入門』日本経済新聞出版社
マーク・ロイヤル，トム・アグニュー著，市川幹人訳（2012）『エンゲージメント革命』生産性出版
P. F. Drucker著，上田惇生訳（2006）『ドラッカー名著集2　現代の経営［上］』ダイヤモンド社

第Ⅴ章　生産マネジメント

1 生産マネジメントの全体体系

(1) 生産活動と工場の基本機能

　生産活動とは，市場・顧客の要求（品質・価格・納期）にあった製品を提供すべく，投入した労働力・機械設備・原材料・固有技術を合理的に製品に変換するプロセス（設計・調達・製造・検査・出荷など）のことである。投入するInputを4M（Man, Machine, Material, Method）とよぶ。これにEnergyを加えて，4M＋EをInputというよび方もある。上記の定義はすべての工場に共通する機能であるが，逆にいえばこれ以外の下記の点についてはすべての工場で異なっている。

① 生産形態（受注生産・見込生産，個別生産・ロット生産・連続生産）
② 生産方法（労働集約型，装置集約型）
③ 製品特性（消費財・生産財，完成品・部品・原材料）
④ 品種・部品点数（少数，多数）
⑤ 工場立地（集中・分散，国内・国際）
⑥ 人員規模（大・中・小）
⑦ 雇用形態（年齢構成，性別構成，雇用形態構成）
⑧ 企業の歴史，企業文化，組織風土

(2) 生産マネジメントの全体体系

生産マネジメントの体系についてはさまざまな考え方があるが、ここでは下記の体系に基づいて説明する。

(1) **利益**

企業の存続発展のためには安定的利益の確保が不可欠であり、安定的利益を確保できるということは即ち市場において顧客に支持されているといえる。

(2) **原価管理**（Cost Control・Cost Reduction）

「利益＝売上－費用」と考えると、一般的に売上高の確保は営業の仕事であり、工場としては費用（原価）をいかに下げるかにその基本的役割があるといえる。

(3) **工程管理**（Delivery Control）

原価管理により利益を確保するにあたっても、それ以前に納期遅れなどで顧客に迷惑をかけていては、「利益＝売上－費用」における費用の前の売上を失ってしまう。したがって工程管理による納期確保は利益確保の柱となる。

(4) **品質管理**（Quality Management）

工程管理と同様であるが、品質不良で顧客に迷惑をかけていては、やはり売上を失ってしまい利益確保以前の問題になってしまう。したがって品質管理は

図表Ⅴ-1 生産マネジメントの全体体系

利益確保のもうひとつの柱といえる。

(5) 4M（Man Machine Material Method）

アウトプットである製品はQCDで評価されるが、QCDを支えているのはインプットである4Mである。4Mの生産性を向上させる製造現場の3大管理技術がIE/QC/VEである。

(6) IE/QC/VE（Industrial Engineering, Quality Control, Value Engineering）

日本生産性本部によれば、IEとは「基礎科学、工学上の知識と解析方法を用いて、企業の近代的運営を図る技術である。即ち、産業のあらゆる分野にわたる問題を生産の面からとらえ、効果的な経営管理が遂行できるように、生産活動の合理化を図る技術である」と定義されており、生産活動の合理化に関する幅広い技術をいうが、ここでは作業改善・標準化に関する作業研究のことを指して使用している。品質や納期を守るにあたっても、ムダ・ムラ・ムリを排除した標準作業手順や検査基準に基づく安定した作業が行われていないと、安定した納期や品質の確保は困難である。

QCとはQC7つ道具、新QC7つ道具に代表される品質改善に役立つ手法である。従来日本製造業ではQCサークル活動と呼ばれる小集団活動が盛んで、品質改善のためにQC手法を活用して現場の知恵を活用していた。

VEとは価値工学のことであり、「価値＝機能／コスト」で評価する考え方である。このような考え方を活用し、製品そのものの基本的コスト削減に対する取組みがなければ、市場に受け入れられる製品をつくることは難しく、製品そのものに魅力がなければいくらよい作り方をしても役に立たない。

(7) 5S+1S：整理・整頓・清掃・清潔・躾＋安全（Safety）

5S+1Sとは、次のことである。

整理…不必要なものを捨てること

整頓…使いやすいように順番に並べること

清掃…ゴミ、ホコリ、ヨゴレなどがない状態にすること

清潔…手洗い、服装など清潔な状態を保つこと

躾……決められたルールを守ること

安全…事故・災害が発生しないこと

　すなわち，効率的な標準作業などが定められていても，整理整頓ができていなくて探しなどがたびたび発生するようでは標準作業を守ることができない。また「躾」という，決められたルールは守るという風土が醸成されていないと作業標準などは宙に浮いてしまう恐れがある。また安全管理ができておらず，たびたび災害が発生するようでは，これはモノづくり以前の問題であり，災害が頻発する工場が生き残ることはあり得ないといえる。その意味で5S＋1SはIE/QC/VEのさらに基礎となるものである。

（8）　モラール（Morale：やる気）

　当然のことながら，5S＋1S，IE/QC/VE，品質管理，工程管理，原価管理などは人がやることであり，経営の基本は人にある。確保した利益を社員に還元する，上司が正しいリーダーシップを発揮する等により，社員のモラールを維持することがすべての基礎になる。

❷　5Sと安全管理

　労働災害が頻発する生産現場に発展はありえない。安全管理は人間の生活に関わるすべての面において最優先されるべき事項である。安全管理は災害ゼロを基本理念としており，災害ゼロを支える考え方に「ハインリッヒの法則」がある。ハインリッヒの法則とはアメリカの保険技師ハインリッヒが発見した法則で「1：29：300の原則」ともよばれている。1件の重大災害（死亡災害など休業につながる災害）の背景には29件の中災害（休業には至らない負傷事故）があり，さらにその背景には300件の微小災害（ヒヤリハット＝負傷には至らなかったが，ヒヤッとした，ハッとした体験）が発生していることを統計的に証明したものである。その法則に基づいて考えると重大災害を発生させないためには，ヒヤリハットレベルの微小災害から根絶する必要がある。そのためにはた

とえば安全具の装着や正しいものの置き方の徹底，通路に出る前には一時停止し左右確認するなどの安全ルールを厳守することが必要であり，5Sの最後のSである「躾」である「決められたルールを守ること」は安全管理にも直結しており，極めて重大な意味をもっている。

　工場見学の際に安全ルールを徹底して守っている工場と，規律が緩んでいる工場があることに気づく。ルールを徹底して守ることが身についている組織は，目標達成や計画の実行力も優れているように感じる。規律が緩んでいる工場ではたとえばコストダウン活動を行っていても，計画は比較的早くできるのだが，実践が遅れ遅れになることが多いようである。大仰にいえば5Sの「躾」の徹底は組織力そのものを表していると感じる。

　5Sのルールは極めてシンプルであるが，徹底させることは容易ではない。まず始めのSである整理からスタートすることが通常であり，赤札作戦を活用することが多い。赤札作戦とは現場のモノ（材料・部品・仕掛品・治具・工具など）に赤札をつけ，作業者はモノを使用する時に赤札を外す。1ヶ月後に確認した際に赤札が残っていれば，そのモノは1ヶ月間使用しなかったということなので，作業者に確認し，使用する予定のないものは現場から排除し，廃棄・売却などを検討する。使用頻度の低いものは倉庫への保管などを検討する。使用頻度の高いものは2つめのSである整頓の対象となる。この際，三定管理が基準になる。三定管理とは定置・定品・定量のことで，何をどこにいくつ置くかを明確にするものである。表示・置き方などを誰でも一目でわかるように工夫する。

❸ 3大管理手法（IE/QC/VE）

(1) IE手法

　IE手法とは生産活動や作業を分析し，もっとも効率の良い作業方法を見出す体系的手法ということができる。IE手法は作業研究（Work Study）ともよ

図表V-2　IE手法一覧

区分	分析手法	目的	調査事項
総括的な現状把握	総括工程分析	作業工程を加工・検査・運搬・停滞の4つに分類して総括的に把握・検討し作業工程の改善を図る 専門分析の予備調査	工程毎の作業内容・時間・距離・担当者・設備・場所・容器・治工具等
作業者と機械の稼働状況の把握	ワークサンプリング（稼働分析）	機械あるいは作業者の稼働率向上に関する改善 稼働率を定量的に把握し、間接作業時間を軽減させ、また設備資産の回転率を向上させ、生産性を高める	対象別稼働・不稼働状況 →パレート図化 稼働・不稼働要因分析 →パレート図化
設備配置および運搬の分析	流れ分析	工程配置図および機械配置図より建物や機械設備の配置を検討・改善する	生産対象物の工場内の移動経路を配置図上に記入 運搬担当者・運搬量・運搬距離・運搬容器・運搬具・積み降ろしの高さ・運搬回数・運搬中の置き方
	運搬分析	機械配置の改善 運搬経費の節減 運搬待ちの防止	
	経路分析	工程順序の共通性・類似性（加工・検査）によって製品または部品の分類を行い、類似工程別配置を図る 機械能力と作業量との分析からネック工程を把握する	製品・部品ごとの経路図 →同一工程、類似工程系列、機械の負荷の均衡状態の調査
能力と負荷（仕事量）のつりあいの分析	ラインバランス分析	ライン作業における作業時間のバランス化を図る 作業分担の見直しによる停滞・手待ちの削減 ネック工程の改善	ライン作業各工程の直接時間研究 ラインバランス率の計算
	余力分析　日程分析	基準日程の合理化、生産期間の短縮、仕掛品の減少を図る 特に停滞について検討	製品・部品ごとの平均的生産期間 各工程の平均的所要時間 各工程の平均的停滞時間 生産期間に占める停滞期間割合
	余力分析　停滞分析	現物の安全確実保管 現物管理の改善	工程毎の停滞の発生量・時間・頻度・発生原因、停滞および保管品の置き場所・容器・置き方。責任の所在・紛失破損の有無
相互が時間制約をうける場合の分析	連合工程分析	作業者と機械、作業者と作業者が同じ時刻にそれぞれどんな作業を行っているかを把握して、ムダ・ムラ・ムリを排除する	調査分析の型 ・作業者－機械型 ・作業者－多機械型 ・多作業者間型等
作業動作レベルの分析	動作分析	要素作業を、構成している動素作業に分割し、各動素作業に関する改善、合理化を図る	動素作業内容・項目・順序 各動素作業の展開 （サーブリック記号を使用）
標準時間の設定	直接時間研究法（タイムスタディ）	ストップウォッチを使用して、その作業にどのくらいの時間がかかっているのかを詳細にとらえる 標準時間設定に活用する	主作業より繰返し作業を要素作業に分割する

ばれ，方法研究（Method Study：やり方の分析手法）と作業測定（Work Measurement：かかる時間の測定手法）に大別される。

方法研究では代表的手法である総括工程分析に始まり，レイアウト改善に活用できる流れ分析，作業者工程分析（糸引き図表），運搬分析，経路分析がある。その他にはコンベアなどによるライン作業改善に活用できるラインバランス分析，自働機における人と機械の作業改善に活用できる連合工程分析，動作レベルのムダ取りを検討する動作分析などがある。

作業測定では各種分析の基本となるストップウォッチで作業時間を計測する直接時間研究（タイムスタディ）に始まり，稼働分析の代表的手法であるワークサンプリングなどがある。また標準時間設定のための手法として既定時間法（Predetermined Time Standard System）とよばれるWF（Work Factor）法やMTM（Methods Time Measurement）法がある。

ここではIEのなかでも基本となる直接時間研究，総括工程分析，ワークサンプリングについて紹介する。

1）直接時間研究

(1) 基本的考え方

直接時間研究法は，作業時間をストップウォッチを使用して直接測定し，どの作業にどのくらいの時間がかかっているのかを詳細に把握・分析することにより，作業改善や標準時間の設定に活用するものである。直接時間を測定することはラインバランス分析，連合工程分析，段取時間分析にも活用される。最近では直接ストップウォッチを使用して測定するよりもビデオを活用して時間を分析する方が容易であり，一般的になってきている。

(2) 実施手順

測定する作業を選定する。

作業内容を要素作業（3～20秒程度）に分割して，要素作業単位に時間を10回程度以上観測し記録する。測定結果としての時間は一般的に平均時間を使用

することが多い。作業途中に異常が発生した際の異常値は除外する。

標準作業設定時には，作業者の作業速度を評価し，観測値を修正する（レイティングとよぶ）。

(3) **改善の狙い・着眼点**

① 時間のかかっている作業は何か。作業時間を短くできないか。

② 不必要な動作はないか。別なやり方はできないか。

③ 作業の順番を変えたらどうか。一緒にやれる作業はないか。

④ 道具などを工夫できないか。

(4) **要素作業とは**

作業の分析をする際に，どの程度に作業を分割すべきか問題になることがある。材料から製品へと変換するプロセスを加工・検査・運搬・停滞に分類した単位を工程と呼び，その工程を作業にブレイクダウンした単位を単位作業とよぶ。単位作業をさらにもう一段階ブレイクダウンした作業を要素作業と呼び，要素作業は動作の組み合わせにより成り立っている。たとえば，汎用旋盤機で「切削する」という工程は「①バイト取付，②右側を削る，③左側を削る」というような単位作業にブレイクダウンできる。さらに「右側を削る」という単位作業は「①材料を取る，②チャックする，③スタートする，④バイトを進める」という要素作業にブレイクダウンできる。「チャックする」という要素作業は「①スパナへ手を出す，②スパナをつかむ，③スパナを運ぶ……」という動作にブレイクダウンできる。

(5) **要素作業分解の留意点**

① 作業目的の視点から，主作業と付随作業を区分することが望ましい。（主作業，付随作業については，図表Ⅴ-4「作業時間の性質的分類」を参照のこと）

② 発生サイクルの視点からは，定期的要素と間欠的要素に区分することが望ましい。毎回発生する作業と，たとえば10回に1回発生する作業は区分するということである。

③ 作業の制約条件の視点からは，手扱い作業と機械作業とを区分する。

④ 時間変動の視点からは，定数要素と変数要素を分けることが望ましい。作業内容によって加工するものが変わっても作業時間がほとんど変化しない作業を定数要素作業とよぶ。それに対して加工するものの大きさ，加工精度・内容などにより作業時間が変化する作業を変数要素作業とよぶ。

⑤ 測定の容易さの視点からは，正確に測定できる長さの時間とし，区分が明確に判定できる点で区分する。正確に測定できる時間の目安は3〜20秒程度の範囲に収めることである。実際に時間測定を実施する際は，ストップウォッチを見ながら作業をみるという2つのことを同じにやる必要が出てくるので，たとえば音がするとか大きい動作があるというように，わかりやすいポイントで要素作業を区分すると観測が実施しやすい。このようなポイントを"変換点"という。

図表V-3 時間研究用紙と記入例

要素作業	① ハンドルとストラップを組合せ治具へ	② フレーム取りストラップにあてがう	③ 治具からハズす	④	⑤ ①	⑥ ②	⑦	⑧ A完成品約20個を箱に入れる	⑨ Bフレームつかみ約20個取る	⑩	⑪	⑫	⑬	⑭	例外作業 開始/終了時刻	コード	記事
1 読	9	17	22		28	37	42									/	
時	9	8	5		10	9	5									/	
2 読	30	38	42		51	60	64	71	85							/	
時	8	8	4		9	4	7	14								/	
3 読	52	61	66		94	(3)03	7									/	
時	10	9	5		9	9	4									/	
4 読	76	85	89		16	24	28									/	
時	10	9	4		9	8	4									/	
5 読	99	(1)08	12		38	46	50									/	
時	10	9	4		10	8	4									/	
6 読	21	28	31		58	67	70									/	
時	9	7	3		9	9	3									/	
7 読	40	48	52		79	87	91									/	
時	9	8	4		9	8	4									/	
8 読	61	69	73		(4)01	9	13									/	
時	9	8	4		9	8	4									/	
9 読	83	91	94		23	32	37									/	
時	10	8	3		9	9	4									/	
10 読	(2)04	13	18		46	55	(4)60									/	
時	10	9	5		9	9	5									/	
合計					187	169	83	7	14	≒460							
観測回数					20	20	20	20	20								
平均時間					9.35	8.45	4.15	0.35	0.70								
レイティング					95	95	90								平均時間合計		
修正時間					8.88	8.03	3.74	0.35	0.70						21.70 修正時間合計		
決定時間					〃	〃	〃	〃	〃						〃 決定時間合計		

作業者名：相沢　職場：エア・プレス班　検印　観測者名　観測No.　観測日 S3年4月1日　観測開始時間　観測終了時間　部品番号：115646a　肯定番号 30　作業：ハンドル、ストラップのカシメ　シートNo.1/1　治具：ストラップ、ハンドル、スイッチ　完成品　115646A ep20

疲労・余裕内訳	コード	比率
精神的・肉体的強度	3	3.0%
作業条件	2	0.8%
作業姿勢	3	3.0%
重量・サイクル要素	20B	3.6%
疲労余裕		10.4%
用達余裕		3.6%
職場余裕		3.0%
作業余裕		%
余裕合計		17.0%

改訂	改訂理由	日付	改訂者
1			
2			
3			
4			

標準時間	1時間当り生産量 (個/H)
25.4	236

(6) レイティングとは

　通常，作業は習熟度や努力により作業スピードが変化する。したがって標準時間を設定するためには平均的な作業者が標準の努力で行った作業スピードに補正する必要がある。これを行う方法をレイティングとよぶ。標準時間とは「一定の作業条件のもとで，決められた作業方法により，ある習熟期間を経た作業者が，標準の努力で作業を遂行するのに要する時間」と定義されている。
　標準の作業ペースの代表的目安として以下のものがある。

① 荷物を持たないで平坦な道をまっすぐ歩く速度が，1時間3マイル（1時間4,827m，1分間約80m）である。不動産などの広告で駅から徒歩5分というのは約400mのことである。
② 9インチ（23cm）四方の正方形の周りにトランプを52枚配る。配る方法は左手でトランプを1枚ずつ送り出し，右手で配る。その時間が30秒である。
③ 標準作業ペースを100として，仮に観測値のレイティングが標準ペースより遅くて80と評価したとすると，観測した時間に0.8をかけて標準時間を求める。反対に標準ペースより早くて120と評価したとすると，観測時間に1.2をかけて標準時間を求める。

2) ワークサンプリング

(1) 基本的考え方

　ワークサンプリングとは，瞬間観測法ともよび，ランダムに定めた時刻に作業者や機械の状況を瞬間的に観測し，作業時間の構成比率を統計学的・計数的に把握する手法のことである。作業を稼働（付加価値を加えている）と不稼働（段取，余裕など）に分類し，不稼働要因を排除することにより，間接的作業時間を削減し生産性向上を図ることを目的としている。ワークサンプリングは現場実態の概要を捉えるには大変便利な手法であるが，反面詳細の作業実態の分析には向かない。ワークサンプリングで概要を把握したうえで，適切な専門分析

を使用し深掘りしていく。

(2) 実施手順

① 観測目的(稼働率測定・作業改善・標準時間設定など),対象(職場・機械・作業者など)を設定する。
② 観測対象職場の責任者に対して観測主旨を説明し,承諾をえる。
③ 観測総サンプル数を決める。
④ 観測時刻をランダムに決める。
⑤ 観測用紙を設計する(観測対象,不稼働項目を事前に調査・決定し,記入する)。
⑥ 観測を実施し,結果を集計・分析する。

(3) 改善の狙い・着眼点

① 稼働率は適正レベルにあるか。稼働率を下げている大きな要因は何か。
② 余裕率を下げられないか(特に職場余裕,作業余裕)。
③ 段取時間の削減はできないか。

(4) 観測目的と観測総サンプル数

観測目的により稼働の定義が変わってくるため,まず観測目的を明確にすることが必要である。たとえば「作業改善による生産性向上」を目的とした場合は,作業時間の性質的分類(図表V-4参照)における主作業のみを稼働と考えればよいが,その場合はたとえば運搬担当者による運搬や検査担当者による検査は不稼働となり,運搬担当者,検査担当者の稼働率はゼロになる。しかし観測目的が「各担当者が自分の担当作業を遂行している比率の調査」ということになると,運搬担当者の運搬や検査担当者の検査は稼働と捉える必要がある。

必要観測総サンプル数は,$\{4(1-推定発生比率)\} / \{(精度)^2 \times 推定発生比率\}$で求められるが,作業改善を目的とした観測の場合はおおむね700~1,400サンプル程度が必要といわれており,一般に1,000サンプルをひとつの目安としている。

(5) **観測時刻の設定**

観測時刻はランダムに設定することが原則である。一定のサイクルで観測すると，作業そのものが周期性をもっている場合，常に同じ作業を観測してしまう可能性があるためである。ランダム性が確保できればそれほど厳密に設定時刻通りに観測する必要はない。ランダムに時刻を設定するにはパソコンなどで乱数関数を活用したりサイコロを振って決めるなどでもよい。

(6) **観測用紙の設計**

観測をスムーズに行うために観測開始前に発生が予想される作業を性質分類

図表Ⅴ-4 作業時間の性質的分類

分類			性質	具体例
作業	主体作業（正味作業）	主作業（稼働）	直接生産に寄与する作業	切削，機械操作，組立，ハンダ付け，塗装
		付随作業	主作業に付随して毎回発生する作業で，間接的に生産に寄与する作業	材料取付・取外し，作業歩行，毎回行なう検査・運搬
	準備後始末作業（段取作業）		1ロットに1回だけ発生する準備後始末，段取替え作業	金型交換，冶具交換，プログラム呼出，ロット単位の運搬
余裕	作業余裕		主作業に対して付随的に発生し，間接的に生産に寄与する作業のうち，不規則・偶発的に発生するもの	製品処理，スクラップ処理，機械調整，切粉取り，注油，任意に行なう検査，図面確認，冶工具取扱い
	職場余裕		管理のため，または管理が悪いために発生するもの	連絡・打合せ，会議，伝票扱い，清掃，手待ち，手直し，機械故障修理，探し
	用達余裕		人間として普通に発生する生理的欲求に基づいて発生するもの	トイレ，水飲み，汗拭き，手洗い
	疲労余裕		作業による肉体的・精神的疲労に対し，その回復のために発生するもの	深呼吸，腰伸ばし，背伸び
非作業	除外作業		作業者の個人的理由や怠惰のために発生するもの	雑談，手休め
	原因不明		原因不明のために分類できないもの	原因不明不在，原因不明歩行

ごとに整理して観測用紙を設計する。おおむね20〜30程度の項目とするのが妥当である。

(7) 観測の実施

観測時刻と観測用紙が準備できたら，観測を実施する。対象者の作業を瞬間的に捉え，対応する欄に正の字で記録していく。

(8) 集計と分析

観測が終了したら対象の人または機械ごとに観測数を集計し，どの項目がどのくらいの比率を占めるのか分析する。分析結果はまず作業性質分類ごとのパレート図を作成し，次に分類の内訳のパレート図で表すとわかりやすい（パレート図については図表V-7参照）。

3）総括工程分析

(1) 基本的考え方

総括工程分析とは，ワーク（材料・部品・仕掛品など，製品となるモノ）が，材料から完成品になるまで，どういう順序で，どういう経路を経て，どれだけの時間をかけて流れていくか，加工・検査・運搬・停滞の4つに区分して分析し，生産工程を総合的に捉え，各作業時間の短縮や改善を進めようとするものである。総括工程分析も工程の概要を把握したうえで，たとえば運搬が多い場合には流れ分析・運搬分析のようなレイアウト改善に関わる専門分析を行うなど，適切な専門分析を使用し深掘りしていく。

(2) 手法の基礎

① 加工（工程記号：○）

加工とは，ワークが生産目的に従って物理的，化学的に変化を受ける状態，あるいは組立・分解される状態をいう。

② 検査（工程記号：□）

検査とは，ワークの特性または数量を何らかの方法で測定し，その結果を基準と比較して合否または適否を判定することをいう。

③ 運搬（工程記号：加工の1/3程度の大きさの○）

運搬とは，ワークがある位置から他の位置へ移動される状態をいう。

④ 停滞（工程記号：▽）

停滞とは，ワークがある場所で加工や検査が行われないで停止あるいは保管されている状態をいう。

(3) 実施手順

① 現物見本，設計図，手順書などにより対象製品の概要をとらえる。

図表V-5　工程分析用紙

略図	時間	工程記号	工程(場所)	作業者	機械設備	治工具検査具	容器置き方	改善着眼・その他
個数 / 1回距離×回数 / 延距離	1回時間×回数 / 延時間	ケースフタ端子						
		▽▽▽						
	15分×1回 / 15分	□□□	受入検査	田中		抜取目視		
70m×1回 / 70m	(原料)	○○○		佐藤	フォークリフト			
140m×1回 / 140m	(鉛材料)	△△△	原料倉庫				袋直置き	
15m×1回 / 15m		○○		石田	フォークリフト			
	1分×1回 / 1分	①③	原料投入	石田	原料投入口			
	45秒×200個 / 150分	30秒×200個 / 100分	②④	成形	南	成形機		
	3秒×200個 / 10分	□□	1次検査	南		全数目視		
		△	鉛素材置場				袋直置き	
	15秒×200個 / 50分	⑤	鋳造	小林	鋳造機			
	0.5秒×200個 / 1分40秒	□	自動チェック		自動チェック機			
75m×1回 / 75m		○	フォーク運搬	小林	ハンドフォーク			
	15秒×200個 / 50分	⑥	端子付け	南				
	15秒×200個 / 50分	⑦	組立	南				
		▽	パレ積み	南			パレット	

図面番号／工事番号／品名：バッテリーケース／材質／1台当り個数／製作台数／製作個数／調査者：矢島／調査期間：1993.10.25

② ワークの流れに沿って工程記号，工程，作業者，機械設備，治工具・検査具，容器・置き方，距離，時間，個数，改善着眼などを記入する。

(4) **改善の狙い・着眼点**
① ワークがスムーズに流れるようにレイアウト改善を図る。
② 各工程のバランスを検討し，隘路工程・遊休工程を捉える。
③ 各工程（加工・検査・運搬・停滞）の回数・時間・（距離）を削減する。特に停滞・運搬に着眼し，工程バランスの全体最適化を検討する。

(5) **工程分析用紙の記入方法**
① 個数　　　　　ロットで生産している時のロットサイズ
② 距離　　　　　（1回あたり距離×回数）/延距離
③ 時間　　　　　（1回あたり時間×回数）/延時間
④ 工程分析記号　加工○，検査□，運搬○（加工の1/3程度の小さい丸），停滞▽（素材の保管は△）

(2) QC手法

　主にQCサークル活動で活用されていた手法が「QC7つ道具」「新Q7つ道具」に代表されるQC手法である。QC7つ道具は，①パレート図，②特性要因図，③管理図（グラフ），④チェックシート，⑤ヒストグラム，⑥散布図，⑦層別のことであり，新QC7つ道具は，①親和図，②連関図，③系統図，④マトリックス図，⑤アローダイヤグラム法，⑥PDPC法，⑦マトリックスデータ解析法のことを指す。QCサークル活動では，職場単位で小集団をつくり，自分たちの職場で発生した不良の原因分析，対策などを検討，実行し，品質向上を図ってきた。日本製造業の品質の高さを基盤で支えてきた活動であり，手法であるということができる。

1) QCストーリー

　QC手法を使って改善を進めるプロセスをQCストーリーとよぶ。QCス

図表Ⅴ-6　QC手法一覧

	手法名	説　明
QC7つ道具	1　パレート図	不良損失金額・不良個数・ミス件数などを縦軸に取り，これを原因別・工程別・品種別に層別して度数の多いものを横軸に左から順に並べ，それを棒グラフで図示し，同時に累積構成比曲線を図示した図である。これは，どの不良が，どの工程が，どの製品が一番問題であるかを調べる場合に役立ち，同時にそれを退治すれば，効果はどのくらい予測されるかがわかる。このようにして不良解析をすることをパレート解析という。
	2　特性要因図	品質特性（結果）とそれに影響を及ぼしていると思われる要因（原因）との因果関係をわかりやすく整理した魚の骨のような図である。
	3　管理図（グラフ）	工程が安定な状態にあるかどうかを調べるため，または工程を安定な状態に維持するために用いる図で，1本の中心線（CL：Center Line）と2本の管理限界線（UCL：Upper Critical Limit, LCL:Lower Critical Limit）と，この図に打点された，品質または工程の条件などを表す点からなっている。 その他グラフとして，①棒グラフ，②面積グラフ，③円グラフ，④帯グラフ，⑤折れ線グラフ，⑥レーダーチャート，⑦地図グラフ，⑧バブルチャート，⑨ドーナツグラフ，⑩Zグラフなどがある。
	4　チェックシート	測定値をとる目的にもっとも相応しく，しかも簡単に取れて測定値が整理しやすいようにあらかじめ設計されたシートで，欠点数や不良個数などがどこにどのくらい発生しているかなどのデータ（記録用）をとる場合や作業標準の点検確認を進めていく（点検用）場合などに活用されている。簡単にチェックするだけで必要な情報が整理されて得られる。
	5　ヒストグラム	測定値の存在する範囲をいくつかの区間に分け，各区間を底辺とし，その区間に属する測定値の出現度数に比例する面積をもつ柱（長方形）を並べた図，つまり度数表を図にしたもので，別名柱状図ともいう。これは，測定値の分布状態を目に見える形に表し，見やすくして，分布の形をつかむ，測定値の中心的傾向とばらつきの程度をつかむなどの場合に用いられる。
	6　散布図	対になった測定値x, yをいく組かを集め，xを横軸にyを縦軸に，それぞれ目盛って，それぞれの測定値を打点して作られる図で，品質特性とそれに影響を及ぼしている要因との関係，要因と要因との関係，あるいは品質特性と他の品質特性との関係のような2変数量間の相関関係を図で調べる場合に用いられる。
	7　層別	測定値を，それが得られた特徴（たとえば製品別，機械・装置・治工具別，原料・材料・部品別，作業者別など）によって，2つ以上の集団（層という）に分けることで，作業者の違い，機械の違い，原料の違いなどいくつもの原因が重なり合ってできた製品の品質のばらつきの発生原因を，いくつかの層に分けて整理，わかりやすくする場合に用いられる。

		手法名	説 明
新QC7つ道具	1	親和図	未知・未経験の分野の問題など，もやもやとした状況のなかで，事実あるいは推測意見，発想などを言語データとしてとらえ，それらの言語データを相互の親和性によってまとめ，問題の構造を明らかにする。
	2	連関図	原因と結果（目的と手段）が複雑に絡み合っている問題について，その要因の因果関係を論理的に矢印でつないだ関連図をつくることによって，問題を全体的総合的にとらえて解析し，真の原因（有効な手段）を明らかにする。
	3	系統図	目的を達成するために必要な手段・方策を系統的に展開した図を作成することによって，方策を抜け落ちなく列挙し，そのなかから目的を果たす最適手段を追求していく手法である。系統図は大別して方策展開型と構成要素展開型の2つがある。
	4	マトリックス図法	問題を2元的に把握し，問題点を明確にしようとする図法である。問題としている現象や原因を一対にして抽出し，縦の要素と横の要素の好転に着目して，問題の所在や，形態を知り，問題解決手段の着想に役立つ，L型，T型，Y型，X型，（C型），（P型）などが工夫されている。
	5	アローダイヤグラム法	プロジェクトなどの進行計画を，効率的に立てるために用いられる矢線図をいう。各要素作業を矢線で結んで進行状況を知るとともに，ネックとなる作業を見いだして改善策を作成する。4種類の記号（結合点，作業名，ダミー，結合点日程）を使用し，実施事項をネットワークで表している。
	6	PDPC法	事態の進展とともにいろいろな結果が予想される問題について，事前に考えられるさまざまな結果を予測し，必要と思われる手を事前に打っておくことによって，望ましい結果に至るプロセスを誘導するための計画をいう。（過程決定計画図）
	7	マトリックス・データ解析法	新QC7つ道具のなかで唯一の数量データ解析法である。マトリックス図に配列された多くのデータ間の相互関係を手がかりにして，それらのデータのもつ情報を一度になるべく多く表現できるような数値の代用特性を求めることにより全体を合理的に整理する方法である。

トーリーはQCサークル活動の進め方として広まったものであるが，品質に限らずコストダウン活動なども含めた改善活動全般に応用できる考え方である。QCストーリーは次のようなプロセスで表現される。

① テーマの選定

問題点を洗い出して，効果度・緊急度・難易度などの視点から改善課題の選定を行う。

② 現状把握と目標設定

現状の悪さがどの程度発生しているかを把握し，どうなりたいかというありたい状態から目標値を設定する。

③ 実施計画の作成

5W1H（Why, When, Who, Where, What, How）の視点より，現状・原因分析および改善の実施時期とアウトプットを明確にする。

④ 要因の解析

「なぜ」を繰り返し，現象として起きている悪さの原因について，因果関係を明らかにしながら追究する。

⑤ 改善案の創出と実施

現状・原因分析により原因の本質（真因）を明らかにしたら，真因を排除する改善案を創出し，費用対効果などを検討のうえ，実施する。

⑥ 効果検証

改善後の効果を改善前と比較検証し，目標に到達したか確認する。未達の場合は追加の改善策を検討する。

⑦ 標準化と管理の定着

改善策が元の状態に戻らないように標準化，マニュアル化，日常管理への取り込みなどによる歯止め策を講じる。また水平展開の可能性を検討する。

次節以降でQCストーリーに則った不良の原因分析と対策立案にあたって筆者が実践で活用しやすいと考えている手法についてより詳しく紹介する。

2) パレート図

(1) 基本的考え方

複数の問題が存在するときに，重要な問題から先に取り上げたり，多くの原因のなかで結果に対する影響度の高いものから対策を打っていくことを「重点志向」とよぶ。パレート図は重点志向に役立てるための道具である。

第Ⅴ章　生産マネジメント　231

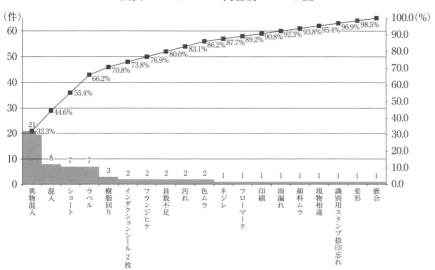

図表Ⅴ-7　クレーム内容別パレート図

(2) 手法の基礎

① 横軸に項目（たとえば不良要因など），左側の縦軸に数量（たとえば不良件数）をとり，左から多い順に棒グラフで示す。棒グラフは間隔を開けずに描くことが基本である。

② 右側の縦軸に構成比（％）をとり，累積構成比をプロットし，折れ線グラフで示す。折れ線は棒グラフの右上から描くのが基本である。

3）特性要因図

(1) 基本的考え方

不良が発生した時，通常その原因にはさまざまな要因が想定できる。それらの原因候補を系統的に整理し，一覧できるように図で示したものが特性要因図である。特性要因図の要因はあくまで原因の候補であり，仮説である。データ解析の準備として活用し，真の原因はデータにより確認すべきものである。図

図表V-8 特性要因図

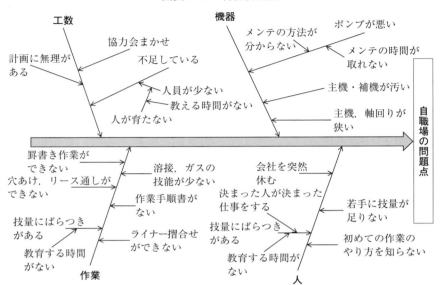

の形状が魚の骨に似ていることからフィッシュボーンダイヤグラムとも呼ばれる。

(2) 手法の基礎

① 特性（結果）を決め（要因分析をするテーマを設定し），図の右端に表示する。

② いくつかのグループ（大きな要因）ごとに分類しながら，考えられる要因を思いつくままにあげる。一般に4M（人・機械・材料・方法）の視点を活用することが多い。

4) 連関図

(1) 基本的考え方

いくつかの問題点とその要因間の因果関係を原因から結果に向けて矢印でつ

図表Ⅴ-9 連関図

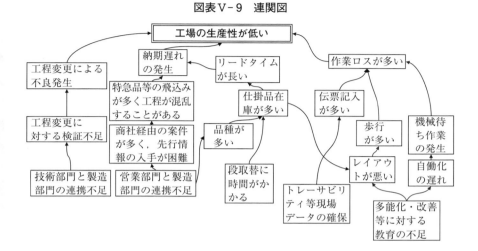

ないで表した図である。要因が複雑に関係する問題の構造を分析し，真因を追究することに効果的である。

(2) 手法の基礎

① 問題点に関係すると考えられるすべての要因をカードに記入する。
② 各要因の因果関係を追究し，矢印で関連づける（結果←原因）。
③ 各要因の関連を再検討し，追加・修正を行う。
④ 原因の本質（真因）を抽出する。

5）系統図

(1) 基本的考え方

系統図は樹系図とも呼ばれ，問題の解決や目的・目標を果たすための手段・方策を系統的に展開していく手法である。目的から手段に向けて矢印でつないで表す。

(2) 手法の基礎

① 目的・目標を明確に設定する。

図表Ⅴ-10　系統図

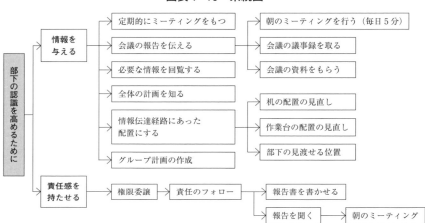

② 目的・目標を達成するために必要な手段・方策を可能な限り具体的に展開する。
③ 展開した手段・方策が適切かどうか評価し，取捨選択する。
④ 目的・目標と手段・方策の因果関係を明らかにし，図示する。

(3) VE手法

価値（Value）＝機能（Function）／費用（Cost）と考えることにより，より価値を高める材料選択や加工方法の改善発想に役立てる手法である。①機能を維持しながらコストを下げる，②コストを維持しながら機能を向上させる，③コスト上昇以上に機能を高める，などの考え方がある。コストダウン発想の基本概念ということができる。

(1)　基本的考え方

機能は名詞＋動詞で表現する。ネジであれば「モノを固定する」。ネクタイピンであれば「ネクタイをワイシャツに留める」などである。機能には使用機能と貴重機能がある。製品によりどちらの機能を重視すべきかは異なる。ネジ

であれば使用機能が確保されればほぼ問題ないと考えられるが，ネクタイピンなどであれば，デザインや素材の高級感なども重要な機能（貴重機能）になる。

(2) VEの発想

VEではまず製品の機能を定義し，その機能をブレイクダウンして考える。たとえばガラス製のコップを「液体を飲む道具」と定義した時に，「液体を飲む」機能を果たすために，どのような機能が必要かをブレイクダウンする。仮に「液体を溜める空間」と「口に流しやすい形状」とブレイクダウンしたとする。そのような機能を満たし，もっとコストの低い素材を使うことによって価値を高めようと考えると，ガラス製でなくても，紙やプラスチックでもよいという発想をもつことができる。このように機能を維持しながらコストを下げることにより価値を高めるというのがVEのもっとも一般的な考え方である。

ヘアカット専門店であるQBハウスは機能を下げながらもコスト（価格）を圧倒的に下げることにより価値を高めている。すなわちシャンプーや髭剃りを省略し，サービスを下げてはいるが，税別1,000円という圧倒的に安い価格により価値を高めている。

❹ アウトプットの管理

(1) 品質管理（Quality）

1) 品質管理の発展

当初のモノづくりは検査などなく，作ったものを無検査で引き渡していた。それではモノの出来が悪かった場合お客様から苦情が来るので，引渡し前に検査をするようになった。これが品質管理のスタートである。引渡し前に検査をすることによってお客様に不良品を届けることはなくなったが，最終段階で不良に気づいても手遅れであることから工程内検査や材料部品の受入検査を行うようになった。しかし確実に検査することを徹底しても加工時の不良は減らないことから，不良情報に基づき工程改善を行い「品質を作り込む」という概念

が発達していった。

　製造部門の「品質を作り込む」というプロセスは設計部門が作成した図面通りにモノを加工することであり，図面そのものが間違っていたら，いくら図面通りに製造しても顧客から見れば不良品であることには変わりがないことから，品質向上活動は設計部門も巻き込んだ活動へと拡大していった。さらに設計とは営業部門が捉えてきた顧客要求を形に表したものであり，営業が顧客要求を的確に捉えていなければ，設計部門がどんなに努力しても顧客要求にあった図面は作成できない。そのような考え方から特に日本ではTQC（Total Quality Control）またはTQM（Total Quality Management）という全社的品質管理の概念が発達した。

2）品質管理のツール

　品質管理の基本は品質基準と現物が一致していることである。品質基準は発揮性能・寸法・重量などの定量的に測定できるものと，外観・色・味・匂いなどの定性的に判断せざるを得ないものがある。人間の感覚（視覚・聴覚・味覚・嗅覚・触覚など）を用いて行われる検査を官能検査とよぶ。定量的指標は一般に公差を定め，公差内に入っているかどうかをチェックする。官能検査では明確な数値化が困難なため，限度見本を準備し，見本との比較で判断することが多い。このような限度見本や検査治具（検査を簡単に行えるように製品に合わせて製作された道具），品質基準を工程ごとに一覧化したQC工程表などが現場でよく活用されているツールである。

3）ISO9001

　ISO9000シリーズは1987年に当初は品質保証の国際規格として制定され，1994年の改定を経て世界的に普及し，2000年には品質マネジメントシステム規格となった。ISOとはThe International Organization for Standardization（国際標準化機構）の略であり，各国の標準化機関（ISO加盟団体）をまとめた

図表Ⅴ-11　QC工程表

フローチャート	NO	工程名	使用設備	管理項目	管理基準	測定頻度	測定器具	担当者	記録方式	管理責任者
○19	19	仕上		作業台状態 面状態 タッチアップ色調 外観	作業標準 作業標準 作業標準 作業標準	全量 全量 全量 全量	目視 目視 目視 目視	作業者 (工程内 検査員)	作業日報 作業日報 作業日報 作業日報	
▽20	20	仕上品積取り		積取り枚数	作業標準	全山	目視	作業者 (工程内 検査員)	確認	
▽21	21	ビス受入れ		外観 長さ 種類 納入伝票内容	作業標準 作業標準 作業標準 数量	納入毎 納入毎 納入毎 納入毎	目視 スケール 目視 目視	作業者 (受入れ 検査員)	確認 確認 確認 納入伝票	
○22	22	座付け	座付け機	位置 ビス打忘れ	作業標準, 作業標準	スタート, 中間, 終了 全量	スケール 目視	作業者 (工程内 検査員)	作業日報 確認	
▽23	23	座付け品積取り	積取り機	加工後外観	作業標準	スタート, 中間, 終了	目視	作業者 (工程内 検査員)	作業日報	

世界的な連盟組織のことである。2010年12月末現在，世界のISO9001審査登録件数は約111万件，日本では約5万件弱となっている（日本工業標準調査会ホームページより）。

　ISO9001は当初は「書類作成の負荷ばかり増える」「形骸化しやすい」などの批判も多かったが，2000年版からは顧客満足へのフォーカス化や継続的改善の重視が図られ，現在ではシステムの有効性評価に重点を置き，比較的安定してきたと感じられる。ISO9001は主に，①品質マネジメントシステム，②経営者の責任，③資源の運用管理，④製品実現，⑤測定，分析および改善の5領域に関わる品質をマネジメントしていくために必要な要求事項を設定し，受審企業に要求事項を満たした計画（マニュアル・手順書など）と実行（記録による証明）を求め，システムが整備され実行できていることが確認された企業がISO9001の認証を取得できる仕組みである。

4）不良分析と対策

不良率が下がらない，再発が防止できていないというようなことに悩む多くの企業で筆者が感じたことは，まず第1に，原因を何でも人・意識のせいにしているということである。その背景として，①「ミスするのは意識が足りないからだ」と作業者を責める風土，②意識しなくてはならないことが多すぎて，ムリがある，③作業環境（設備・材料など）が変わっていることに気づいていない等があると感じている。また第2に，原因分析，対策の内容が形式的であることがあげられる。①ISOの運用維持のため仕方なく書類だけ作っている，②とりあえず対策を決めたが本気で取り組んでいない，③書類に多くの印が並んでおり，誰が責任をもって取り組むのかよくわからないなどの例が多く見られた。

また対策についての具体案は表面的にみるとどの企業も大差ないことが多い。たとえば，①チェックリストの作成・実施，②限度見本の明確化，③標準マニュアル類の整備，④注意事項の掲示などである。しかし効果には明らかに差が出てきている。その違いは何かを考えると効果が出ない企業では要するに「仏作って魂入れず」になっていると感じている。第1に原因分析・対策検討を本音で本気で検討しているか。現場の担当者が「確かにこれをシッカリやれば不良を減らすことができるだろう」と本気で感じ，実施しようと思える対策になっているかが重要である。第2に本音で話しても大丈夫と安心できる風土になっているか。たとえば，①作業者のコミュニケーション力・対話力に問題はないか，②「こんなことを言っては叱られる」というような雰囲気はないか，③発言の背景も聞かずに，すぐにダメ出しをするようなことはないか，④他人や他部署のせいばかりにして，自責で考えないというような風土はないかなどがポイントになると思う。

(2) コストダウン（Cost）

製品別原価計算などについては第Ⅲ章財務マネジメントで述べられているの

で，ここでは現場のコストダウン活動について述べる。

1) コストダウンの方策

コスト構造の把握分析を前提として，自社のコスト構造に応じたコストダウン策を進めていくことが定石である。主な勘定科目に対するコストダウン方策は次のように考えられる。

2) MFCA (Material Flow Cost Accounting)

MFCAとは1990年代にドイツIMU（環境経営研究所）にて開発された手法であり，2000年に産業環境管理協会の研究会（経済産業省の委託事業）で検討

図表V-12　原価構成，コストダウンの方策と主担当部門の関係

原価構成				コストダウンの方策	主担当部門◎，関連部門○						
					製造	生産技術	設計	工程管理	資材購買	品質管理	営業・管理
総原価	製造原価	材料費		VE			◎		○		
				歩留向上	○	○	◎		○	○	
				資材購買価格低減					◎		
				不良材料低減					○	◎	
		外注加工費		内外作計画				○	◎		
				外注単価低減					◎		
		社内加工費	直接人件費	IE・QC手法による作業改善	◎	○				○	
				自働化・設備改善		◎					
				VEによる加工工数削減			◎				
				設計効率化			◎				
			間接人件費	平準化・手待ち削減				◎			
				5Sによる探し削減	◎	○		○			
				マテハン改善	○	◎					
				欠品対策				○	◎		
				業務改善	○	○	○	○	○	○	
		製造経費		水道光熱費等の節約	○	◎					
				業務改善	○	○					
	販売費・一般管理費			業務改善							◎
	利益				◎	◎	◎	◎	◎	◎	◎

が開始され経産省を中心に普及が促進されている環境会計の手法である。マテリアルバランスの考え方に基づき，投入量に対してどれだけのモノが製品になり，またどれだけのモノが廃棄されているかを重量基準で会計的に捉える手法である。たとえば1kg10,000円の鉄鋼を削りだして部品を製造する時に，人件費・動力費・減価償却費などの加工費が5,000円かかり100gのロス（切粉など）が出て，産廃費として100円かかるとする。従来の原価計算では製造原価は15,100円となる。MFCAでは環境に負荷をかけるロスに着目し，それまでかかったコストを重量按分し，正の製品（通常の製品）と負の製品（廃棄物など）に分ける。上記の例では材料費10,000円と加工費5,000円を正の製品900gと負の製品100gに分けるので，正の製品原価13,500円となり，負の製品には材料費と加工費の1,500円に産廃費100円を加えて1,600円を負の製品コストとみる。

　MFCAではコストを，①マテリアルコスト（材料・部品・外注費），②エネルギーコスト（電力・ガス・石油など），③システムコスト（労務費や減価償却費などの加工費），の3種類に分けて分析する。またMFCAでは，QC（Quantity Center）を分析対象工程と定め，どのQCでどのようなロスがどのくらい出ているかを把握し，金額的に表すことでロスを見える化し，改善に結びつける。

3）ムダ取り

　IE手法などを駆使して付加価値を生まない作業や状態を徹底的に排除する活動をムダ取りとよぶ。付加価値を生まない作業や状態とは人の視点からは図表V-4の作業時間の性質的分類で紹介した主作業以外の作業，すなわち段取，手待ち，手直し，探し，連絡打合せ，機械修理等々のことであり，モノ（ワーク）の視点からは3.（1）3）総括工程分析で紹介した加工以外の状態（検査，運搬，停滞）である。

　ここではIE手法を活用した一般的なムダ取りの進め方を紹介する。基本的プロセスは3.（2）1）で紹介したQCストーリーに則っている。

① 問題点の把握

　総括工程分析およびワークサンプリングによりどのようなムダがどれくらい発生しているかを把握する。総括工程分析からは停滞（仕掛品）が多い，運搬が多い，ネック工程が存在し全体の流れがスムーズになっていないなどの問題点が抽出されることが多い。ワークサンプリングからは，探し，手待ち，運搬，連絡打合せ，機械調整などの職場余裕に関する問題や，段取時間が長いなどの問題が抽出されることが多い。

② 課題選定・目標設定

　もっとも大きな問題点を絞り込み，改善課題として設定する。その際，ありたい状態を想定して目標を設定する。目標設定は安正早楽（あんせいそうらく：安く，正しく（品質良く），早く，楽に）のいずれかの方向性で設定することが一般的である。

③ 現状・原因分析

　問題がなぜ発生しているのか，専門分析などを活用して詳細に調査する。たとえば運搬が多い場合は，レイアウト上のワークの動きを流れ分析で分析したり，仕掛品が多い場合は工程時間のバランスをラインバランス分析で分析したり，生産指示や進捗管理の実態を業務フロー分析などで分析する。

④ 改善案創出・実施

　真因に対して改善案を考える。改善案発想の際にはECRS（イクルス）の原則（E：Eliminate やめられないか，C：Combine 一緒にできないか，R：Rearrange 入れ替えたらどうか，S：Simplify 簡単にできないか）を活用することが多い。

⑤ 効果検証・標準化・定着策（QCストーリーと同様）

特に量産品では1秒レベルでの改善が大きな効果につながる。生産量の増大を目的とする場合は，工場全体の工程能力と負荷の状態から，どの工程がネックなのかを把握しネック工程の改善を図ることが重要である。ネック工程以外の工程の時間を削減しても，結局はネック工程の制約を受け，全体の生産量は

上がらないという結果に至ってしまう。

　ムダ取りの重点ポイントは生産形態によっても異なってくる。ロット生産の場合は，繰り返し作業が比較的少なくなるので，段取・準備後始末時間をいかに削減するかが重要になってくる。個別生産では一般に顧客仕様がなかなか決まらず，納期は決まっているので設計・調達・製造と順に遅れが発生し，最終工程にしわ寄せが集中し突貫工事になることが多い。いかに全体工程の進捗を調整し，ムダの少ない生産計画・指示につなげていくかが重要になる。

4）機械化

　労務費削減には機械化が有効である。近年ではロボット技術も急速に発達し，多品種少量生産でもロボット化が進んでいる。機械化を進めるには，まず自社の生産形態（受注形態・品種数・ロットサイズなど）から考えて，機械化が有効であるか検討する必要がある。またマテリアルハンドリング（材料・部品・仕掛品・製品の運搬に関する取扱い）や安全対策などから少しでも自社で対応できる生産技術を磨いていくことが重要である。

5）リードタイムの短縮

　会計的にはコストダウンと直結して表すのは難しいが，リードタイムの短縮は現場の効率を高める極めて重要な取組みである。リードタイムを長くする最大の問題は仕掛品にあると考えられる。仕掛品が多数存在することは，それだけ停滞期間が長くなることであり，スペースのムダや現品管理の手間増大に直結する。また仕掛品は手待ちや歩行などの動作のムダを隠してしまうという性質もある。リードタイムを最短にするありたい姿は1個流し（製品1個当たりの数量を，各工程を同期化しひとつずつ加工し次工程に流していく生産方法）と考えてよいが，一般に多品種による切替（段取替え）の手間や，工程能力（加工スピード）のバラツキ，トラブル発生時のラインストップのリスクを回避したいという動機などにより，なかなか実現できない企業が多い。ムダ取りを行い

工程を同期化させ1個流しを徹底するほど作業密度は向上し余裕はなくなるので作業者へのプレッシャーも増大し，1個流しが理想であることは頭で理解できても，以前の楽なロット生産に戻したくなる企業が多いと感じている。しかしリードタイムが短縮できると，顧客へのサービス向上になることはもちろん，つくりすぎのムダの削減につながる。リードタイム短縮の有効性は皆理解しているものの，現場の意識が根本的に変わらないと，なかなか定着しないのが実情と感じる。トップのリーダーシップが強く求められるところである。

6）改善活動推進のポイント

筆者は，これまで多くの企業の現場改善に関わってきて，「なぜ改善活動がこんなに辛そうなのか」ということに疑問を感じている。改善とは本来知恵や創造性が発揮でき，自分の仕事が楽になり，経営的成果にもつながる一石三鳥以上の，楽しい活動のはずだと思うのである。それが上からテーマを押し付けられ，アイディアはつぶされ，成果が出ないと責められて，辛い活動になっている例を多く見受けてきた。多くの経営者が「当社の社員は改善能力が低い」という発言をするが，その背景には「現場は改善を進め成果をあげるのが当たり前」という考えがあるように感じられる。現場の方に「改善は楽しい」と実感してもらうことが，真に継続的改善を進めることができる組織となる要諦だと考えている。

筆者は改善活動推進のポイントを次の3点と考えている。

① 徹底して可視化（見える化）する

改善が進まない最大の原因は「問題が可視化できていない」ことにあると考える。どのような問題が，どのくらい，なぜ起こっているのかを誰が見てもわかる状態にすることにより，改善の必要性を共有できる。見えない状態のままだと，原因を他部門のせいにして「自分たちは被害者である」という意識が強くなる。そうなると他部門が先に改善してくれなければ，自分たちの業務には改善の余地がないと考え，改善が進まなくなる。

② 多角的な視点から検討する

担当者は通常，自分なりにもっとも効率のよいやり方を工夫している。その思いがあると「これ以上の改善はムリである」という意識を持ちやすくなる。しかし後工程・前工程，上司・部下などの他の立場からみると，改善点が見えてくることが往々にしてある。特に部門間をまたがる業務では自分の業務のアウトプットが次の部門でどのような使われ方をしているか知らないために，自ずと狭い範囲での改善しか検討できなくなる。多角的視点から検討するためには可視化が前提となる。

③ 適切な動機づけを行う

改善活動は活動自体に負荷がかかる面もあり，また課題が大きすぎるとゴールの見えない永遠の活動になってしまう可能性もあり，参加者の動機づけについて配慮が必要と考える。「作業時間を短縮して改善したといっても自分にとって何の得があるのか？」というような疑問をもつ参加者も発生する。「何のための改善活動か？」「成果をどのように評価し，取扱うのか？」などについて，基本方針を明確にすることが重要である。個人的には「まず楽をする」（余力創出）をテーマとして取り組むことが有効と考えている。

筆者は改善にもステップがあると考えており，まず改善の楽しさを知ってもらうことが，自主自律的に改善に取り組める風土を構築するために重要なことと考える。そのうえで，コストに直結する活動などへレベルアップを図っていくことが，最終的には改善活動は組織に根づくことにつながると考える。多くの企業で改善の楽しさを伝えることを怠り，いきなり「コストダウンをしなさい」「リードタイムの短縮をしなさい」と課題を押しつけ，作業者が改善嫌いになってしまっているように感じる。

(3) 工程（納期）管理（Delivery）

1）工程管理の機能

工程管理とは，所定の製品を，所定の数量だけ，所定の納期に生産するため

図表Ⅴ-13　改善活動のステップ

	ステップ1	ステップ2	ステップ3	ステップ4
狙い	自ら問題点に気づき，改善の楽しさを知る	問題の大きさや改善効果を定量的に捉える	顧客視点での改善活動へ	あるべき姿に対する問題設定レベル向上
	前向きに改善に取り組む風土の醸成	コスト意識の醸成	当事者意識の強化	継続的改善力の強化
	改善の進め方の基本習得	原価と改善活動の関係の理解	リードタイムと改善活動の関係の理解	顧客・競合への意識
対象範囲	自職場内課題	自部門内課題	部門連携課題	全社課題
キーワード	余力の創出 （楽にする）	定量的分析 KPI指標	リードタイム短縮 仕掛・在庫削減	CS視点 競争優位
活用する手法	ブレーンストーミング なぜなぜ分析 5S	IE手法 QC7つ道具 見える化	巻き紙分析 トヨタ生産方式	SWOT分析 組織プロフィール
望ましい状態	メンバー全員が改善活動の意義を理解している状態	改善活動がコストや利益に与える影響を理解している	リードタイム短縮の重要性を理解している	顧客・競合を意識して自らの課題を抽出できる

に，工場内の生産資源を総合的に統制し，かつ経済的生産を実施するための管理活動である。すなわち生産計画に基づく生産活動を適切に行い，高品質，低原価の製品を生産性高く製造するために，工程を構成する機械設備，原材料・部品，作業に対して，これを準備し，製造し，計画との差異を統制することである。

2）工程管理の目的

工程管理を行う目的として次のようなことがあげられる。

① 工程管理を正しく行うことにより，顧客要求納期通りに製品を納める。その前提として，営業部門は基準日程に基づいた受注活動を行い，生産部門は生産計画に基づいた生産を遅滞なく行う。

図表Ⅴ-14　工程管理の機能

広義の工程管理	狭義の工程管理			
		1. 生産計画 　年次生産計画 　月次生産計画	①いつ，何を，いくらつくるかを決める ②それはできるかどうか可能性も検討して決める	
		2. 材料計画	生産計画による製品の生産量に対し，材料はどれだけ必要かを決める	
		3. 手順計画	①生産を都合よく進めるには，どこの職場で，どんな加工順序で，どんな機械設備・治工具で製作したらよいかを決める	
		4. 日程計画 　大日程計画 　中日程計画 　小日程計画	①納期まで生産が完了するよう，各課・各職場・各作業者の着手日完工日を決める ②その計画を実行するのにどのくらいの格付けの技量の人員と機械設備を必要とするか。それは現在の能力で可能かどうか調整する（余力計画）	
		5. 生産指示	①中日程計画により，作業の着手日が接近したら，出庫票，作業票などを発行して，作業の着手を命じる ②作業開始に必要な材料，部品，図面，治工具などを事前にチェックして準備する ③作業を作業者，または機械に割当てる	
		6. 進捗統制	①仕事を割当てた後，作業が計画より進んでいるか，遅れているかチェックする ②遅れている場合，遅れ回復対策を取る ③被加工物が，どこに，いくらあるかを確実につかむ（現品管理）	
	7. 監査		①実績資料の報告体系をつくる ②実績資料をもとに工程管理機能の能率を判定しフィードバックする	

② リードタイムを短縮する。すなわち仕掛品を減らし，停滞期間を削減することである。

③ 作業を人や機械に適切に割り当て，工場全体の負荷の平準化を図り，人と機械の手待ちを削減し稼働率を上げ，原価を引き下げる。

④ 仕掛量，在庫量を適正化し，金利負担を軽減する。また紛失防止により材料・部品の有効利用を図り，原価を引き下げる。

⑤ 計画的生産，あるいは操業度の平準化により，不良防止の間接的効果を得る。

3）生産形態

　受注と生産の時期や品種と生産量の多少により，また製品により生産形態は異なってくる。自らの計画に基づき製品を生産し，製品在庫をもち受注に応じて出荷するような方式を見込生産とよぶ。一般的に見込み生産が適しているのは少品種多量生産であり，その典型が1ラインで同じ品種を作り続ける連続生産形態である。連続生産では機械化・自働化を進めていることが多く，作業者には機械操作・調整や設備保全能力が求められる。レイアウトは製品別ラインレイアウトを取っていることが多い。

　営業が受注してから生産する方式を受注生産とよぶ。受注生産のなかでもプラント・造船・大型機械のような製品は受注後詳細仕様を決定し，設計から始める完全受注生産が多い。このような製品はほとんど個別生産といわれ，1個ずつつくる生産形態をとっている。個別生産では作業者にはさまざまな仕様にも対応できる加工能力（技能）が求められる。まったくどのような仕様が受注できるかわからないような工場では機械種類別のレイアウトを取るが，一般に部品やユニットの標準化はある程度すすめているので，全体レイアウトは工程順にして，部分的にはラインを組んでいるところもある。このようなレイアウトは次に述べるロット生産でも同様である。

　連続生産と個別生産の中間に位置するのがロット生産である。ロット生産とはある程度の数（ロットサイズ）をまとめて生産する形態のことである。現実には多くの企業がロット生産形態であることが多い。ただしロットサイズは業界や企業によって千差万別である。10個程度のところもあれば何万個を1ロットとしている場合もある。高度成長期以降は多品種少量化が進んできているため，ロットサイズが小さくなる傾向にあり，それだけ段取替え回数が増加している。段取時間の短縮は多くの企業が抱えている重要な改善課題である。ロット生産には見込生産も受注生産もある。家電製品などは見込生産方式のロット生産形態である。弁当や豆腐・納豆のような食品は，製品は標準化されているが日持ちがしないことと受注量の変動が大きいことから，受注生産方式を取っ

図表V-15　生産形態

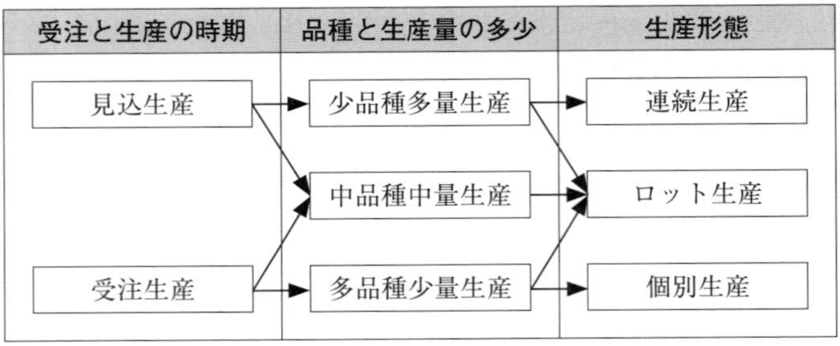

受注と生産の時期	品種と生産量の多少	生産形態
見込生産	少品種多量生産	連続生産
	中品種中量生産	ロット生産
受注生産	多品種少量生産	個別生産

ている。受注後24時間以内に出荷する必要があることが多く，リードタイムの制約が極めて大きい。

4）生産計画

生産計画は一般に対象期間により層別される。業界により異なるが，①長期生産計画：生産戦略（3～5年），②年次生産計画：大日程計画（半年～1年程度），③月次生産計画：中日程計画（1～3ヶ月程度），④生産指示：小日程計画（1～10日程度）である。上述の弁当や豆腐・納豆のような食品は，出荷時間に合わせた時間単位での生産指示を行っている。

日程計画は図表V-16のようなガントチャートで表されることが多い。

5）手順計画

手順計画とは設計図を検討して部品加工および製品組立の最適方法を決め，その要領を具体的に明示することである。一度製造した製品については，繰り返し使える場合も多いため，作成方法等があまり表面に出てこない場合もある。

手順計画の内容は，①作業工程の順序と作業内容，②組立作業の順序と取付部品，③各工程に必要とされる機械設備，人員数，④作業工程ごとの標準時間，⑤作業工程ごとに必要な治工具，機械の切削条件，⑥標準ロット数等である。

図表Ⅴ-16 大日程計画

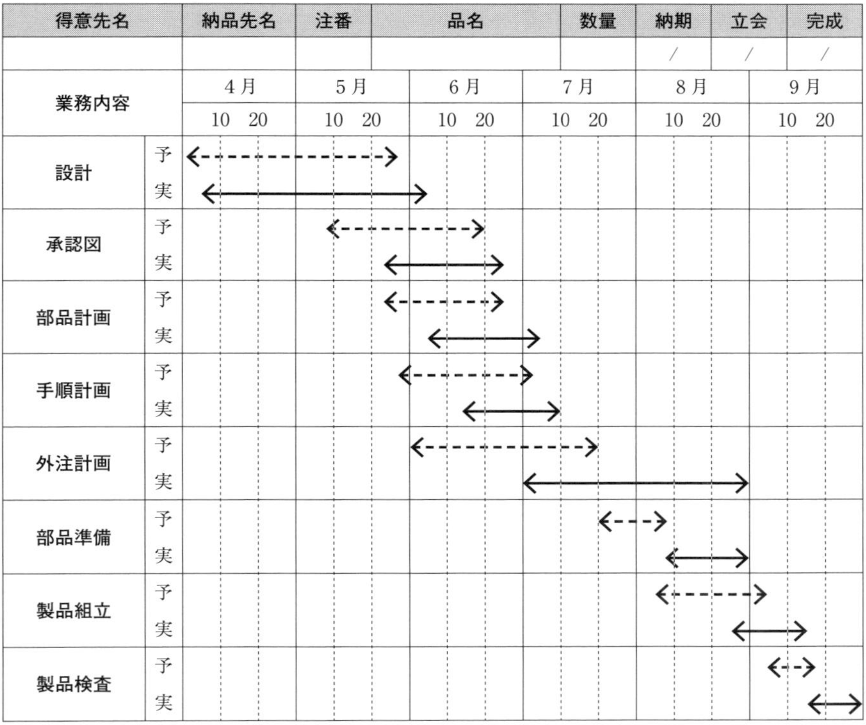

得意先名		納品先名	注番	品名	数量	納期 /	立会 /	完成 /
業務内容		4月 10 20	5月 10 20	6月 10 20	7月 10 20	8月 10 20	9月 10 20	
設計	予 実							
承認図	予 実							
部品計画	予 実							
手順計画	予 実							
外注計画	予 実							
部品準備	予 実							
製品組立	予 実							
製品検査	予 実							

6) 基準日程

　生産計画をたてる際に基準となるのが基準日程（標準生産期間）である。日程計画は基準日程を基に納期から逆算して各工程の着手日，完工日を決めていく。しかし，この基準日程には停滞時間が含まれているので，操業度や生産ロットの大きさによって期間の変動があり，状況によって変化する変動的なものと考えるべきである。営業部門も基準日程に基づいた営業活動を行うことが原則である。基準日程とは個々の作業の着手から完成までの標準的所要日数＝標準的生産期間のことであり，加工・検査・運搬・停滞の時間で構成される。

特に個別生産においては停滞時間が6～8割程度となることがあるほど生産期間のなかに大きな比率を占めている。

7) 余力計画（工数計画，負荷計画ともいう）

　注文があって納期が決められると，納期から基準日程を逆算して工程の着手日，完工日が決められ，日程計画がたてられる。しかし，いくら日程の計画がたてられても，その実施が可能かどうかの裏づけがなければ意味がなく，そこで実施が可能かどうかを事前に検討する余力計画が必要になる。余力は生産能力－負荷（仕事量）で求められる。たとえば1日の稼働時間7時間，月間稼働日数20日，設備台数5台とすると，その工程の生産能力は $7 \times 20 \times 5 = 700$ 時間となる。負荷は部品・製品1個当たりの標準時間×受注量で求められる。余力があるときは，営業部門による受注増対策や，納期が先の製品の前倒し生産，比較的売れる見込みのある製品の見込生産，他製品部門への配置転換などの対策を検討する必要がある。また余力がない場合には，残業・休出などでまかなえるのか，または外注化の必要があるかなどの対策を検討する。負荷の総計の計算をして負荷状況をみることを「山積み」，能力を超えた負荷を他の設備や日程に振り替え，平準化を図ることを「山崩し」とよぶ。

8) 作業指示

　作業指示とは，実際に仕事を人，または機械に割り当てること，すなわち作業の分配と分配のための作業の準備のことをいう。かつては作業指示伝票を作業指示板に差し立てて指示したことから，差立と呼ばれることもある。作業指示の主な機能は，倉庫や前工程から材料・部品・仕掛品などの移動を指示し，工具・治具・図面を準備し，作業開始に必要な伝票類を発行し，機械，作業者に対し仕事を割り当て，着手をさせることである。また進捗統制と関係するが，作業終了後の記録を収集し，進捗状況を把握し，作業終了後の仕掛品などの次の工程への移動を手配することがあげられる。

9) 進捗統制

生産計画, あるいは日程計画で決めた予定に基づき現場は日々の作業を進めていくが, 現場ではさまざまな問題が発生し, 計画通りに進まない状況は頻繁に発生する。そのため進捗状況を常にチェックして, 計画と実績の差を捉え, その差を最小に管理していく必要がある。これが進捗統制の役割である。進捗統制の主な機能は, ①進捗状況の把握, ②進み遅れの判定, ③必要に応じて計画の修正, ④遅れ原因の調査と対策, ⑤遅れ回復の確認である。

10) 現品管理

データ上の進捗状況の把握に合わせて, 現品の所在・数量を具体的に把握することも進捗統制の重要なポイントである。多くの企業でコンピュータ上の数量と現場での現品の数量が合わなかったり, あるべきはずの場所になかったりして現場が混乱することがある。現品管理を正しく行うことにより, ①現品の紛失や損傷が防止される, ②運搬作業, 倉庫管理, 発送作業が容易化されるなどの効果が期待できる。現品管理の基本は5Sの徹底にある。

(4) 資材・購買管理

資材・購買管理に関係する用語として, 資材管理, 調達管理, 購買管理, 外注管理, 在庫管理などの呼び方がある。使い方は企業によってさまざまであるが, 一般的には, 資材管理とは, 現品がどこにあるか, 数量は足りているか, 現品に不良などの品質問題はないかなどのモノに対する管理に使用されることが多い。調達管理とは, 現場作業開始に間に合うように材料・部品が納品されているかなど, 納期が中心視点となっているようである。購買管理はいかに安く買うかを中心とした発注管理であり, 標準・汎用品を購買品, 自社が仕様を指示するモノを外注品と分けて使用しているところもある。在庫管理は倉庫にある材料・部品・製品などの三定管理を指しており, 在庫回転率やスペース効率, デッドストックの防止などが重視される。

1) 業者の評価選定

ISO9001では「組織は，供給者が組織の要求事項に従って製品を供給する能力を判断の根拠として，供給者を評価し，選定しなければならない」と要求している（ISO9001：2008 7.4.1購買プロセス）。自社の要求に見合った製品を的確に納入する能力のある業者であるかを事前に評価し，能力のある業者から購入しなさいという要求である。ISO9001の要求事項なので当然品質視点が中心であるが，コストや納期，フレキシブルな対応力，経営の安定性なども重要な視点になる。

2) ABC分析と発注方式

特に組立型の工場では材料や部品の種類が多岐にわたる。そのような企業で活用しているのがABC分析である。横軸に材料部品を，縦軸に金額をとり，パレート図を描く。上位2～3割の材料部品で金額の5～6割を占めるような重要な材料部品をAと呼び，品種数は5割くらいを占めるが金額は1割程度しかならないものをCとよぶ。その間がBである。以上のように重要度により在庫や購買の管理方式を変える。すなわち重要品はきめ細かく管理し，Cのようなものはなるべく簡易な管理方法を取る。Aは定期発注方式，Bは定量発注

図表V-17　ABC分析

図表Ⅴ-18 定量発注方式の在庫曲線

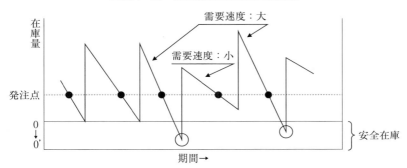

方式,Cはダブルビン法などの簡易発注方式を取ることが多い。

(1) 定期発注方式

定期発注方式とは,毎日や毎週など定期的に材料部品個別に,在庫数,発注残,入荷数,発注数などを管理するものである。

(2) 定量発注方式

定量発注方式は,発注点を決め,発注点まで在庫が減った時に一定量を発注する考え方である。

経済的発注量,安全在庫,発注点は次の計算式により求める。

① 経済的発注量(EOQ:Economic Order Quantity)

$$EOQ = \sqrt{\frac{2 \times A \times S}{C \times i}}$$

　　A:1回あたりの発注費用　S:年間発注量　C:単価
　　i:単位当たりの在庫維持費用

② 安全在庫

　　安全在庫 $B = L(d^1 - d)$

　　L:調達期間(日数)　d^1=予想最大出庫量　d=毎日の平均出庫量

③ 発注点

　　発注点 $OP = D \times L + B$

　　　　　L：調達期間　D：平均需要量　B：安全在庫

(3) **簡易発注方式（ダブルビン法他）**

　ダブルビン法とは，たとえばウィスキーのボトルを2本用意しておき，晩酌などで1本を飲み終わったら発注し，新しいボトルが届くまではもう1本を飲んでおく，という考え方である。単価が低く，数が多いものなどは2セット買っておき，1セット使い切ったところでもう1セット発注するという極めて単純な方式を取り，管理の手間を省くことを優先する。

3) 資材購買管理見直しの視点

　資材購買管理に関して筆者がチェックポイントと考える点をあげておく。

① 世界標準（グローバル視点）でもっとも安くできる価格を知っているか

　すべての購買品に対して行うことは不可能だが，重要な材料部品については，グローバル基準でどのくらい安く買えるのかを知っておくことは，価格交渉上重要である。多くの企業で外注先に対して「自社のコストダウン目標があるのでそれに則って安く作ってもらいたい」というような要求をしていることがある。自社の都合でただ安くしてくれでは外注先は本気では動かない。「他社でこの値段でできる」という事実を把握し，そのデータを基に交渉することが有効である。

② 「他からは手配できないだろう」とタカを括られていないか

　たとえばロットサイズを小さくして欲しいとか，単価交渉を繰り返し行っていながら，自社の希望にまったく応えてもらえないにもかかわらず買い続けていると，業者は「他に買う先がないのであろう」とタカを括っていることがある。時には他社から買ってみせることも必要な場合がある。

③ Win-Winの関係ができているか

　Win-Winの関係とはよくいわれることだが，たとえばVE提案を求めて業者がそれに応じてきた際に，そのVE提案によるコストダウン効果を折半するなど，真のパートナーとしての関係が構築できているか振り返ってみる。業者

もVE提案ですべてのコストダウン要素を提示しているとは限らないが，効果はすべて自分たちの買取価格削減に充てられるようであれば業者も真剣にVE検討をしなくなる．

④　必要があればコストダウン指導まで支援しているか

品質問題があったときこそ，パートナー関係を構築する好機である．品質問題解決に一緒に取り組むことにより，さらに相手の工程改善も進め，コストダウンに結びつける．

⑤　受入検査の強化ばかりを行い，社内の負担を増大させていないか

品質問題は基本的に業者側に保証させるべき問題である．品質問題が発生したときは，外注先から出向させて品再検査させるなど，時には厳しい姿勢を見せる必要もある．

⑥　動機づけの仕組みはできているか

たとえば納期遅れや品質問題のデータをグラフにして，商談コーナーに掲示しておくなど，データを把握していることを相手に気づかせているか．またQCD視点で成果のあった外注先は表彰するなど，褒める仕組みをもつことも必要である．

⑦　外注の能力や経営状況（生産力，技術力，設備，生産変動状況，当社の売上構成比など）の情報をどこまで把握し，活用しているか

❺　トヨタ生産方式

トヨタ生産方式とはトヨタ自動車で構築された独自性の高い体系的な生産方式であり，豊田喜一郎が提唱したジャストインタイムの考え方を大野耐一が具現化したものである．大野耐一のあげた7つのムダのなかでも特に「作り過ぎのムダ」を中心に，あらゆるムダを徹底的に排除する考え方で全体システムが構築されている．

1) 7つのムダ

7つのムダとは，①つくりすぎのムダ，②手待ちのムダ，③運搬のムダ，④加工そのもののムダ，⑤在庫のムダ，⑥動作のムダ，⑦不良をつくるムダというムダのなかでも代表的な7つのポイントを大野耐一が提唱したものである。4.（2）3）ムダ取りの項で触れた，付加価値を生まない活動のなかでもわかりやすい7点について取り上げている。つくりすぎのムダは見込生産をしている企業にとってもっとも怖いムダである。すなわち材料費・部品費，労務費，動力費，設備費などあらゆる資金を使い，コストをかけて生産した製品が売れ残ってしまったためにまったく1円も回収できないという状態だからである。つくりすぎのムダが増大することはその分のコストを他の製品の利益でまかなわなければならないことのみならず，資金不足に直結するので最悪の場合には倒産につながりかねないインパクトの大きいムダということができる。

ここではトヨタ生産方式のいくつかの特徴的な考え方を紹介する。

2) ジャストインタイム

「必要なものを必要な時に必要なだけつくる」という豊田喜一郎が提唱した考え方である。アメリカを見てモータリゼーションの時代が日本にもやってくることを確信した豊田喜一郎であったが，日本の市場規模から考えてアメリカほどの大量生産は通用しないと考えたと思われる。そこで必要な分だけをタイムリーにムダなくつくることが重要であるという考え方をジャストインタイムと表現し，社員に徹底させたといわれている。

必要なだけつくるという考え方は，裏返せばつくりすぎのムダを発生させないということである。つくりすぎのムダを発生させないためにはリードタイムの短縮が極めて重要になる。リードタイムの短縮のためには仕掛品の削減がもっとも有効であり，そのあるべき姿は1個流しということができる。1個流しは1個ずつ運搬するので運搬回数が膨大になる。そこで各工程間の距離を可能な限り詰め（間締めとよぶ），すぐ隣に置けば次の工程，という状態をつくる。

1個流しの場合はロット分の仕掛を置くスペースも必要ないので，徹底した間締めが可能になる。また工程ごとの作業時間にバラツキがあると停滞や手待ちが発生するので，少人化の項で説明するタクトタイムに基づき，工程の同期化を図る。また多品種少量である製品を流すには段取替えのムダが発生するので，可能な限り段取時間を短縮し一発段取（瞬間的に切り替える）やシングル段取（ヒトケタの分数以内で切り替える）を徹底して追究する。また品種が変わると各工程の作業時間も変わってくるのでどうしても早くできる製品と時間がかかる製品が出てくる。そこを調整するのが平準化生産の考え方である。あえて品種をばらつかせて投入する（混流生産とよぶ）ことにより，時間のかかる製品のあとに早くできる製品が続いて，仕掛が多く溜まってしまったり，逆に早くできる製品のあとに時間がかかる製品が続いて，下流工程が手待ちになってしまったりということを最小限にする。平準化生産は協力会社への発注の平準化にもつながるため，協力会社も安定的な生産ができるようになり，コストダウンがしやすくなり，購買価格低減につながる。混流生産においてどうしても発生する品種による作業時間の差は工程間の仕掛品（ランニングストックとよぶ）をもつ量を管理することにより対応する。

3）自働化

トヨタ生産方式の2本柱は「ジャストインタイム」と「自働化」といわれている。トヨタの自働化は「にんべんのついた自動化」といわれており，いわゆる自動化と区別している。「にんべんのついた自動化」とは加工が完了した時，または異常があった時に自動的に止まる仕組みである。豊田佐吉の開発した自動織機に由来している考え方で，たとえば糸が切れたり使い切ってしまったときなどに自動的に機械が止まるということである。今までの自動機では糸が切れたりするとそのまま1本糸のない織物を織りこんでしまうので不良品をつくることになる。そこで常に人がついて監視し，異常があれば機械を停止する必要があった。自動的に止まる仕組みにすることにより，人は機械が停止した時

だけ対応すればよく，人が機械の監視から解放され，機械から離れられる仕組みができたということである。これが多台持ちや多工程持ちを可能にする基盤になる。

4）少人化

　トヨタ生産方式の特徴的な考え方に少人化，「目のない省人化」というものがある。通常の省人化が単純に人を減らすことであったのに対して，「目のない省人化」は受注量に応じてフレキシブルに最小限人数で対応できる体制をつくることをいう。この考え方にはタクトタイムで各工程を同期化することが基盤にある。タクトタイムとはつくるスピードのことであり，たとえば1日の操業時間が8時間×60分の480分として，1日に生産すべき受注量が480個とすると，480分÷480個＝1分がタクトタイムになる。仮に作業時間が1分の工程が6個で構成されているラインがあったとすると，各工程に1人ずつ配置し，6人体制で作れば1分に1個ずつできる。もし受注量が半減し，240個になったとすると，480分÷240個＝2分がタクトタイムになる。その場合1人が2工程ずつ担当することにより，2分に1個のペースで製品ができる。1人が2工程ずつ担当するので，6工程を3人で対応可能になる。このように受注量に応じて配置人数をフレキシブルに変えられる体制を少人化とよぶ。

　少人化ができるようになるには，まず各作業工程の時間がタクトタイムに基づきバランス化できていることが前提となる。また作業者には自分の前または後の工程も担当できる多能工化が必要になる。いわゆる多台持ちのように同じ機械を複数台担当するのも労働生産性向上の視点では有効であるが，もし前工程や後工程で違う機械を担当する必要があるとすれば，同じ機械をもつ多台持ちでは少人化に対応できない。あくまで多工程持ちのできる多能工化が必要なのである。

5) 後工程引取り

　後工程引取りの考え方は，①まず最終工程が受注があった分だけを生産する，②最終工程が生産に使用したユニット（たとえばエンジンやドアなど）を前工程に取りに行く，③エンジン製造工程では，最終工程が持って行った分だけを製造し，使用した部品を前工程に取りに行く，というような製造と情報が逆に流れていく考え方である。一般的には生産管理室のような部署が全工程の生産計画を立て指示を出していることと比較して，画期的な生産情報の流れである。この情報を伝えるのに活用するのが「かんばん」である。トヨタは「かんばん」方式が有名であり，「かんばん」は極めてユニークで革新的なツールであるが，「かんばん」はあくまで情報伝達のツールに過ぎない。トヨタ生産方式の重要な思想はジャストインタイム，自働化，平準化にあると考える。

参考文献

渡辺健一郎（1977）『工程管理と生産期間の短縮』日刊工業新聞社
大野耐一（1978）『トヨタ生産方式』ダイヤモンド社
岩坪友義・藤本忠司・藤森和喜・矢島浩明（2000）『IEによる標準時間設定手順』宣協社
岩坪友義・藤本忠司・藤森和喜・矢島浩明（2001）『IE手法による作業改善の進め方』宣協社
五十嵐瞭監修（1990）『まるごと工場コストダウン事典』日刊工業新聞社
藤本隆宏（2001）『生産マネジメント入門Ⅰ』日本経済新聞社
田中正躬編集（2008）『JIS Q 9001（ISO 9001）品質マネジメントシステム—要求事項』日本規格協会

索引

あ行

IE　215
後工程引き取り　259
洗い替え方式　208, 209
洗替方式　206
ROE　124
ROA　124
ROP　166
アローダイヤグラム法　229
安全在庫　253
安全余裕率　120
ECRSの原則　241
ISO9001　236
移動障壁　27
EBM（イベント・ベースド・マーケティング）　105
薄い市場　29
営業C/F　115
永続価値　153
ABC分析　252
MFCA　239
オーダーゲティング　88
オーダーテイキング　88

か行

回収期間法　154
外部環境・内部環境分析　58
開放的チャネル政策　89
価格戦略　82
価値連鎖　28
活用　168
稼働　222, 223
金のなる木　18
株主価値　158
株主資本等変動計算書　111
管理会計　125
管理システム　92

管理図　228
企業価値　158
企業システム　92
企業生態系　34
企業生態系ネットワークの構築　44
企業ドメイン　14
企業ビジョン　10
基準日程　249
規模の経済性　20
基本的価値　71
キャッシュフロー　133
キャッシュフロー計算書　112
キャリア・デベロップメント・プラン（CDP）　172
QC　215, 227
QC工程表　234
QCストーリー　227
競争地位別戦略　64
競争優位　25
競争優位戦略　56, 64
組別総合原価計算　147
グラッサー, W.の「選択理論」　170
クロスSWOT　13
経営環境分析　11
経営者ケイパビリティの継続　44
経営戦略観　6
経営戦略策定の機能　8
経営戦略策定の基本構造　8
経営戦略の10スクール　5
経営目標　11
経済効果　21
経済的発注量　253
継続利用価値　72
系統図　229, 233
契約システム　92
経路依存性　32
月次決算　131
限界利益率　120
現品管理　251

コア・ケイパビリティ　31
コア・コンピタンス　30
広告　85
構造的空隙　39
工程管理　244
行動計画　128
5S　215
顧客価値　70
顧客関係性マネジメント　101
顧客シェア　103
顧客生涯価値　103
顧客のファン化ステップ　104
コース制度　184
コスト・リーダーシップ　25
コストセンター（CC）　139
コストダウン　238
コストプラス価格　82
固定費　119
個別原価計算　147
個別注記表　112
コミットメント効果　166

さ　行

財務C/F　115
財務レバレッジ　124
採用　164, 166
作業指示　250
作業余裕　224
差別化　25
散布図　228
CRM　101, 102
C/Fの将来価値　152
C/Fの現在価値　152
事業価値　158
事業の定義3次元　17
資金移動表　133
資金運用表　133
資金繰り実績表　134
資金繰り表　133
資金繰り予定表　135
自己啓発　173
自己啓発支援　172
仕事基準　187

資材・購買管理　251
自社能力分析　12
市場細分化　69
市場浸透価格　83, 84
持続的競争優位　29
実際原価計算　146
実勢価格　83
自働化　257
社会的埋め込み　40
ジャストインタイム　256
集中　25
重要業績指標（KPI）　111
主作業　224
主体作業　224
需要価格　82
準備後始末作業　224
上層吸収価格　83, 84
少人化　258
商品（製品）ミックス　77, 78
正味現在価値法　154
職能資格制度　188-200
職能要件書　187, 188
職場外教育（Off-JT）　172, 173
職場内教育（OJT）　172
職場余裕　224
職務基準書　188
職務等級　193
職務等級制度　192, 193
職務等級の大括り化（ブロードバンディング）　194
新規性・流行価値　72
シングルラダー　197
シングルレート　207, 208
人材マネジメント　161, 162
人材マネジメントシステム　162, 183
人材スペック　164
新製品開発　79
新製品開発のプロセス　79, 80
新製品開発方針　79
進捗統制　251
人的販売　87
親和図　229
衰退期　77
垂直的マーケティングシステム　91

索 引 263

SWOT 分析　58
スクリーニング　81
スクリーニング効果　166
スライド（累積）方式　208, 209
生産計画　248
生産形態　213, 247
成熟期　77
成長期　76
製品戦略　75
製品（プロダクト）ライフサイクル　21, 75, 76
設備投資効率　122
選択定年制度　182
選択的チャネル政策　90
専売的チャネル政策　91
全部原価計算　146
戦略グループ　27
戦略代替案の構築と評価・選択　13
戦略の階層　14
総括工程分析　225
早期退職優遇制度　182
操業度差異　151
層別　228
組織的知識　30
組織展開図　139
ソーシャル・キャピタル論　38
損益計算書　111
損益分岐点売上高　119

た 行

貸借対照表　111
ダイナミック・ケイパビリティ　32
ダブルビン法　254
ダブルラダー　197
単純総合原価計算　147
チェックシート　228
チャネル戦略　89
チャレンジャー　66
直接原価計算　147
直接時間研究　219
強い紐帯　38
TQM　236
TQC　236

定期発注方式　253
定量発注方式　253
手順計画　248
転進支援制度　182
伝統と革新の経営　44
動因（ドライブ）　168
等級制度　186
等級別原価計算　147
投資 C/F　115
導入期　75
特性要因図　228, 231

な 行

内部振替制度　141
内部利益率法　155
7つのムダ　256
ニーズ・ウォンツ　79
ニッチャー　67
入札価格　83
能率差異　151

は 行

配置　167
「ハイブリッド型」の等級制度　197
ハインリッヒの法則　216
ハーツバーグの動機づけ衛生理論　170
花形（stars）　19
パブリシティ　86
パレート図　228, 229
販売促進　88
BCG マトリクス　18
ヒストグラム　228
PDPC 法　229
人基準　187
1人あたり人件費　122
標準原価計算　146
費用負担　141
疲労余裕　224
品質管理　235
5-Forces Model（ファイブフォース分析）　23, 60
ファミリー企業経営者の特性　35

VE　215, 234
フォロワー　66
付随作業　222
付属明細表　112
ブランディングプロセス　99
ブランド価値　71, 93, 94, 96
ブランドマネジメント　93
FSP（フリークエント・ショッパーズ・プログラム）　103
プロダクト（製品）ライフサイクル　21, 75, 76
プロフィットセンター（PC）　139
プロフィットセンター内コストセンター（PCC）　139
プロモーション戦略　84
変動費　119
包括利益計算書　111
ポジショニングマップ　67, 68, 73

ま　行

マクロ要員計画　164
負け犬（dogs）　19
マーケットリサーチ　80
マーケティング　53
マーケティング戦略　54
マーケティング戦略策定プロセス　55
マーケティング目標　56
マスマーケティング　103
マーケティングミックス　56, 75
マズローの欲求5段階説　169
マトリックス図法　229
マトリックス・データ解析法　229
見えざる資産　30
ミクロ要因計画　164

見積原価計算　146
ムダ取り　240
目標管理制度　200, 201
問題児　19

や　行

役割等級　196
役割等級制度　195
誘因（インセンティブ）　168
要員計画　164
要素作業　220
用達余裕　224
予算差異　151
余力計画　250
弱い紐帯（weak ties）　39
4M　215

ら　行

利益増減要因分析　120
リソースのオーケストレーション　31
リーダー　64
レイティング　222
連関図　229, 232
レンジレート　207, 208
労働生産性　122
労働装備率　122
労働分配率　122

わ　行

ワークサンプリング　222
ワクチン効果　166
One to One マーケティング　103

編・著者紹介 (執筆順：＊編者)

＊加納 良一（かのうりょういち）（はじめに，第Ⅰ章）
　1963年東京都生まれ，慶應義塾大学経済学部卒業。慶應義塾大学大学院経営管理研究科修士課程修了，修士（経営学）。静岡県立大学大学院経営情報イノベーション研究科博士後期課程修了，博士（学術）
　メーカー勤務を経て
　現　職　（公財）日本生産性本部　主席経営コンサルタント
　著　書　『実践経営学』（共著，学文社），『食品の経営学』（共著，学文社），『フードシステムと食品産業』（共著，宣協社），『経営学用語辞典』（共編，宣協社）など
　論文（査読付き）：「中小ファミリー企業の長期生存理論フレームワークの構築～進化論アプローチとソーシャル・キャピタル～」（ファミリービジネス学会），「事例研究：キッコーマン－ファミリー企業の長期生存性要因の探求」（ファミリービジネス学会）
　E-mail　r.kanou@jpc-consulting.jp

加瀬元日（かせもとひ）（第Ⅱ章）
　1972年神奈川県生まれ，法政大学社会学部卒業。慶應義塾大学大学院システムデザイン・マネジメント研究科修士課程修了，修士（システムデザイン・マネジメント学）
　株式会社ナイキジャパン勤務を経て
　現　職　（公財）日本生産性本部　主席経営コンサルタント
　資　格　中小企業診断士
　　　　　EQ グローバルアライアンス公認 EQ トレーナー
　　　　　全米 NLP 協会公認 NLP トレーナー
　　　　　経営品質協議会認定セルフアセッサー
　E-mail　m.kase@jpc-consulting.jp

信太 哲（しだ さとし）（第Ⅲ章）
　1971年東京都生まれ，一橋大学法学部卒業
　住友銀行（現三井住友銀行）の自動車業界等のクレジットアナリストを経て
　現　職　（公財）日本生産性本部　主席経営コンサルタント
　資　格　中小企業診断士
　E-mail　s.shida@jpc-consulting.jp

大場正彦（おおばまさひこ）（第Ⅳ章）
  1969年東京都生まれ，北海道出身，慶應義塾大学経済学部卒業
  ㈱北海道拓殖銀行，北海道テレビ放送㈱勤務を経て
  現　職　（公財）日本生産性本部　主席経営コンサルタント
  著　書　『ポスト成果主義の人事考課・賃金体系実例集』（共著：政経研究所），『改正高齢者雇用安定法への対応について』（共同執筆：一般社団法人全国信用金庫協会），『これからの信用金庫における人事管理制度について』（共同執筆：一般社団法人全国信用金庫協会）
  E-mail　m.ohba@jpc-consulting.jp

矢島浩明（やじまひろあき）（第Ⅴ章）
  1961年東京都生まれ，上智大学経済学部経営学科卒業
  パイオニア株式会社勤務を経て
  現　職　（公財）日本生産性本部　主席経営コンサルタント
  著　書　『すぐに使える　管理・間接コスト削減マニュアル』（社会経済生産性本部間接コスト削減研究会編，生産性出版），『IEによる標準時間の設定手順』（共著，宣協社），『IE手法による改善の進め方』（共著，宣協社），『経営学用語辞典』（共編，宣協社）など
  E-mail　h.yajima@jpc-consulting.jp

企業経営の理論と実践

2015年3月31日　第一版第一刷発行
2024年1月10日　第一版第三刷発行

編著者　加　納　良　一
発行所　株式会社　学　文　社
発行者　田　中　千　津　子

東京都目黒区下目黒 3-6-1　〒153-0064
電話 03 (3715) 1501　振替 00130-9-98842

Ⓒ 2015 KANO Ryoichi
Printed in Japan

乱丁・落丁は，本社にてお取替え致します。
定価は，カバーに表示してあります。
印刷所　倉敷印刷㈱　　　　　検印省略

ISBN978-4-7620-2535-8